"一带一路"沿线国家教育政策法规研究丛书

俄罗斯、蒙古
教育政策法规

主编 / 张德祥 李枭鹰

编译 / 甘孝波 李复辰 许宏宇 李婵 张晓涵 马浣懿 游邢珊 赵魏阳

大连理工大学出版社
Dalian University of Technology Press

图书在版编目(CIP)数据

俄罗斯、蒙古教育政策法规 / 甘孝波等编译. -- 大连 ：大连理工大学出版社，2020.12

（“一带一路”沿线国家教育政策法规研究丛书 / 张德祥，李枭鹰主编）

ISBN 978-7-5685-2677-7

Ⅰ.①俄… Ⅱ.①甘… Ⅲ.①教育政策—俄罗斯②教育政策—蒙古③教育法—俄罗斯④教育法—蒙古 Ⅳ.①D951.221.6②D931.121.6

中国版本图书馆 CIP 数据核字(2020)第 168770 号

ELUOSI MENGGU
JIAOYU ZHENGCE FAGUI

大连理工大学出版社出版

地址:大连市软件园路 80 号　　邮政编码:116023

发行:0411-84708842　邮购:0411-84708943　传真:0411-84701466

E-mail:dutp@dutp.cn　　URL:http://dutp.dlut.edu.cn

上海利丰雅高印刷有限公司印刷　　大连理工大学出版社发行

幅面尺寸:185mm×260mm　　印张:12.25　　字数:250 千字

2020 年 12 月第 1 版　　2020 年 12 月第 1 次印刷

责任编辑:赵　静　　责任校对:张　岩

封面设计:奇景创意

ISBN 978-7-5685-2677-7　　定　价:84.00 元

本书如有印装质量问题,请与我社发行部联系更换。

FOREWORD

总 序

共建“一带一路”是中国提出的伟大倡议，也是中国与“一带一路”沿线国家的共同愿望。“一带一路”倡议出自中国，却不只属于中国，而属于“一带一路”沿线所有国家，乃至全世界。中国是“一带一路”的倡导者和推动者，沿线所有国家是“一带一路”的共商者、共建者和共享者。

为推进共建“一带一路”伟大倡议，让古丝绸之路焕发新的生机与活力，以新的形式使亚欧非各国联系更加紧密，互利合作迈向新的历史高度，中国政府于2015年3月28日发布了《推动共建丝绸之路经济带和21世纪海上丝绸之路的愿景与行动》，强调“一带一路”是促进共同发展、实现共同繁荣的合作共赢之路，是增进理解信任、加强全方位交流的和平友谊之路。中国政府倡议，秉持和平合作、开放包容、相互借鉴、互利共赢的理念，全方位推进务实合作，打造政治互信、经济融合、文化包容的利益共同体、命运共同体和责任共同体。

为贯彻落实《推动共建丝绸之路经济带和21世纪海上丝绸之路的愿景与行动》，2016年7月13日中华人民共和国教育部牵头制定了《推进共建“一带一路”教育行动》。该文件指出，推进共建“丝绸之路经济带”和“21世纪海上丝绸之路”，为推动区域教育大开放、大交流、大融合提供了大契机。“一带一路”沿线国家教育加强合作、共同行动，既是共建“一带一路”的重要组成部分，又为共建“一带一路”提供人才支撑。中国愿与沿线国家一道，扩大人文交流，加强人才培养，共同开创教育的美好明天。

自共建“一带一路”倡议提出至2019年8月底，已有136个国家和30个国际组织与中国签署了195份共建“一带一路”合作文件。“一带一路”是一个多极的和多文化的世界，无论是政治、经济、文化、教育、生态还是种族、民族、宗教、习俗等，不同国家或地区之间存在这样或那样的差异。因此，只有全面了解民间需求与广泛民意、消除误解误判，只有国家的学者、企业家、政府部门、民间组织和民众充分理解各国的国际关系、宗教信仰、历史文化、风俗习惯、法律法规和民心社情，才能更好地推动“一带一路”建设。也就是说，“一带一路”沿线国家建立政治互信、经济融合、文化包容的利益共同体、命运共同体和责任共同体，必须根基于沿线国家间的“文化理解或认同”，而这又与教育尤其是高等教育的交流合作密切相关。

教育政策法规是了解一个国家教育发展状况和治理水平的重要窗口，是各国之间教育合作交流的基本依据。为此，教育部牵头制定的《推进共建“一带一路”教育行动》呼吁沿线国家“加强教育政策沟通”，即通过开展“一带一路”教育法律、政策协同研究，构建沿线各国教育政策信息交流通报机制，为沿线各国政府推进教育政策互通提供依据与建议，为沿线各国学校和社会力量开展教育合作交流提供政策咨询；积极签署双边、多边和次区域教育合作框架协议，制定沿线各国教育合作交流国际公约，逐步疏通教育合作交流政策性瓶颈，实现学分互认、学位互授联授，协力推进教育共同体建设。

大连理工大学切实贯彻《推进共建“一带一路”教育行动》的精神，精心谋划和大力支持“一带一路”教育研究。该校原党委书记张德祥教授带领课题组成员克服文本搜集、组建团队、筹措经费等多重困难，充分发挥学校高等教育研究院、“一带一路”高等教育研究中心、中俄暨独联体合作研究中心以及教育部国别和区域研究中心“独联体国家研究中心”的优势和特色，积极参与和服务于“一带一路”的推进和共建，编译“一带一路”沿线国家教育政策法规，并在国内率先开展“一带一路”沿线国家教育政策法规研究，具有很好的教育发展战略意识和强烈的服务国家发展战略的责任感和使命感。中国高等教育学会大力支持这项工作，将“‘一带一路’国家高等教育政策法规研究”立项为 2016 年高等教育科学研究“十三五”规划重大攻关课题，并建议课题组首先聚焦于编译“一带一路”沿线国家的教育法、高等教育法以及教育中长期发展规划等，及时为国家推进共建“一带一路”教育行动搭建教育政策沟通桥梁。该课题组根据中国高等教育学会专家组的意见，组织力量，编译了这套《“一带一路”沿线国家教育政策法规研究丛书》。作为中国高等教育学界的一名老兵，看到自己的学生们带领国内一批青年学者甘于奉献、不辞辛劳、不畏艰难，率先耕耘在“一带一路”沿线国家教育研究这片土地上，我由衷地感到欣慰。同时，大连理工大学出版社全力支持这套丛书的出版，不遗余力地为丛书的出版工作提供支持，使这套丛书能及时出版发行。最后，我真诚地希望参与这项工作的师生们努力工作，高质量、高水平地把编译成果呈现给“一带一路”的教育工作者。

是为序。

潘懋元于厦门大学高等教育研究中心

2019 年 9 月 10 日

INTRODUCTION

前 言

2015年3月28日《推动共建丝绸之路经济带和21世纪海上丝绸之路的愿景与行动》和2016年7月13日《推进共建"一带一路"教育行动》的相继颁布，将"政策沟通"置于"五通"之首，让我们意识到编译《"一带一路"沿线国家教育政策法规研究丛书》的重要性和紧迫性。对我们来说，承担这一艰巨任务是一种考验，更是一种使命。

2016年中国高等教育学会组织申报高等教育科学研究"十三五"规划课题，将"'一带一路'背景下我国高等教育国际化研究"列入重大攻关课题指南。我们在这个框架之下组织申报的"'一带一路'国家高等教育政策法规研究"，获得了中国高等教育学会专家组的认可和支持，这对我们是极大的鞭策和鼓励。2016年11月，我们认真筹备和精心谋划，参加了中国高等教育学会组织的开题论证工作，汇报了课题的研究设想。听取了专家组的宝贵意见后，我们及时调整了课题研究重心。我们考虑首先要聚焦于编译"一带一路"沿线国家教育政策法规，因为，我们对许多国家的高等教育政策法规还不了解，国内也缺乏这方面的资料。编译这些资料既可以为我们日后的研究打下基础，也可以为其他研究者和部门进行相关研究、制定政策提供基础性的资料和参考。于是，我们调整了工作思路，即先编译，然后再进行研究。同时，考虑到许多国家的高等教育政策法规常常包括在教育政策法规中，我们的编译从"高等教育政策法规"拓展到"教育政策法规"，这种转变正好呼应了《推进共建"一带一路"教育行动》中的"政策沟通"。

主编《"一带一路"沿线国家教育政策法规研究丛书》，是一项相当繁重和极其艰辛的工作，其中的酸甜苦辣只有经历了才能体会到。第一，参与共建"一带一路"的国家相当多，截至2019年8月底，已有136个国家和30个国际组织与中国签署了共建"一带一路"合作文件。这套教育政策法规研究丛书虽然只涉及其中的69个国家，但即使是选择性地编译这些国家的教育法、高等教育法以及中长期教育发展规划等，也需要大量的人力、财力等的支持。第二，不少"一带一路"沿线国家的教育本身不够发达，与之密切关联的教育政策法规通常还在制定和健全之中，我们只能找到和编译那些现已出台的政策法规文本，抑或某些不属于政策法规却比较重要的文献。编译这类教育政策法规时，我们根据实际需要对某些文本进行了适当删减。由于编译这套丛书的工作量很大、历时较长，我们经常刚编译完某些国家旧有的教育政策法规，新的教育政策法规又出台了，我们不得不再次翻译最新的文本而舍弃旧有的文本。如此反反复复，做了不少“无用功”。即便如此，我们依然不敢担保所编译的教育政策法规是最新的。第三，“一带一路”沿线国家或地区的官方语言有80多种，涉及非通用语种70种（这套教育政策法规研究丛书涉及的69个国家，官方语言有50多种），我们竭尽全力邀请谙熟非通用语种的人士加盟，但依然还很不够。由于缺乏足够的谙熟非通用语种的人士加盟，很多教育政策法规被迫采用英文文本。在编译过程中，我们发现那些非英语国家的英文文本的表达方式与标准英文经常存在很大的出入，而且经常夹杂着这样或那样的“官方语言”或“民族语言”。这对编译工作是一个极大的挑战和考验，我们做到了尽最大努力去克服和处理。譬如，新西兰是一个特别注重原住民及其文化的国家，其教育政策法规设有专门的毛利语教育板块，因而文本中存有大量的毛利语。为了翻译这些毛利语，编译者查阅了大量有关毛利文化的书籍和文献，有时译准一个毛利语词语要花上数十天甚至更长的时间。类似的情况经常碰到，编译者们付出了难以计量的劳动，真诚地希望这套丛书的出版能给他们带来足够的精神上的慰藉。

为了顺利推进研究工作，我们围绕研究目标和研究重点，竭尽全力组建结构合理的研究团队，制订详尽的研究计划，规划时间表和线路图，及时启动研究工作，进入研究状态。大连理工大学积极参与“一带一路”建设，高度重视“一带一路”沿线国家教育研究工作，成立了“‘一带一路’高等教育研究中心”、“中俄暨独联体合作研究中心”和教育部国别和区域研究中心“独联体国家研究中心”。大连理工大学、大连外国语大学、大连民族大学、杭州师范大学、广西民族大学、广西财经学院、广西职业技术学院、广西桂林市委党校、南开大学、海南大学、重庆大学、赤峰学院、天津市教育科学研究院等单位的有关专家、学者、教师、学生积极参与此项工作，没有他们的艰辛付出和辛勤劳动，编译工作将举步维艰。这项工作得到了大连理工大学出版社的大力支持，出版社的同志们不畏艰辛、不厌其烦、不计回报，为这套丛书的出版付出了难以想象的汗水和精力。对此，课题组由衷地表示感谢。

张德祥　李枭鹰
2019年9月8日

CONTENTS

目 录

俄罗斯

俄罗斯联邦，通称俄罗斯或俄国，由22个自治共和国、46个州、9个边疆区、4个自治区、1个自治州、3个联邦直辖市组成的联邦共和立宪制国家。俄罗斯位于欧亚大陆北部，地跨欧亚两大洲，国土面积为1 709.82万平方公里，是世界上面积最大的国家。

1991年12月25日苏联解体后，原最大加盟国俄罗斯正式独立，继承了苏联的大部分军事力量，综合军事实力居世界第二，拥有世界上最大的核武器库。在"一超多强"的国际体系中，俄罗斯是有较大影响力的强国，其军工实力雄厚，特别是航空航天技术，居世界前列。俄罗斯还是联合国安全理事会五大常任理事国之一，对安理会议案拥有一票否决权。除此以外，俄罗斯还是五个金砖国家之一。

俄罗斯总人口1.46亿人，共有民族194个，其中俄罗斯族占77.7%。俄罗斯是世界上人口减少速度最快的国家之一。

全国有194个民族，主要少数民族有鞑靼族、乌克兰族、楚瓦什族、巴什基尔族、车臣族、亚美尼亚族、哈萨克族、摩尔多瓦族、白俄罗斯族、阿瓦尔族、乌德穆尔特族、阿塞拜疆族、马里族、德意志族、卡巴尔达族、奥塞梯族、达尔金族、犹太族、布里亚特族、雅库特族、库梅克族、印古什族、列兹金族、科米族、图瓦族等。

2000年5月13日，时任俄罗斯总统普京签署法令，将俄联邦89个实体(直辖市、共和国、边疆区、自治区、州和自治州)按地域原则联合成7个联邦区，目的是巩固国家统一，强化总统对地方的管理。俄罗斯联邦实行的是联邦民主制。以俄罗斯联邦宪法和法律为基础，根据立法、司法、行政三权分立又相互制约、相互平衡的原则行使职能。

注：以上资料数据参考依据为中国外交部官方网站俄罗斯国家概况(2020年10月更新)。

俄罗斯联邦教育法

2012 年 12 月 29 日第 273 号联邦法令

（2017 年 12 月 29 日修正）

第一章　总　则

第一条　本联邦法律适用对象

1. 本联邦法律适用对象为因实现受教育权，保障国家公民的教育权利与自由，以及为实现受教育权创造条件而产生于教育领域的社会关系（以下简称——教育关系）。

2. 本联邦法律规定俄罗斯联邦教育的法律、组织和经济基础，俄罗斯联邦国家教育政策的基本原则，教育体系运作以及开展教育活动的一般规则，并确定教育关系参与者的法律地位。

第二条　本联邦法中使用下列基本概念

为实现本联邦法的目标，使用下列基本概念：

1. 教育——完整的、有目的性的教育进程，具有重大社会意义，有利于个人、家庭、社会和国家的发展。与此同时，教育也是个人旨在发展智力、精神道德、创造力、身体和（或）职业，满足其教育需求和利益而获取知识、能力、价值取向、具有一定范围与复杂程度的活动经验和技能的集合体。

2. 教养——基于社会文化、精神道德价值以及社会通用的行为准则，旨在发展受教育者的个性，并为其自我认同和社会化创造条件，有利于个人、家庭、社会和国家发展的活动；

3. 教学——有目的性地开展教育活动的进程，旨在使受教育者掌握知识、能力和技能，获得活动经验，发展才能，习得日常生活中知识应用的经验以及培养受教育者终身学习的能力；

4. 教育程度——完成具有固定统一要求的教育周期；

5. 技术水平——进行某种类型职业活动的知识、能力、技能的水平；

6. 联邦国家教育标准——由履行国家教育政策研制和国家教育法规协调职能的联邦权力执行机关批准的某一教育层次和（或）职业、专业、培养方向的规定要求；

7. 教育标准——由本联邦法律或俄罗斯联邦总统命令确立的高等教育组织批准通过高等教育专业和培养方向的总体规范和要求；

8.联邦国家要求——依据本联邦法律，联邦权力授权执行机关批准补充职业前教育大纲的基础内容、结构以及实施条件和大纲教学期限的规定要求；

9.教育大纲——依据联邦法律规定的基本教育特征（规模、内容、预期成果）、教学条件、考核形式（以教学计划呈现）、教学日历、科目、课程、学科（模块）及其他部分、以及评估和教学方法材料的综合；

10.示范性基础教育大纲——教学方法文件（示范教学计划、示范教学日历、示范科目、课程、学科（模块）及其他部分）。示范性基础教育大纲规划教育某一层次和（或）方向的试行规模和内容、进行教育大纲学习的预期成果、开展教育活动的示范条件，包括对实施教育大纲国家服务的标准支出进行示范核算；

11.普通教育——在普通教育大纲学习进程中，旨在促进受教育者个性发展，获得对个人生活、自觉选择职业和接受职业教育所必需的知识、能力、素养和技能的教育类型；

12.职业教育——在普通职业教育大纲学习进程中，旨在促进受教育者获得在一定领域内开展职业活动和（或）依据具体职业或专业开展工作的某一层次、规模的知识、能力、素养和技能的教育类型；

13.职业教学——旨在促使受教育者获得发挥某一劳动、服务职能（劳动、服务活动、职业的某种类型）所必需的知识、能力、素养和专业技能的教育类型；

14.补充教育——旨在全面满足受教育者的个人需求，完善其智力、精神道德、身体和（或）职业方面的能力，但不会提高受教育程度的教育类型；

15.受教育者——进行教育大纲学习的自然人；

16.有身心障碍的受教育者——经心理－医疗－教育委员会证明，具有身体和（或）心理发展缺陷，且限制了正常接受教育的自然人；

17.教育活动——实施教育大纲的活动；

18.教育组织——非营利性组织，在许可证规定的范围内开展教育活动，并以此作为主要活动类型，实现教育组织设立的目标；

19.教学组织——在许可证规定的范围内开展主要教育活动与补充教育活动的法人；

20.开展教育活动的组织——教育组织，开展教学的组织。若本联邦法未另行规定，则对开展教育活动的组织，以及进行教育活动的个体企业家同样适用；

21.教育工作者——在开展教育活动的过程中，履行教学职责，培养受教育者和（或）组织教育活动的自然人；

22.教学计划——确定科目、课程、学科（模块）实践、其他教学活动类型的教学目录、教学工作量、教学顺序，以及课时分配的文件。若本联邦法未另行规定，教学计划规定受教育者的中期考核形式；

23.个人教学计划——考虑受教育者个体的个性特点和具体教育需求，体现个性化特点，并保障受教育者个体进行基础教育大纲学习的教学计划；

24.实践——在进行与未来职业活动密切相关的某种类型工作进程中，旨在培养、巩固、发展实践技能的教学活动类型；

25.教育倾向性——教育大纲以具体知识领域和(或)决定其学科主题内容的活动种类，以及对受教育者开展教学活动的主要类型和实现教育大纲学习目标为导向；

26.教学设施——仪器设备，包括：体育(音乐)器材、工具，直观教具，电脑，信息通讯网络、软硬件设施和视听设备、纸质和电子教育信息资源，以及其他实施教育活动所必需的物质设备；

27.包容性教育——充分考虑各种特殊的教育需求和受教育者个体情况，保障所有受教育者平等地接受教育；

28.适应性教育大纲——适用于有身心障碍的受教育者的教育大纲，充分考虑到有身心障碍的受教育者心理发展特点和个人情况，并保障在必要情况下能及时消除该类型受教育者发展和社会适应的阻碍；

29.教育质量——对教育活动和受教育者培养的综合评定，体现受教育者的水平符合联邦国家教育标准、自然人或法人的教育标准，满足联邦国家要求和(或)自然人或法人的要求。所开展的教育活动应符合上述标准和要求，达到教育大纲预期成果水平；

30.教育关系——实现公民受教育权的社会关系的集合，旨在使受教育者掌握教育大纲(教育关系)以及与教育密切相关的社会关系，为公民实现其受教育权创造条件；

31.教育关系参与者——受教育者、未成年受教育者的家长(法定监护人)、教育工作者及其代表、开展教育活动的组织；

32.教育领域内的关系方——教育关系参与者、联邦国家机关、联邦主体国家权力机关、地方自治机构、企业主及其协会；

33.教育工作者的利益冲突——教育工作者在其进行职业教学活动中产生获取物质利益或其他利益的个人动机，因教育工作者的个人动机与受教育者的利益、未成年受教育者的家长(法定监护人)的利益矛盾，影响或将会影响教育工作者妥善履行教育职能的情况；

34.儿童监护与照料——为儿童提供膳食和日常生活服务，保障儿童个人卫生和日常作息的综合措施。

第三条　国家教育政策和教育法律关系协调的基本原则

1.国家政策和教育法律关系的协调将以下列原则为基础：

(1)承认教育的优先性；

(2)保障每一位公民的受教育权，杜绝教育歧视；

(3)教育的人道主义性质，个人生命和健康至上，尊重个人权利和自由、个人的自由发展，加强互敬互重、勤劳、公民意识、爱国主义、责任感、法律意识的教育，珍惜自然和周围环境、合理利用自然资源；

(4)在多民族国家条件下构建俄罗斯联邦境内统一的教育空间，维护和发展俄罗斯联邦人民的民族文化特征和传统；

(5)基于平等、互利原则，为俄罗斯联邦教育体系与其他国家教育体系的教育一体化创造有利条件；

(6)在开展教育活动的国立和市立组织中体现教育的世俗性原则；

(7)依据个人意愿和需求，自由选择接受教育，为个人实现自我价值创造条件，自由发展个人能力，为个人提供可供选择的受教育形式、教学形式、开展教育活动的组织，以及个人享有在教育体系所提供的范围内选择教育方向的权利，教育工作者享有自由选择教学形式、教学教育方法的权利；

(8)确保个人按照自身需求终身受教育的权利，确保教育体系与人的教育水平、身心发展状况、能力和兴趣相适应；

(9)教育组织的自治原则，依据本联邦法的规定，保障教育工作者和受教育者科研的权利与自由，以及教育组织信息和财务报表的透明性与公开性；

(10)教育管理的民主性原则，保障教育工作者、受教育者和未成年受教育者的家长(法定监护人)参与教育组织管理的权利；

(11)鼓励教育领域内的竞争原则；

(12)国家协调与合约协调相结合，以协调教育关系。

2.保证国家教育政策统一性的前提下，俄罗斯联邦政府每年应向俄罗斯联邦议会提交国家教育政策实施报告，并在俄罗斯联邦政府官方网站予以公示。

第四条　教育法律关系协调

1.由俄罗斯联邦宪法、本联邦教育法以及其他联邦法、其他联邦法律规范文件、联邦主体法律和其他法律规范文件协调教育关系(以下简称——教育法)。

2.协调教育法律关系，旨在建立国家保障机制，充分保障个人受教育的权利和自由，为教育体系发展创造条件，维护教育关系参与者的权利与利益。

3.教育法律关系协调的主要任务：

(1)保障和维护宪法赋予俄罗斯联邦公民的受教育权利；

(2)旨在为俄罗斯联邦教育体系的自由运行和发展创造法律、经济和财政条件；

(3)为协调教育关系参与者之间的利益提供有力的法律保障；

(4)确定教育关系参与者的法律地位；

(5)为生活在俄罗斯联邦的外国公民和无国籍人士创造受教育条件；

(6)划分联邦国家权力机关、联邦主体国家权力机关和地区自治机构的教育权限和职责。

4.其他联邦法和联邦法律规范，联邦主体法律和其他法律规范，地区自治机构法律规范中所包含的教育关系协调的法律法规应符合本联邦法，且与本联邦法所提供的保障相比，不得限制权利或降低保障水平。

5. 若其他联邦法和联邦法律规范，联邦主体法律和其他法律规范，地区自治机构法律规范中所包含教育关系协调的法律法规与本联邦法律法规有不符之处，若本联邦法未另行规定，则以本联邦法律法规为准。

6. 俄罗斯联邦国际教育合作协议规定与本联邦法律法规不相符时，使用国际教育合作协议规定。

7. 教育法适用于俄罗斯联邦境内所有开展教育活动的组织。

8. 对开展教育活动的莫斯科国立罗蒙诺索夫大学、圣彼得堡国立大学以及位于“斯科尔科沃”创新中心、国际医疗集群、社会经济发展迅猛的地区、符拉迪沃斯托克自由港境内、技术创新中心地区进行教育立法时，应充分考虑特殊性，制定相应的专门联邦法律。

（2015 年 6 月 29 日俄罗斯联邦法修正案第 160-ФЗ 号，2015 年 7 月 13 日俄罗斯联邦法修正案第 213-ФЗ 号，2017 年 7 月 29 日俄罗斯联邦法修正案第 216-ФЗ 号）

9. 依据联邦法律和其他俄罗斯联邦法律法规关于国家公务的管理规范，教育法效力同样适用于执行联邦国家公务的教育工作者和教育科学工作者，既担任联邦国家公务又是受教育者的公民；依据联邦法律和其他俄罗斯联邦法律法规关于军人地位的管理规范，教育法效力适用于履行兵役的军人。

（2016 年 7 月 3 日俄罗斯联邦法修正案第 227-ФЗ 号）

第五条　教育权——俄罗斯联邦保障受教育权

1. 俄罗斯联邦保障每一位公民的受教育权。

2. 俄罗斯联邦保障每一位公民的受教育权不受性别、种族、民族、语言、出身、财富、社会地位和职务、居住地点、宗教信仰、公共社团成员身份以及其他情况的影响。

3. 凡公民首次接受某一层次教育，俄罗斯联邦依据联邦国家学前教育标准、初等普通教育标准、基础普通教育标准、中等普通教育标准、中等职业教育标准，保障教育的普及性和无偿性，以及保障基于选拔的高等教育的无偿性。

4. 俄罗斯联邦保障每一位公民的受教育权。联邦国家机关、联邦主体国家权力机关、地区自治机构提供相应的社会经济条件，旨在满足个人对不同类型和方向的终身教育需求。

5. 为实现每一位公民的受教育权，联邦国家机关、联邦主体国家权力机关、地区自治机构须做到：

（1）创建必要条件，旨在保障有身心障碍的受教育者免受歧视、获得优质教育，及时消除对其发展和适应社会的阻碍，使有身心障碍的受教育者能使用相应的专门教学方法以及适合的语言、交际手段和条件进行早期帮助，最大程度地帮助有身心障碍的受教育者接受一定水平和方向的教育，促进其社会发展，包括对有身心障碍的受教育者实施包容性教育；

（2）依据本联邦法，对具有杰出才能的受教育者（在科研活动、科学技术、艺术创作、体育运动等某一领域内表现出超常的才智和创造力）给予支持；

(3)依据俄罗斯联邦法,在受教育期间为需要社会援助的个人提供全部或部分经济保障。

第六条 联邦国家教育权力机关的职能

1.联邦国家教育权力机关的职能包括:

(1)研制并实施统一的国家教育政策;

(2)提供高等教育,包括国家保障基于选拔的高等教育的无偿性;

(3)联邦国家教育组织提供补充职业教育;

(4)研制、批准并实施俄罗斯联邦国家教育计划、联邦专项教育计划和国际教育计划;

(5)建立、改组、撤销联邦国家教育组织,履行联邦国家教育组织创办者的职能;

(6)批准联邦国家教育标准,设立联邦国家教育要求;

(7)为下列组织发放教育活动许可证:

①依据高等教育大纲开展教育活动的组织;

②在国防、国防命令定制产品的生产、内务、俄罗斯联邦国民警卫队活动、安全、核能、交通和通信、科学密集型专门生产领域(目录由俄罗斯联邦政府批准)方面实施中等职业教育大纲的联邦国家职业教育组织;

(2016 年 7 月 3 日俄罗斯联邦法修正案第 227-ФЗ 号)

③俄罗斯联邦境外的俄罗斯教育组织,依据俄罗斯联邦国际教育合作协议建立的教育组织,以及为俄罗斯联邦外交代表和领事机构、俄罗斯联邦国际组织(国家间或政府间)代表开展教育活动的组织;

④俄罗斯联邦境内依据教育分支机构所在地从事教育活动的外国教育组织。

(8)教育组织的国家教育认证,包括本条第七款中所列从事教育活动的组织以及在俄罗斯联邦境外从事教育活动的国外组织;

(9)履行国家教育管理职能的俄罗斯联邦主体国家权力执行机关对本条第 7 款所规定的教育组织进行国家教育监督(监察);

(10)联邦信息系统、联邦教育数据库的组建和维护,包括依据俄罗斯联邦法律保障个人信息的隐私性;

(11)为教育体系的工作者设立和授予国家奖励、荣誉称号,部门机关奖励和荣誉称号;

(12)基于劳动市场需求预测,研制人才培养机制和要求;

(13)保障对教育体系实施联邦监督;

创造相应条件,旨在对开展教育活动的组织进行教育质量的独立评估;

(2014 年 7 月 21 日俄罗斯联邦法修正案第 256-ФЗ 号)

(14)依据本联邦法规定,履行其他教育职能。

2.联邦国家机关有权保障在联邦国家教育组织中提供人人都可享受的免费的普通职业教育、中等职业教育以及儿童补充教育。

(2016 年 7 月 3 日俄罗斯联邦法修正案第 313-ФЗ 号)

第七条　经俄罗斯联邦授权，联邦主体国家权力机关履行教育职能

1. 经俄罗斯联邦授权，联邦主体国家权力机关履行教育职能(以下简称——教育授权)，包括下列职能：

(1)对俄罗斯联邦主体境内教育组织开展的活动[本联邦法第 6 条第 1 款第(7)项所规定的教育组织除外]，以及相应联邦主体境内履行教育管理职能的地方自治机构进行国家教育监督(监察)；

(2)对俄罗斯联邦主体境内开展教育活动的组织发放教育活动许可证[本联邦法第 6 条第 1 款第(7)项所规定的教育组织除外]；

(3)对俄罗斯联邦主体境内教育组织的国家教育认证[本联邦法第 6 条第 1 款第(7)项所规定的教育组织除外]；

(4)教育和(或)专业技能资格文件的批准。

2. 除本条第(10)款中规定的权限外，行使授权提供的财政支持来源于联邦预算补贴和联邦主体预算中具有特定用途的预算拨款。拨款数额不得少于联邦主体预算中的国家固定经费支出。固定经费由行使授权而产生，并按照俄罗斯联邦预算法列入联邦主体预算。

3. 基于俄罗斯联邦政府批准的办法，规定俄罗斯联邦预算对联邦主体国家财政津贴总额，旨在实施教育授权。财政津贴总额的确定，基于下列原则：

(1)俄罗斯联邦主体境内地方区域和城市周边地区的数量，以及联邦直辖城市莫斯科、圣彼得堡和塞瓦斯托波尔①；

(2014 年 5 月 5 日俄罗斯联邦法修正案第 84-ФЗ 号)

(2)依据开展教育活动的组织及其分支机构数量，将进行教育领域国家监督(监察)、教育活动许可证发放和教育活动国家认证的职权转移至联邦主体国家权力机关。

4. 实施教育授权的资金为专项经费，不得作其他用途。

5. 若规定实施教育授权的资金未作专项用途，履行财政预算监督监察职能的联邦权力执行机关将依据俄罗斯联邦预算法的规定程序处以罚款。

6. 联邦权力执行机关履行国家教育政策研制和国家教育法规协调职能：

(1)采用规范性法律法规实施教育授权，包括提供公共服务的行政规章和在教育授权范围内履行公共职能的行为规范，并有权为实施教育授权制定专门预测指标；

(2)协商任命实施教育授权的俄罗斯联邦主体权力执行机关负责人；

(3)依据履行教育监督和监察职能的联邦权力执行机关的报告，联邦主体国家权力机关向俄罗斯联邦政府提交关于俄罗斯联邦撤回对联邦主体国家权力机关授予的教育权力的提案；

---

① 有争议地区。根据外交部官网乌克兰国家概况(2020 年 10 月更新)，克里米亚共和国为乌克兰自治共和国，塞瓦斯托波尔市为直辖市之一。2014 年 3 月 16 日，根据克里米亚地区(含塞瓦斯托波市)全民公投结果，俄迅速接收该地区为新联帮主体。2015 年 2 月 12 日，俄、乌、德、法四国领导人在明斯克举行会谈，最终就缓和乌东部地区冲突达成共识。此后，四国领导人多次会晤，但未取得实质性进展。

(4)依据联邦主体国家权力机关关于教育授权实施情况的年度报告结果,筹备完善教育法的提案。

7.履行教育监督监察职能的联邦执行机关具有以下权限:

(1)对联邦主体国家权力机关实施教育授权的法律规范进行监督,下发关于废除或修改法律规范的强制执行命令;

(2)监督和监察联邦主体国家权力机关对教育授权实施的完整性和质量,对相应联邦主体国家权力机关以及开展教育活动的组织(本条第1款第1项规定)进行检查,下发整改违规行为的指示,对行使教育授权的俄罗斯联邦主体权力执行机关中不履行或不当履行教育授权的公职人员进行处罚;

(3)对实施教育授权的俄罗斯联邦主体权力执行机关进行结构调整;

(4)提出对俄罗斯联邦主体执行机关实施教育授权的方法、建议和必要的指示性文件;

(5)规定报告内容和形式的要求,以及关于实施教育授权的报告程序;

(6)分析实施教育授权违规行为的原因,采取相应措施整改违规行为;

(7)向履行国家教育政策研制和国家教育法规协调职能的联邦权力执行机关提交联邦主体国家权力机关教育授权实施的年度报告。

8.俄罗斯联邦主体国家权力执行机关最高负责人具有以下权限:

(1)经与履行国家教育政策研制和国家教育法规协调职能的联邦权力执行机关协商,任命俄罗斯联邦主体权力执行机关实施教育授权的负责人;

(2)经与履行教育监督和监察职能的联邦权力执行机关协商,确立实施教育授权的俄罗斯联邦主体权力执行机关的结构;

(3)依据教育法开展教育授权实施的活动;

(4)保障向履行教育监督和监察职能的联邦权力执行机关提交:

①关于财政津贴支出和专项预测指标完成情况的季度报告;

②联邦主体国家权力机关所使用的关于教育授权法律法规必要数量的副本;

③关于建立和运行联邦教育监督和监察数据库所需的信息;

(5)若行政规章与俄罗斯联邦法律法规(包括这些法律法规在实现公民权利与自由,教育组织的权利与合法利益方面所规定的额外要求和限制)相符,且在研制进程中充分考虑对联邦权力执行机关提供国家服务和履行国家职能的规章需求,在本条第6款第(1)项所规定的法律法规通过之前,有权批准提供公共服务,履行国家教育授权职能的行政规章。

9.在规定权限范围内,由执行财政预算监督和监察职能的联邦权力执行机关、履行教育监督和监察职能的联邦权力执行机关以及俄罗斯联邦审计署对实施教育授权的经费开支进行监督。

10.为证明教育和(或)技术等级文件而行使授权提供的财政支持来源于俄罗斯联邦主体预算中具有特定用途的预算拨款。拨款数额不得少于联邦主体预算中的国家固定经费支出。固定经费按照俄罗斯联邦预算法列入联邦主体预算。

第八条　联邦主体国家权力机关的教育职能

1.联邦主体国家权力机关的教育职能包括：

(1)在考虑俄罗斯联邦主体的社会、经济、生态、人口、民族、文化以及其他特点的情况下，研制并实施区域教育发展规划；

(2)俄罗斯联邦主体教育组织的建立、改组和撤销，履行俄罗斯联邦主体教育组织创办者的职能；

(3)依据联邦主体国家权力机关规定的标准，通过向地方财政预算提供津贴，包括劳动报酬、购置教材教辅、完善教学设备、教具和玩具支出(建筑设施和公共服务支出除外)，国家保障在市立学前教育组织实现人人都可享受的免费学前教育的权利，在市立普通教育组织实现人人都可享受的免费的学前教育、初等普通教育、基础普通教育和中等普通教育的权利，在市立普通教育组织实现儿童补充教育的权利；

(4)在俄罗斯联邦主体国立教育组织中提供普通教育；

(5)为儿童进入俄罗斯联邦主体国立教育组织创造条件，旨在实现儿童监护与照料；

(6)依据本款第(3)项所作规定，通过向下列教育组织提供津贴，包括劳动报酬、购置教材教辅、完善教学设备、教具和玩具支出(建筑设施和公共服务支出除外)，对在私立学前教育组织中提供教育，或在按照国家认证的基础普通教育大纲开展教学教育活动的私立普通教育组织中接受学前教育、初等普通教育、基础普通教育和中等普通教育的组织给予财政补贴；

(7)提供中等职业教育，包括国家保障实现人人都可享受的免费的中等职业教育的权利；

(8)在俄罗斯联邦主体国立教育组织中提供儿童补充教育；

(9)在俄罗斯联邦主体国立教育组织中提供补充职业教育；

(10)依据推荐使用的联邦教科书清单，在开展教育活动的组织实施国家认证的初等普通教育大纲、基础普通教育大纲和中等普通教育大纲中，保障为市立教育组织和俄罗斯联邦主体教育组织提供教材和允许使用的教学参考书；

(11)保障俄罗斯联邦主体对教育体系的监察；

(12)对基础普通教育大纲学习感到困难，个性发展和社会适应方面出现问题的受教育者提供心理教育、医疗和社会帮助；

(12.1)为教育组织教学活动质量的独立评价创造条件；

(2014年7月21日俄罗斯联邦法修正案第256-ФЗ号)

(13)实施本联邦法规定的其他教育授权。

2.联邦主体国家权力机关有权采取财政补充保障措施，为市立教育组织和实施国家认证的基础普通教育大纲的私立普通教育组织中的受教育者提供膳食，以及为儿童补充教育提供国家支持，包括对市立教育组织和实施儿童补充教育大纲的私立教育组织提供财政保障。

(2016年7月3日俄罗斯联邦法修正案第313-ФЗ号)

3. 在俄罗斯联邦主体高等教育组织中，联邦主体国家权力机关有权提供基于选拔的高等教育。

第九条　地方区域和城市周边地区自治机构的教育职能

1. 地方区域和城市周边地区自治机构处理地区教育问题的职能包括：

(1)依据基础普通教育大纲，在市立教育组织提供人人都可享受的免费的学前教育、初等普通教育、基础普通教育和中等普通教育(依据联邦国家教育标准，实施普通教育大纲的财政保障职能除外)；

(2)在市立教育组织提供儿童补充教育(联邦主体国家权力机关提供财政保障的儿童补充教育除外)；

(3)为儿童进入市立教育组织创造条件，旨在实现儿童的监护与照料；

(4)市立教育组织的设立、变更和终止(由地方区域自治机构建立的市区高等教育组织除外)，履行市立教育组织创办者的职能和职权；

(5)保障市立教育组织建筑物和设施的维护，完善其周围地区的基础设施建设；

(6)依据学前教育、初等普通教育、基础普通教育、中等普通教育大纲，登记应受教育的儿童，在地方区域与城市周边地区加强市立教育组织建设；

(7)实施本联邦法规定的其他教育授权。

2. 俄罗斯联邦主体——联邦直辖市莫斯科、圣彼得堡和塞瓦斯托波尔市辖区内地方自治机构在教育领域的权力(包括指定俄罗斯联邦主体教育组织由具体区域管理的权力)由俄罗斯联邦主体——联邦直辖市莫斯科、圣彼得堡和塞瓦斯托波尔的法律规定。

(2014 年 5 月 5 日俄罗斯联邦法修正案第 84-ФЗ 号)

3. 市辖地方自治机构有权在 2008 年 12 月 31 日前在其管辖的区域内履行市级教育机构创办人的职责。

4. 城市周边地区自治机构有权在市立教育组织提供基于选拔的高等教育。

第二章　教育体系

第十条　教育体系结构

1. 教育体系包括：

(1)联邦国家教育标准和联邦国家要求、教育标准以及不同种类、水平和(或)方向的教育大纲；

(2)开展教育活动的组织、教育工作者、受教育者和未成年受教育者的家长(法定监护人)；

(3)联邦国家机关、履行教育管理职能的联邦主体国家权力机关和履行教育管理职能的地方自治机构，以及上述机构建立的咨询部门、协商部门和其他部门；

(4)保障教育活动及评估教育质量的组织；

(5)法人协会、企业主及其联合协会，开展教育活动的公共协会。

2.教育分为普通教育、职业教育、补充教育和职业培训，旨在保障受教育者实现终身教育的权利(继续教育)。

3.依据教育层次实行普通教育和职业教育。

克里米亚自治共和国和塞瓦斯托波尔联邦直辖市①的教育和教育职业技能水平应保持一致。

(2014年5月5日俄罗斯联邦法修正案第84-ФЗ号第2条)

4.俄罗斯联邦规定普通教育具有下列层次：

(1)学前教育；

(2)初等普通教育；

(3)基础普通教育；

(4)中等普通教育。

5.俄罗斯联邦规定职业教育具有下列层次：

(1)中等职业教育；

(2)高等教育——培养学士；

(3)高等教育——培养硕士研究生、专家；

(4)高等教育——培养高级技能人才。

6.补充教育分为三个类别：儿童补充教育、成人补充教育和补充职业教育。

7.教育体系通过实施基础教育大纲和不同类型的补充教育大纲，为受教育者同时进行多个教育大纲的学习提供可能，并且考虑到受教育者在接受教育时已有的教育水平、专业技能和实践活动经验，为实现终身教育创造条件。

第十一条　联邦国家教育标准和要求——教育标准

1.联邦国家教育标准和要求：

(1)俄罗斯联邦统一的教育空间；

(2)基础教育大纲的连续性；

(3)考虑受教育者的教育需求和能力，相应教育层次教育大纲内容应呈动态性，以及制定不同难度等级和方向的教育大纲；

(4)基于对基本教育大纲实施条件及学习成果相统一的教育要求，国家应保障教育水平和质量。

2.联邦国家教育标准(联邦国家学前教育标准除外)，教育标准不受教育形式和教学形式的影响，是客观评估相应层次和方向教育大纲的受教育者是否达到教育目标的基础。

3.联邦国家各教育标准的要求包括：

(1)基础教育大纲的结构(包括基础教育大纲的必修部分和教育关系参与者的构成部分的比例)及其规模；

---

① 详见第9页注释①。

(2)实施基础教育大纲的条件,包括人才、财政资金、物质技术以及其他条件;

(3)对学习者基础教育大纲的要求。

4.考虑到不同的教学形式、教育技术以及不同类型受教育者的差异,联邦国家教育标准规定接受普通教育和职业教育的期限。

5.依据职业、专业以及相应职业教育层次的培养方向,研制不同层次的联邦国家普通教育标准,联邦国家职业教育标准。

6.研制联邦国家特定人群的教育标准,或在联邦国家教育标准中增设特殊要求,旨在保障有身心障碍受教育者的受教育权。

于2016年7月1日批准的联邦国家职业教育标准应依据2017年7月1日第11条第7款联邦法律所作规定具体实施。

(2015年5月2日俄罗斯联邦法修正案第122-ФЗ号)

7.联邦国家职业教育标准中对于学习职业教育基础教育大纲职业资格部分的成绩要求根据相关职业标准(如若存在)制定。

(2015年5月2日俄罗斯联邦法修正案第122-ФЗ号)

8.履行国家教育政策研制和国家教育法规协调职能的联邦权力执行机关批准依据相应职业、专业和培养方向习得专业技能规范的培养目录以及目录制定程序。履行国家教育政策研制和国家教育法规协调职能的联邦权力执行机关在批准新的职业、专业和方向的培养目录时,协调新培养目录中个别职业、专业和培养方向与之前培养目录中的职业、专业和培养方向。

9.俄罗斯联邦政府规定联邦国家教育标准的研制、批准与修改程序。

10.莫斯科国立罗蒙诺索夫大学、圣彼得堡国立大学与高等教育组织之间设立"联邦大学"或"国家研究型大学"的范畴。联邦国家高等教育组织(其培养目录由俄罗斯联邦总统签署批准)有权自主研制并批准各层次高等教育标准。此类教育标准的实施条件与高等教育大纲学业水平要求不得低于联邦国家教育标准的相应要求。

第十二条　教育大纲

1.教育大纲决定教育内容。鉴于受教育者世界观的多样性,教育内容不分种族、民族、人种、宗教和社会,应促进人与人、民族与民族之间的相互理解与合作,实现受教育者自由选择观点和信仰的权利,依据家庭、社会普世的精神道德和社会文化价值观,保障每个人的能力和个性的形成与发展。职业教育与职业培训的内容应保障受教育者获得专业技能。

2.依据不同层次的普通教育、职业教育以及职业培训,俄罗斯联邦实施基础教育大纲;依据补充教育,俄罗斯联邦实施补充教育大纲。

3.基础教育大纲包括:

(1)基础普通教育大纲——学前教育大纲、初等普通教育大纲、基础普通教育大纲、中等普通教育大纲;

(2)基础职业教育大纲：

①中等职业教育大纲——高级技能工人、职员培养教育大纲，中层专家培养教育大纲；

②高等教育大纲——学士教育大纲、专家教育大纲、硕士研究生教育大纲、科学教育研究生（高等军事学校研究生）培养教育大纲、临床医师教育大纲、实习助理教育大纲；

(3)基础职业教育大纲——工人、职员职业培训教育大纲，工人、职员再培训教育大纲，工人、职工进修教育大纲。

4.补充教育大纲包括：

(1)补充普通教育大纲——补充全面发展教育大纲、补充职业前教育大纲；

(2)补充职业教育大纲——职业技能进修教育大纲、职业再培训教育大纲。

5.若本联邦法未另行规定，开展教育活动的组织可自主研制并通过教育大纲。

6.依据联邦国家学前教育标准，开展教育活动的组织在参照相应的示范性学前教育大纲的基础上，研制并通过学前教育大纲。

7.按照国家认证的教育大纲（基于高等教育组织自主通过的教育标准实施的高等教育大纲除外）开展教育活动的组织，依据联邦国家教育标准，参照相应的示范性基础教育大纲研制基础教育大纲。

8.依据本联邦法律，拥有自主研制并通过教育标准的高等教育组织，基于此教育标准研制相应的高等教育大纲。

9.若本联邦法未另行规定，示范性基础教育大纲的研制应基于联邦国家教育标准，并考虑其层次和方向。

10.经鉴定通过，示范性基础教育大纲可纳入国家信息系统——示范性基础教育大纲目录。纳入示范性基础教育大纲目录的信息每位公民均可查阅。

11.若本联邦法未另行规定，履行国家教育政策研制和国家教育法规协调职能的联邦权力执行机关规定示范性基础教育大纲的研制、审批及其目录的实施程序，对研制、审批和纳入此示范性基础教育大纲目录（包含国家机密资料）和示范性基础教育大纲的信息安全领域作出规范，并规定被授予权力可实施示范性基础教育大纲目录的组织。

12.俄罗斯联邦主体国家权力授权机关对示范性基础普通教育大纲进行审批，充分考虑其层次和方向（包括考虑地区、民族和民族文化特征）。

13.联邦权力执行机关和联邦国家机关保障科学教育研究生（高等军事学校研究生）培养的示范性教育大纲的研制。俄罗斯联邦法律规定兵役或其他等同兵役的职责、内务部的职责和俄罗斯联邦国民警卫队的职责。履行国家文化政策研制和国家文化法规协调职能的联邦权力执行机关保障实习助理培养教育大纲的研制。履行国家卫生保健政策研制和国家卫生保健法规协调职能的联邦权力执行机关负责临床医师培养教育大纲的研制。

（2014年6月4日俄罗斯联邦法修正案第145-ФЗ号；2016年7月3日俄罗斯联邦法修正案第227-ФЗ号；2016年7月3日俄罗斯联邦法修正案第305-ФЗ号）

14. 依据本联邦法规定，被授权的联邦国家机关研制并批准示范性补充职业教育大纲或标准性补充职业教育大纲。依据该大纲，开展教育活动的组织研制相应的补充职业教育大纲。

15. 依据本联邦法和其他联邦法规定，被授权的联邦国家机关研制并批准示范性职业教学大纲或标准性职业教学大纲，依据该大纲，开展教育活动的组织研制相应的职业教学教育大纲。

第十三条　实施教育大纲的总体要求

1. 开展教育活动的组织自主或通过网络形式实施教育大纲。

2. 在教育大纲实施进程中，使用多种教育技术，包括远程教育技术和电化教学。

3. 在教育大纲实施进程中，基于呈现教育大纲的内容、建立教学计划以及使用相应教育技术的组合原则，开展教育活动的组织采用相应的教育活动组织形式。

4. 采用学分制系统，旨在确定职业教育大纲结构以及受教育者学习职业教育大纲的程度。学分单位是衡量受教育者学习负荷的统一单位，其中包括教学计划中规定受教育者学习的所有科目（课堂学习和自主学习）与实践活动。

5. 依据具体职业、专业及培养方向，相应的联邦国家教育标准、自然人或法人的教育标准规定基础职业教育大纲的学分数量。开展教育活动的组织规定补充职业教育的学分数量。

6. 基础职业教育大纲规定受教育者应进行实践活动。

7. 基于与按照相应专业教育大纲开展教育活动的组织签订的合同，开展教育活动的组织实施教育大纲规定的实践活动。实践活动可直接在开展教育活动的组织中进行。

8. 履行国家教育政策研制和国家教育法规协调职能的联邦权力执行机关规定基础职业教育大纲受教育者实践活动的条例和种类。

9. 教育大纲实施进程中，禁止使用危害受教育者身心健康的培养方法和教育技术。

10. 实施国家教育管理的联邦国家机关和联邦主体国家权力机关，以及实施教育管理的地方自治机构均无权更改教育组织的教学计划和教学进度表。

11. 若本联邦法未另行规定，履行国家教育政策研制和国家教育法规协调职能的联邦权力执行机关规定依据不同层次和（或）方向教育大纲或依据相应教育类型组织和实施教育活动的程序。

第十四条　教学语言

1. 俄罗斯联邦保障受教育者以国家语言接受教育，同时受教育者有权在教育体系所提供选择的范围内选择教学语言。

2. 若本联邦法未另行规定，教育组织以俄罗斯联邦国家语言开展教育活动。依据联邦国家教育标准、自然人或法人的教育标准，在国家认证的教育大纲框架内进行教授和研究俄罗斯联邦国家语言。

3. 依据俄罗斯联邦共和国法律，俄罗斯联邦共和国境内的国立和私立教育组织教授和研究俄罗斯联邦共和国国家语言。依据联邦国家教育标准、自然人或法人的教育标准，在国家认证的教育大纲框架下，进行俄罗斯联邦共和国国家语言的教授和研究。俄罗斯联邦共和国国家语言的教授和研究不得影响俄罗斯联邦国家语言的教授和学习。

4. 俄罗斯联邦公民有权获得俄罗斯联邦民族语言中母语的学前教育、初等普通教育、基础普通教育，有权依据教育法定程序在教育体系提供的选择范围内研究俄罗斯联邦民族语言中的母语。建立必要数量的相应的教育组织、班级和教学班等条件以保障上述权利的实现。依据联邦国家教育标准、自然人或法人的教育标准，在国家认证的教育大纲框架下，进行俄罗斯联邦民族语言中的母语的教授和研究。

5. 依据教育大纲、教育法和开展教育活动的组织的地方性法规程序，以外语接受教育。

6. 依据俄罗斯联邦法律规定，实施教育大纲的教育组织的地方性法规确定语言以及教育语言。

第十五条　实现教育大纲要求的网络形式

1. 利用开展教育活动的组织的资源，包括国外教育活动，以及必要时利用其他组织的资源，实现教育大纲要求的网络形式(以下简称网络形式)，以保障受教育者进行教育大纲学习。充分利用网络形式，拥有开展教学、生产实践以及相应教育大纲规定的其他类型活动所必需的资源的科学组织、医疗组织、文化组织、体育以及其他组织与开展教育活动的组织一同参与实施教育大纲的进程。

2. 基于本条第 1 款所述教育组织之间的合约，使用网络形式实施教育大纲的。利用能够共同研制和通过教育大纲的教育组织的网络形式，实施教育大纲。

3. 实施教育大纲网络形式的合同规定：

(1)利用网络形式实施教育大纲的类型、层次和(或)方向(某层次、类型和方向的教育大纲的部分)；

(2)本条第 1 款所述教育组织中受教育者的地位，依据教育大纲，利用网络形式发布招生简章，利用网络形式进行教育大纲学习的受教育者(基础职业教育大纲受教育者)学术流动的组织程序；

(3)依据教育大纲，通过网络形式开展教育活动的条件和程序，包括本条第 1 款所述教育组织之间职责分配，教育大纲的实施程序，以及通过网络形式实施教育大纲的组织所使用资源的性质和规模；

(4)颁发的教育和(或)技能证明或文件、教学证明或文件，以及颁发给开展教育活动的组织的上述文件；

(5)合同有效期、合同修改和终止程序。

第十六条　利用电化教学和远程教学技术实现教育大纲要求

1. 电化教学是运用数据库信息(包含教育大纲实施进程中所使用信息)、不断完善的信息技术、手段，以及受教育者和教育工作者能够依据信息通讯网络进行交流的教学活动。远程教学技术是受教育者和教育工作者基于网络间接交互模式的教育技术。

2. 依据履行国家教育政策研制和国家教育法规协调职能的联邦权力执行机关所规定的程序，在实施教育大纲的进程中，教育组织有权采用电化教学和远程教学技术。

3. 开展教育活动的组织借助电化教学和远程教学技术实施教育大纲。开展教育活动的组织应为信息化教育资源（包括电子信息资源、电子教育资源，信息技术、通信技术、相应技术手段的集合）发挥功能创造条件，旨在保障受教育者完整地、不受其所处位置进行教育大纲学习。履行国家教育政策研制和国家教育法规协调职能的联邦权力执行机关批准职业、专业和培养方向的目录，禁止依据上述目录仅使用电化教学和远程教学技术实施教育大纲。

4. 借助电化教学和远程教学技术实施教育大纲的进程中，开展教育活动的组织及其分支机构所在地成为开展教育活动的地点，且不受制于学生所处位置。

5. 借助电化教学和远程教学技术实施教育大纲的进程中，开展教育活动的组织应保障国家机密和其他受法律保护的机密资料的安全。

第十七条　受教育形式和教学模式

1. 俄罗斯联邦受教育形式包括：

(1) 在开展教育活动的组织中接受教育；

(2) 在开展教育活动的组织以外（家庭教育模式和自我教育模式）接受教育。

2. 开展教育活动的组织考虑到个人需求和能力，并根据教育工作者与受教育者的必修课程数量进行“面授”、“面授——函授”以及“函授”教学。

3. 依据本联邦法律第 34 条第(3)款规定，家庭教育模式和自我教育模式的受教育者由开展教育活动的组织进行中期和国家最终考核。

4. 允许不同的受教育形式和教学模式相结合。

5. 若本联邦法未另行规定，相应的联邦国家教育标准、自然人或法人的教育标准规定不同教育层次、职业、专业和培养方向的基础教育大纲受教育形式和教学模式的影响。若本联邦法未另行规定，开展教育活动的组织自主规定补充教育大纲和基础职业教育大纲的教学模式。

第十八条　印刷和电子教育信息资源

1. 开展教育活动的组织建设图书馆（包括连接专业数据库、信息查询系统以及其他信息资源的数字/电子图书馆），旨在保障教育大纲的实施。图书馆应保障配备印刷和电子教学出版物（包括教材和教学参考书），以及实施基础教育大纲所涉及科目、课程、学科（模块）的教学法和周期性出版物。

2. 依据相应联邦国家教育标准规定，为每位进行基础教育大纲学习的受教育者提供教育出版物，以保障开展教育活动。

3. 教育组织应充分考虑联邦国家教育标准、示范性学前教育大纲和示范性初等普通教育大纲的要求，对学前教育大纲实施进程中所使用的教育出版物做出相应的规定。

4. 依据国家认证的初等普通教育大纲、基础普通教育大纲和中等普通教育大纲，开展教育活动的组织在实施上述教育大纲时选择使用下列教育出版物：

(1)实施国家认证的初等普通教育大纲、基础普通教育大纲和中等普通教育大纲进程中，纳入联邦教材推荐目录的教科书；

(2)实施国家认证的初等普通教育大纲、基础普通教育大纲和中等普通教育大纲的进程中，允许使用纳入教学参考书出版组织目录中的组织机构所出版的教学参考书。

5. 在开展教育活动的组织实施国家认证的初等普通教育大纲、基础普通教育大纲和中等普通教育大纲进程中，联邦教材推荐目录包括在实施基础教育大纲必修部分和教育关系参与者构成部分进程中的教材推荐目录(包括记载俄罗斯联邦主体区域和民族文化特征的教科书)，保障实现公民以俄罗斯联邦民族语言为母语接受教育的权利以及研究俄罗斯联邦民族母语和俄罗斯民族语言文学的权利。

6. 实施国家认证的初等普通教育大纲、基础普通教育大纲和中等普通教育大纲进程中，依据鉴定结果，将教科书纳入联邦教材推荐目录。联邦主体国家权力机关授权机构对教科书进行鉴定，旨在确保记载俄罗斯联邦主体区域和民族文化特征，实现公民以俄罗斯联邦民族语言为母语获得教育的权利，以及研究俄罗斯联邦民族母语和俄罗斯民族语言文学的权利。

7. 在实施国家认证的初等普通教育大纲、基础普通教育大纲和中等普通教育大纲进程中，履行国家教育政策研制和国家教育法规协调职能的联邦权力执行机关批准联邦教材推荐目录的选择程序，包括鉴定标准和程序、鉴定结果的形式以及将教科书从联邦教材推荐目录中移除的依据和程序。

8. 在实施国家认证的初等普通教育大纲、基础普通教育大纲和中等普通教育大纲进程中，履行国家教育政策研制和国家教育法规协调职能的联邦权力执行机关规定批准教学参考书出版组织的选择程序及目录。俄罗斯联邦主体国家权力授权机关参与俄罗斯联邦民族语言和俄罗斯民族语言文学教学参考书出版组织的选择。

9. 在实施职业教育大纲进程中，使用教育出版物(包括开展教育活动的组织所规定的电子出版物)。

第十九条　教育体系的科学方法和资源保障

1. 依据俄罗斯联邦法律，在教育体系中建立并运行保障教育活动的科研组织和规划组织、设计局、实验教学单位、试验站以及发挥科学方法、教学法、资源、信息技术保障功能的组织和教育体系管理、教育质量评估组织。

2. 成立教学方法研究协会，旨在使教育工作者、科研工作者、企业代表参与联邦国家教育标准、示范性教育大纲的研制，协调开展教育活动的组织，保障教育体系教育内容的质量和发展方向。

3. 教育体系中，教学方法研究协会由履行国家教育管理职能的联邦权力执行机关和俄罗斯联邦主体权力执行机关设立，并依据该机构的规章开展相应的活动。教育体系中,履行国家教育政策研制和国家教育法规协调职能的联邦权力执行机关批准教学方法研究协会的基本规章制度。

4. 教育工作者、科研工作者、开展教育活动的组织中的其他工作者,以及教育体系中的其他组织工作者,包括企业代表,以自愿原则加入教学方法研究协会。

第二十条　教育实验与创新活动

1. 鉴于俄罗斯联邦社会经济发展的主要方向,以及俄罗斯联邦国家教育政策的优先方向,教育实验与创新活动的实施,旨在保障教育体系现代化和发展。

2. 依据俄罗斯联邦政府规定的条件和程序,开展实验活动,旨在研制、审批和实施新教育技术和教育资源。

3. 创新活动以完善教育体系的科学教育、教学法、组织、法律、金融经济、人才和物质技术保障为导向。由开展教育活动的组织、其他现行的教育组织及其协会,以实施创新方案和规划的形式开展创新活动。在实施创新方案和规划的进程中,应保障教育关系参与者的合法权利和利益,所提供的教育水平和质量不得低于联邦国家教育标准、联邦国家要求和自然人或法人的教育标准。

4. 本条第 3 款所述组织以及实施创新方案和规划的组织被视为联邦或区域创新基地,构成教育体系创新的基础结构,旨在创造条件以实施对教育体系发展具有现实意义的创新方案和规划。履行国家教育政策研制和国家教育法规协调职能的联邦权力执行机关规定教育体系中创新基础结构的形成和运作程序(包括联邦创新基地的认证程序)以及联邦创新项目目录。联邦主体国家权力机关规定本条第 3 款所述组织认证为区域创新基地的程序。

5. 履行教育管理职能的联邦国家机关和联邦主体国家权力机关在其权限范围内为实施创新教育方案、规划以及将其成果付诸实践创造条件。

第三章　开展教育活动的法人

第二十一条　教育活动

1. 依据本联邦法律规定,教育组织、教学组织以及个体企业家开展教育活动。

2. 权利、社会保障、教育组织以及受教育者和教育工作者的责任和义务由教学组织、个体企业家、受教育者、就职于教学组织的教育工作者共同履行。

第二十二条　教育组织的设立、变更和终止

1. 教育组织是基于民事立法规定设立的非营利性组织。

2. 教会教育组织是依据俄罗斯联邦关于良知、宗教信仰自由和宗教协会的立法程序设立的。

3. 履行法人和个体企业家(及其地区机构)注册职能的联邦权力授权机关,于法人和个体企业家国家注册立法规定的程序和期限内,通知履行教育监督和监察职能的联邦权力执行机关或实施俄罗斯联邦教育授权、履行为教育活动发放许可证的俄罗斯联邦主体权力执行机关关于教育组织的国家注册事宜。

4.教育组织创办者的性质决定国立、市立或私立教育组织的性质。

5.俄罗斯联邦或俄罗斯联邦主体设立的教育组织为国立教育组织。

6.市政机关(地方区域或城市周边地区)设立的教育组织为市立教育组织。

7.依据俄罗斯联邦法律由自然人或法人及其协会(外国宗教组织除外)设立的教育组织为私立教育组织。

8.俄罗斯联邦设立实施国防和国家安全领域高等教育大纲的教育组织,并保障其立法和法律程序。

9.俄罗斯联邦或俄罗斯联邦主体设立需要特殊教育、教学条件和特殊教育方法的机构(开放性或封闭性的专业教学教育组织)以下简称——教学教育组织,是针对异常行为受教育者(危害社会)的教育组织。

10.依据民事立法程序,教育法的管理规范,对教育组织进行变更或终止。

11.俄罗斯联邦权力执行机关、联邦主体权力执行机关或地方自治机构关于变更和终止国立和(或)市立教育组织的决定,在委员会对相应决定的影响评估作出正面结论的情况下,予以通过。

12.未经农村地区居民的同意,禁止变更和终止农村地区市立普通教育组织。

13.俄罗斯联邦政府规定关于变更和终止联邦国家教育组织的决议的评估程序、评估标准(依据联邦国家教育组织类型)以及对相应决议进行评估和作出结论的委员会的成立程序。

14.俄罗斯联邦主体国家权力授权机关规定俄罗斯联邦主体作出变更和终止教育组织决议的评估程序、市立教育组织的评估程序、包括评估标准(依据教育组织类型)以及对相应决议进行评估和作出结论的委员会的成立程序。

15.依据俄罗斯联邦国际合约,对国际(国家间)教育组织进行设立、变更和终止。

第二十三条　教育组织的类型

1.依据教育大纲(其实施作为教育组织教育活动的基本目标),教育组织分为不同类型。

2.俄罗斯联邦规定下列实施基础教育大纲的教育组织类型:

(1)学前教育组织——依据学前教育大纲开展教育活动,进行儿童监护与照料并将其作为基本目标的教育组织;

(2)普通教育组织——依据初等普通教育大纲、基础普通教育大纲、中等普通教育大纲开展教育活动,并将其作为基本目标的教育组织;

(3)职业教育组织——依据中等职业教育大纲和(或)职业教学大纲开展教育活动,并将其作为基本目标的教育组织;

(2015年7月13日俄罗斯联邦法修正案第238-ФЗ号)

(4)高等教育组织——依据高等教育大纲开展教育活动、科学活动,并将其作为基本目标的教育组织。

3.俄罗斯联邦规定下列实施补充教育大纲的教育组织类型:

(1)补充教育组织——依据补充普通教育大纲开展教育活动并将其作为基本目标的教育组织;

(2)补充职业教育组织——依据补充职业教育大纲开展教育活动并将其作为基本目标的教育组织。

4.本条第2款和第3款所规定的教育组织有权依据下列教育大纲(其实施并非作为教育组织教育活动的基本目标)开展教育活动:

(1)学前教育组织——补充全面发展教育大纲;

(2)普通教育组织——学前教育大纲、补充全面发展教育大纲、职业教学大纲;

(3)职业教育组织——基础普通教育大纲、补充全面发展教育大纲、补充职业教育大纲;

(2015年7月13日俄罗斯联邦法修正案第238-ФЗ号)

(4)高等教育组织——基础普通教育大纲、中等职业教育大纲、职业教学大纲、补充普通教育大纲、补充职业教育大纲;

(5)补充教育组织——学前教育大纲、职业教学大纲;

(6)补充职业教育组织——科学教育人才培养大纲、临床医师培养教育大纲、补充普通教育大纲、职业教学大纲。

5.教育组织的名称应指明其法律组织形式及教育组织的类型。

6.教育机构应使用指明开展教育活动特点的名称(教育大纲的层次和方向、不同类型教育大纲的整合、教育大纲内容及其实施的特殊条件和(或)受教育者特殊的教育需求),以及实现与教育密切相关的职能(内容、医疗、康复、矫正、心理教育帮助、宿舍、科研和技术活动以及其他功能)。

第二十四条　莫斯科国立罗蒙诺索夫大学、圣彼得堡国立大学,高等教育组织的类型

1.莫斯科国立罗蒙诺索夫大学、圣彼得堡国立大学是俄罗斯联邦主要的古典大学。专门的联邦法律规定了莫斯科国立罗蒙诺索夫大学和圣彼得堡国立大学的法律地位性质。

2.关于俄罗斯联邦高等教育机构,俄罗斯联邦政府设立"联邦大学"和"国家研究型大学"的类别。在"联邦大学"或"国家研究型大学"类别下建立高等教育组织的进程中,其名称应指明规定的类型。

3.俄罗斯联邦政府以俄罗斯联邦名义,以自治机构的形式建设高等教育组织,并设立"联邦大学"的类型,旨在保障人才培养,促进俄罗斯联邦主体社会经济的综合发展。在联邦大学设立进程中,俄罗斯联邦政府要考虑俄罗斯联邦主体立法和执行权力机关基于俄罗斯联邦主体社会经济发展规划所提出的建议。

4. 由联邦大学研制，俄罗斯联邦政府批准的教育大纲规定了教育活动实施条件及其成果评估标准，整合教育和科研活动，推进物质技术基础现代化，不断完善社会文化结构，加强融入世界教育空间。在此教育大纲的框架内，进一步加强联邦大学的发展。

5. 依据高等教育组织发展规划选拔结果，确立“国家研究型大学”的类别。本规划旨在保障科学、技术、工程、经济领域、社会领域优先发展方向的人才培养，高等技术的发展及其应用。俄罗斯联邦政府规定高等教育组织发展规划的选拔程序(包括为其提供经费的条件)。履行国家教育政策研制和国家教育法规协调职能的联邦权力执行机关，规定国家研究型大学发展规划的相关指标目录、评估标准和评估有效期。

6. 依据发展规划实施成效的评估结果，俄罗斯联邦政府可剥夺高等教育组织“国家研究型大学”称号。

第二十五条 教育组织章程

1. 教育组织应依据俄罗斯联邦立法批准的章程运行。

2. 教育组织章程应包含下列信息以及俄罗斯联邦立法规定的信息：

(1)教育组织的类型；

(2)教育组织的创办者；

(3)实施的教育大纲类型，明确教育层次和(或)方向；

(4)教育组织管理机构的结构和职能范围，组建程序和职能期限。

3. 教育组织应创造相应条件，旨在使教育工作者、受教育者和未成年受教育者的家长(法定监护人)了解其章程。

第二十六条 教育组织管理

1. 依据俄罗斯联邦立法，充分考虑本联邦法律的管理规范，以进行教育组织管理。

2. 基于一长制与委员会制相结合的原则，进行教育组织管理。

3. 教育组织的负责人(校长、院长、主任、主管或其他负责人)是教育组织执行机构主管，进行教育组织活动的日常管理。

4. 教育组织设立委员会管理机构，包括教育组织工作者大会(职业教育组织和高等教育组织——教育组织工作者和受教育者大会)，教务会议(高等教育组织——科学会议)，同时依据教育组织相应的规章规定，设立管理委员会的监督委员会、观察委员会和其他委员会管理机构。

5. 依据俄罗斯联邦立法，教育组织规章规定教育组织管理机构的结构、形成程序、任期和权限范围，以及教育组织管理机构决策批准程序和教育组织声明程序。

6. 教育组织批准涉及自身权利和合法利益的地方性法规时，依据教育组织中受教育者、未成年受教育者的家长(法定监护人)和教育工作者的提议，充分考虑上述主体对教育组织管理问题的意见：

(1)设立学生委员会(职业教育组织和高等教育组织——大学生委员会)，未成年受教育者的家长(法定监护人)委员会以及其他机构(以下简称学生委员会、家长委员会)；

(2)设立并运行教育组织受教育者和(或)工作者工会(以下简称——受教育者代表机构、教育工作者代表机构)。

第二十七条　教育组织结构

1.若联邦法未另行规定,教育组织自主组建其部门机构。

2.教育组织考虑到实施教育大纲的层次、种类和方向,教学形式和受教育者的住宿制度,设立不同的部门机构,以保障开展教育活动(分支机构、代办处、部门、系、学院、中心、教研室、培训部门、科研和教学法部门、实验室、设计局、教学专家工作室、附属医院、实验教学单位、教学试验场、教学实习基地、教学示范中心、教学剧院、展览馆、教学马戏场、舞蹈歌剧教学工作室、教育音乐厅、艺术创意工作坊、图书馆、博物馆、体育俱乐部、大学生体育俱乐部、中学生体育俱乐部、宿舍、寄宿学校、旨在为有需要的受教育者提供社会适应和康复服务的心理和社会教育服务中心、由地方教育组织法规规定的其他部门机构)。

3.依据履行国家教育政策研制和国家教育法规协调职能的联邦权力执行机关规定的程序,基于其他按照相应教育大纲开展活动的组织,职业教育组织和高等教育组织可设立教研室和其他机构,以保障受教育者的实践培训。

4.教育组织部门机构(包括分支机构和代办处)不具有法人资格。教育组织部门机构基于教育组织规章及其规定的相应部门机构的条例运行。禁止教育组织代办处开展教育活动。

5.依据民事立法程序,参考本联邦法律的管理规范,进行教育组织分支机构的设立和终止。

6.依据本联邦法律第 22 条第 11 款和第 12 款所作的规定,联邦权力执行机关、俄罗斯联邦主体权力执行机关或地方自治机构对关于终止国立和市立学前教育组织或普通教育组织分支机构的决议作出决策。

7.联邦国家高等教育组织分支机构创办者与履行国家教育政策研制和国家教育法规协调职能的联邦权力执行机关协商,设立或终止分支机构。

8.与履行国家教育管理职能的俄罗斯联邦主体权力执行机关和履行教育管理职能的地方自治机构(分支机构所在地)协商,在其他俄罗斯联邦主体境内或地方教育区域内,俄罗斯联邦主体设立国家教育组织分支机构和市立教育组织分支机构。

9.教育组织决定其代办处的设立与终止。

10.若俄罗斯联邦国际合同未另行规定,依据国外法律(分支机构或代办处所在地),决定在外国境内进行教育组织分支机构或代办处的设立或终止。

11.位于国外的教育组织分支机构及代办处,依据其所在地国家法律进行教务组织相应的财务活动。

12.国立和市立教育组织中禁止政治党派、宗教组织(团体)的创建和开展活动。

第二十八条　教育组织的职能、权利、义务和责任

1.依据本联邦法律、俄罗斯联邦其他法律规范和教育组织规章,教育组织有权自主进行教育、科研、行政、财务和经济活动,研制并通过地方性规范。

2.教育组织依据其实施的教育大纲自主决定教育内容、选择教学方法和教学技术。

3.在规定活动领域内,教育组织的职能包括:

(1)研制并通过受教育者的内部规章、内部劳动规范和其他地方性规范;

(2)依据国家和地方标准、要求(包括联邦国家教育标准、联邦国家要求和自然人或法人的教育标准)提供教育活动物质技术保障及相应的建筑设施;

(3)向创办者和公众提供关于财务资金收支情况的年度报告以及教育组织自我审查的结果报告;

(4)若俄罗斯联邦法律法规未另行规定,建立工作人员名单;

(5)若本联邦法律未另行规定,进行工作人员的录用、劳动合同的签订和解除、职务分工以及创造相应条件组织工作人员进行补充职业教育培训;

(6)教育大纲的研制和批准;

(7)若本联邦法律未另行规定,与教育组织创办者协商、研制并批准教育组织发展规划;

(8)招生;

(9)依据批准的联邦教材推荐目录,开展教育活动的组织在实施国家认证的初等普通教育大纲、基础普通教育大纲和中等普通教育大纲的进程中,制定教材清单及允许使用的教学参考书清单;

(10)对受教育者学业成绩进行日常和中期考核,确立考核形式、周期和实施程序;

若本联邦法律未另行规定,依据教育组织对教学活动成果、体育活动、社会活动、科学活动、科学技术活动、创造性活动、实验和创新活动所规定的奖励类型和条件,对受教育者进行奖励;

(2014 年 5 月 27 日俄罗斯联邦法修正案第 135-ФЗ 号)

(11)对受教育者教育大纲学习成果和受教育者奖励措施进行个人统计,对相关学习和奖励信息进行纸质和(或)电子存档;

(2014 年 5 月 27 日俄罗斯联邦法修正案第 135-ФЗ 号)

(12)使用并完善教学培养方法、教育技术以及电化教学;

(13)进行自我审查,保障教育质量评估的内部系统正常运行;

(14)提供相应条件,以保障寄宿教育组织的受教育者正常接受教育;

(15)创造相应必要条件,旨在维护教育组织的受教育者和工作人员的健康,并为其提供膳食;

(15.1)依据履行国家教育政策研制和国家教育法规协调职能的联邦权力执行机关的规定,对受教育者进行社会心理测试,旨在及早发现非法使用麻醉剂和精神药物的现象;

(2013 年 6 月 7 日俄罗斯联邦法修正案第 120-ФЗ 号)

(16)为受教育者从事体育运动创造条件;

(17)购置或制作关于教育和技能的文件证书,以及教学特别成就奖章;

(2014 年 5 月 27 日俄罗斯联邦法修正案第 135-ФЗ 号)

(18)已经失效；

(2014 年 6 月 4 日俄罗斯联邦法修正案第 148-ФЗ 号)

(19)俄罗斯联邦法律允许教育组织开展受教育者和未成年受教育者家长(法定监护人)的公共协会活动；

(20)开展科学的教学法工作,包括组织和举办科学的教学法会议、研讨会；

(21)保障教育组织官方网站的创建和运行；

(22)依据俄罗斯联邦立法规定的其他事项。

4. 高等教育组织有权开展科学(或)创造性活动,并有权进行科研人才培养(博士研究生)。其他教育组织依据俄罗斯联邦法律有权进行科学和创造性活动(若其规章对该类型活动作出相应的规定)。

5. 教育组织有权开展咨询活动、教育活动、维护居民健康的活动以及其他不违背教育组织建立目标的活动,包括休假和受教育者的假期健康活动(全天或半天)。

6. 教育组织有义务依据教育法开展下列活动：

(1)保障全面实施教育大纲,使受教育者的培养质量符合规定要求,所采用的教育形式、教学方法符合受教育者的年龄、身心特征、爱好、能力、兴趣和要求；

(2)依据保障教育组织的受教育者和工作人员生命和健康的准则,为受教育者的教学、道德教育、监护和照料创造安全的条件；

(3)维护受教育者、未成年受教育者的家长(法定监护人)以及教育组织工作者的权利和自由。

7. 依据俄罗斯联邦法律规定程序,教育组织对未履行或未合理履行其职能范围内的职权负有责任;依据教学计划未完全实施教育大纲,对毕业生的教育质量负有责任;对教育组织的受教育者与工作人员的生命和健康负有责任。依据俄罗斯联邦行政违法法典,教育组织及其负责人对违反或非法限制受教育者的受教育权、教育法赋予受教育者、未成年受教育者的家长(法定监护人)的权利和自由、违反开展教育活动的要求负有行政责任。

第二十九条　教育组织信息公开

1. 教育组织建立关于其活动公开的、人人均可享受的信息资源,并保障接入信息通信网络,包括教育组织官方网站。

2. 教育组织保障下列信息资源的开放性：

(1)信息：

①教育组织设立时间、教育组织创办者、教育组织及其分支机构(如若存在)的地址、教育组织制度、工作进度表、联系电话以及电子邮件地址；

②教育组织的管理机构；

③相应教育大纲规定的科目、课程、学科(模块)和实践的实施情况；

④联邦财政拨款、俄罗斯联邦主体预算、地方预算和依据教育合同自然人或法人资

金保障下实施教育大纲的受教育者数量；

⑤教育语言；

⑥联邦国家教育标准、自然人或法人的教育标准（如若存在）；

⑦教育组织负责人及其副职、教育组织分支机构负责人（如若存在）；

⑧教育组织全体教育工作者（应标明其教育水平、教育资格等级和工作经验）；

⑨教育活动的物质技术保障（包括配备教研室、实践课程设施、图书馆、体育设施、教育和培训设备，保障受教育者营养膳食和健康的条件、接入信息系统和信息交流网络，保障受教育者可访问的电子教育资源）；

⑩科学（科研）活动的方向和成果及开展科学活动的研究基地（高等教育组织、补充职业教育组织）；

⑪中等职业教育各专业的录取结果（含入学考试），不同录取条件下高等教育各专业或培养方向的录取结果[联邦财政拨款、俄罗斯联邦主体预算、地方预算和依据教育合同自然人和（或）法人资金保障下的地方]并标明所有入学考试的平均分数以及换算、折合结果；

⑫各教育大纲、专业、培养方向[联邦财政拨款、俄罗斯联邦主体预算、地方预算和依据教育合同自然人和（或）法人资金保障下的地方]未录取名额数量；

⑬向受教育者提供奖学金和社会支持措施的条件；

⑭向外地受教育者提供宿舍、床位数量以及宿舍住宿付款情况；

⑮教育活动规模（联邦财政拨款、俄罗斯联邦主体预算、地方预算和依据教育合同自然人和法人对开展教育活动进行资金保障）；

⑯资金收入和年度支出；

⑰毕业生就业。

（2）副本：

①教育组织章程；

②开展教育活动许可证（带附件）；

③国家认证证书（带附件）；

④依据俄罗斯联邦立法规定程序批准的教育组织财务经济活动计划或教育组织预算计划；

⑤本联邦法第 30 条第 2 款所规定的地方性法律规范、受教育者内部规章、内部劳动规范、集体合约。

（3）自我审查结果报告。履行国家教育政策研制和国家教育法规协调职能的联邦权力执行机关规定进行自我审查的教育组织活动指标及其运行程序。

（4）实施有偿教育服务的程序文件，包括实施有偿教育服务的合同样本、关于批准各教育大纲教学费用的文件。

（4.1）在开展教育活动的组织中，家长（法定监护人）支付儿童监护和照料以及儿童进行学前教育大纲学习费用的规定数额文件；实施初等普通教育大纲、基础普通教育大纲和中等普通教育大纲的教育组织中儿童费用的规定数额文件(若该类型教育组织为受教育者提供住宿条件);在实施初等普通教育大纲、基础普通教育大纲和中等普通教育大纲的教育组织在日托班中进行儿童监护与照料费用的规定数额文件。

(2015年6月29日俄罗斯联邦法修正案第198-ФЗ号)

(5)履行国家教育监督和监察职能机构的指令,以及该指令的实施报告。

(6)依据俄罗斯联邦法律,教育组织自行决定公示教育组织具有的其他信息。

3. 本条第2款所述信息和文件,依据俄罗斯联邦法律,若其不属于国家机密资料,应在教育组织官方网站予以公示,自公示之日起十日之内,如有疑问,可进行相应修订。俄罗斯联邦政府规定教育组织官方网站关于教育组织信息的公示和修改程序,包括其内容及公示形式。

第三十条　包含调整教育关系规范的地方性法规

1. 依据俄罗斯联邦法律及教育组织规范,教育组织在自身职能范围内通过包含调整教育关系规范的地方性法规(以下简称——地方性法规)。

2. 教育组织通过关于开展教育活动基本问题的地方性法规,包括招生录取规定、受教育者的教学制度、受教育者学业成绩、日常考核以及中期考核的形式、周期和程序、受教育者成绩换算折合程序、教育组织和受教育者以及未成年受教育者的家长(法定监护人)之间关系形成和终止的程序。

3. 在通过涉及受教育者和教育工作者权利的地方性法规时,应考虑学生委员会、家长委员会和受教育者代表机构的意见,以及依据劳动法规定的教育工作者代表机构的意见(如若该类型代表机构存在)。

4. 与教育法和劳动法相比,若地方性法规降低教育组织受教育者和工作者的地位,或违反了上述的法律规定,将不予通过,并废除相应的地方性法规。

第三十一条　教学组织

1. 教学组织包括开展教育活动的科学组织,孤儿和无家长照料的儿童组织,提供治疗、康复或休养的组织,提供社会服务的组织以及其他法律实体。

2. 科学组织有权依据硕士研究生教育大纲、科学教育人才培养大纲、临床医师教育大纲、职业教学和补充职业教育大纲开展教育活动。

3. 提供治疗、康复或休养的组织和提供社会服务的组织有权依据基础普通教育大纲和补充教育大纲、基础职业教学大纲开展教育活动。

4. 鉴于本联邦法律第88条所作出的规定,俄罗斯联邦外交代表团和领事机构,俄罗斯联邦国际(国家间、政府间)组织代办处(以下简称——俄罗斯联邦外交部驻外机构)有权依据基础普通教育大纲和补充教育大纲开展教育活动。

5. 其他法律实体有权依据职业教学大纲、学前教育大纲和补充教育大纲开展教育活动。

6. 在教育组织机构中设立专门部门,旨在保障教学组织开展教育活动。教学组织研制并通过相应的规章,以规范该部门的教育活动。

第三十二条　开展教育活动的个体企业家

1.个体企业家直接或聘请其他教育工作者进行教育活动。

2.依据关于法人和个体企业家国家注册的法律所规定的程序和期限，履行法人和个体企业家(及其地区机构)国家注册职能的联邦权力授权执行机关通知履行俄罗斯联邦教育授权的联邦主体权力执行机关关于个体企业家(其经济活动类型为教育活动)国家注册的信息。

3.个体企业家依据基础普通教育大纲、补充教育大纲和职业教学大纲开展教育活动。根据劳动法，禁止开展教学活动的自然人无权以个体企业家身份开展教育活动。

(2014 年 12 月 31 日俄罗斯联邦法修正案第 489-ФЗ 号)

4.开展有偿教育之前，个体企业家需向受教育者、未成年受教育者家长(法定监护人)出示个体企业家的国家注册信息、关于自身职业教育水平、从事教育工作和开展个体教育活动年限的信息。聘请教育工作者开展教育活动时，个体企业家需提供相应的教育工作者职业教育水平和教育工作年限的信息。

5.个体企业家聘请教育工作者开展教育活动时，同样需出示开展教育活动的许可证书。

第四章　受教育者及其家长(法定监护人)

第三十三条　受教育者

1.根据所学习的教育大纲层次、教学形式和教育组织寄宿制度，受教育者包括：

(1)进行学前教育大纲学习的学生，进行基础普通教育大纲学习、寄宿于教育组织的学生；

(2)进行初等普通教育大纲、基础普通教育大纲或中等普通教育大纲、补充普通教育大纲学习的学生；

(3)进行中等职业教育大纲、学士教育大纲、专家教育大纲和硕士研究生教育大纲学习的学生(学员)；

(4)依据教育科学人才教育大纲进行学习的研究生；

(5)依据教育科学人才教育大纲进行学习的高等军事院校研究生(履行兵役或在内部机关履行类似职责)；

(2016 年 7 月 3 日俄罗斯联邦法修正案第 305-ФЗ 号)

(6)依据临床医师教育大纲进行学习的临床医师；

(7)依据实习助理教育大纲进行学习的实习助理；

(8)若本联邦法未另行规定，依据补充职业教育大纲进行学习的学员，依据职业教学大纲进行学习的学员，以及纳入高等教育组织培训部门进行培训的学员；

(9)纳入依据国家认证的教育大纲开展教育活动的组织，以参加中期和国家最终考核的自学考生。

2. 在培训未成年人履行兵役或其他国家服务的普通教育组织中进行补充普通教育大纲学习的受教育者的专门名称由该类型教育组织章程规定。

3. 免费为学生(学员)提供学业成绩单、学生证。履行国家教育政策研制和国家教育法规协调职能的联邦权力执行机关规定学业成绩单和学生证的范例。

4. 依据俄罗斯联邦法律或地方性法规的规定,需向其他类别受教育者出示教育组织开展教学的文件。

第三十四条　受教育者的基本权利及社会支持和激励措施

1. 受教育者被赋予下列教育权利:

(1)完成基础普通教育之后或年满 18 岁之后,选择开展教育活动的组织、受教育的形式和教学形式;

(2)考虑受教育者的身心发展特征和健康状况,为受教育者进行教学活动提供相应条件(包括进行社会教育和心理帮助、免费的“心理－医疗－教育”矫正);

(3)依据地方性法规规定程序,按照个人教学计划进行教学,包括在教育大纲学习范围内加快教学速度等;

(4)依据地方性法规规定程序,在遵守中等职业和高等教育的联邦国家教育标准、自然人或法人的教育标准条件下,参与自身职业教育的制定(本权利受定向教育合同限制);

(5)完成基础普通教育之后,从开展教育活动的组织所提供的目录中选择任选科目、课程、学科(模块)(对于本教育层次、专业或培养方向非必修课程)和选修科目、课程、学科(模块)(对于本教育层次、专业或培养方向必修课程);

(6)与进行教育大纲学习的科目、课程、学科(模块)相同,依据教育组织规章程序,对规定教授的其他教育大纲科目、课程、学科(模块)进行学习,以及对其他教育组织教授的科目、课程、学科(模块)进行学习,同时进行多个职业教育大纲的学习;

(7)教育组织依据其规章程序对受教育者在其他开展教育活动的组织中进行科目、课程、学科(模块)、实践、补充教育大纲学习的成果进行考查;

(8)依据 1998 年 3 月 28 日第 53-ФЗ 号关于兵役的俄罗斯联邦法修正案,延期履行兵役;

(9)尊重他人人格尊严,保护其免受身心暴力以及人格侮辱,维护生命和健康;

(10)良知、信仰自由,自由地表达个人观点,信仰自由;

(11)假期——根据教育法和教学进度表,在受教育进程中为休息和其他社会目的所规定的计划休假;

(12)履行国家教育政策研制和国家教育法规协调职能的联邦权力执行机关规定的教学假期、联邦法律规定的产假以及照料儿童直到其 3 岁的假期;

(13)依据教育法规定程序,更换专业和(或)培养方向、培养形式;

(14)依据履行国家教育政策研制和国家教育法规协调职能的联邦权力执行机关的规定程序,自有偿教育过渡至免费教育;

(15)依据履行国家教育政策研制和国家教育法规协调职能的联邦权力执行机关的规定程序，转移至实施相应层次教育大纲的教育组织；

(16)依据教育法规定程序，在实施基础职业教育大纲的教育组织中重新接受教育；

(17)依据教育组织章程，参与教育组织管理；

(18)了解教育组织国家注册执照、章程、开展教育活动的许可证、国家认证证书、教学文件以及其他规划开展教育活动的文件；

(19)依据俄罗斯联邦立法的规定程序，对教育组织提起上诉；

(20)免费使用图书馆和信息资源和教育机构的教学、生产和科学基地；

(21)依据地方性法规规定程序，使用教育组织的医疗保健、文化和体育设备设施；

(22)发展个人创造能力，培养个人兴趣，包括参加竞赛、展览、表演、体育活动和赛事(官方体育赛事)以及其他大型活动；

(23)依据俄罗斯联邦法律，在高等教育组织教育科学工作者或科研机构科研工作人员的领导下，参与教育组织开展的科研、科学技术、实验和创新活动；

(24)对选定课题进行学习研究，包括在学术交流框架下，到其他教育组织和科研机构(包括高等教育组织和国外科研机构)进修；

(25)在教育组织所属出版社免费发表个人成果；

(26)教育、体育、社会、科学、科学技术、创意、实验和创新活动的成果奖励；

关于半工半读人员的保障与补助事宜见俄罗斯联邦劳动法第26章。

(27)为半工半读制订个人教学计划，旨在不妨碍其学习教育大纲；

(28)从教育组织中获得关于俄罗斯联邦居民在其学习专业和培养领域的就业形势信息；

(29)本联邦法律、其他俄罗斯联邦法律法规以及地方性法规所规定的其他教育权利。

2.为受教育者提供下列社会支持和激励措施：

(1)依据联邦法律和联邦主体法律的规定程序，提供完备的国家保障，包括提供服装、鞋类、软硬件设施保障；

(2)依据联邦法律和联邦主体法律的规定程序，提供膳食保障；

(3)依据本联邦法律和宿舍住宿法律法规规定，保障宿舍床位；

(4)依据本联邦法律第40条规定，提供交通保障；

(5)教育法规定的奖学金、物质和其他资金补助；

(6)依据本联邦法和俄罗斯联邦法律规定程序，提供教育贷款；

(7)由俄罗斯联邦法律法规、联邦主体法律法规、地方自治机构法律规范和地方性法规规定的其他社会支持措施。

3.以自我教育或家庭教育形式进行基础教育大纲学习的个人，或依据国家未认证的教育大纲进行学习的受教育者，有权以自学考生的身份，在实施国家认证教育大纲的教育组织中参加中期和国家最终考核。上述未进行基础普通教育大纲和中等普通教育大纲学习的人员，有权以自学考生的身份在实施国家认证基础普通教育大纲的教育组织中免费参加中期和国家最终考核。在通过考核时，自学考生和相应教育大纲受教育者的学历具有同等效力。

4. 依据地方性法规规定程序，受教育者有权依据个人意愿选择参加教育组织教学计划以外的活动。禁止未经受教育者、未经未成年受教育者家长（法定监护人）同意，让受教育者进行教育大纲以外的活动。

5. 学生有权参与社会团体，包括依据俄罗斯联邦法律规定创建的工会，以及有权依据联邦法律规定程序创建学生社会团体。

6. 禁止强制受教育者加入社会团体，包括政党团体，禁止强制受教育者参与该类团体活动以及宣传活动和政治活动。

7. 进行基础教育大纲、中等普通教育大纲、中等职业教育大纲和高等教育大纲学习的受教育者，有权建立学生团体。作为受教育者的社会团体，其活动旨在组织上述有工作意愿的受教育者业余时间在不同的经济领域临时就业。

8. 联邦财政拨款、俄罗斯联邦主体预算或地方预算为开展教育活动的组织提供资金保障。按照俄罗斯联邦法律，开展教育活动的组织在自身权限范围内依据上述资金，保障为受教育者提供奖学金、寄宿学校宿舍床位，以及实施本联邦法律和俄罗斯联邦其他法律规范所规定的社会支持措施。

9. 开展教育活动的组织终止其活动时，撤销相应的许可证，取消其实施相应教育大纲的国家认证。相应教育大纲的国家认证过期时，教育组织创办者和（或）其授权的管理机构，经与成年受教育者和未成年受教育者家长（法定监护人）协商，保障将受教育者转移至其他依据相应层次和方向教育大纲开展教育活动的组织。当许可证时效终止，国家认证时效完全终止或部分教育层次的国家认证时效终止，或增加专业类型或培养方向时，教育组织的创办者和（或）其授权的管理机构依据成年受教育者和未成年受教育者家长（法定监护人）的申请，保障将受教育者转移至其他依据国家认证的相应层次和方向的基础教育大纲开展教育活动的组织。履行国家教育政策研制和国家教育法规协调职能的联邦权力执行机关对该类型转学的程序和条件做出相应的规定。

10. 依据相应的教育文件，教育组织对完成中等普通教育大纲学习，顺利通过国家最终考核，且教学计划要求研修的所有课程考核成绩均为优秀的个人颁发学业优秀奖章。履行国家教育政策研制和国家教育法规协调职能的联邦权力执行机关规定其样本、记录和发放程序。

（2014 年 5 月 27 日俄罗斯联邦法修正案第 135-ФЗ 号）

第三十五条　教科书、教学参考书和教学教育设备的使用

1. 依靠联邦财政拨款、俄罗斯联邦主体预算和（或）地方预算的资金保障，在联邦国家教育标准、自然人或法人的教育标准范围内，开展教育活动的组织为进行普通教育大纲学习的受教育者提供免费的教科书和教学参考书，并在其接受教育期间，受教育者可无偿使用教学资料和教学教育设备。

2. 依靠联邦财政拨款、俄罗斯联邦主体预算和地方预算的资金保障，在联邦国家教育标准、自然人或法人的教育标准范围内，保障依据基础教育大纲开展教育活动的组织的教科书、教学参考书、教学资料和教学设备。

3. 在联邦国家教育标准、自然人或法人的教育标准范围之外和（或）接受有偿教育服务时，依据开展教育活动的组织规定程序，规定进行科目、课程、学科（模块）学习的受教育者所使用的教科书和教学参考书。

第三十六条　奖学金和其他补助

1. 奖学金作为补助，分发给受教育者，旨在激励和支持受教育者进行相应教育大纲的学习。

2. 俄罗斯联邦设立以下类型奖学金：

(1)大学生国家科学奖学金；

(2)大学生国家社会性奖学金；

(3)研究生、临床医师、实习助理国家奖学金；

(4)俄罗斯联邦总统奖学金和俄罗斯联邦政府奖学金；

(5)专门命名的奖学金；

(6)法人或自然人创立的奖学金，包括指派受教育者进行培训；

(7)本联邦法规定培训部门所设立的学生奖学金。

3. 依据联邦财政拨款，按照履行国家教育政策研制和国家教育法规协调职能的联邦权力执行机关规定程序，为全日制学生颁发国家科学奖学金和（或）国家社会性奖学金。

4. 履行国家教育政策研制和国家教育法规协调职能的联邦权力执行机关规定为大学生颁发国家科学奖学金的相应要求。

第 36 条第 5 款规定（2016 年 7 月 3 日俄罗斯联邦法修正案第 312-ФЗ 号）适用于 2017 年 1 月 1 日之后产生的法律。

5. 国家社会性奖学金颁发给孤儿和无家长照管的儿童及符合此类情况的受教育者、受教育期间父母双亡或单亲的受教育者、生理障碍儿童、一等和二等生理障碍学生、先天生理障碍学生、在切尔诺贝利核泄漏和由于塞米巴拉金斯克核试验和其他辐射事故中的受害学生、战争致残或战争期间负伤的学生、军人以及符合下列情况的受教育者：依据合同兵役，履行不少于 3 年兵役（士兵、水兵、军士）、依据 1998 年 3 月 28 日第 53-ФЗ 号关于兵役的俄罗斯联邦法修正案第 51 条第 1 项 b～d 规定，第 2 项 a 规定，第 3 项 a～c 规定的退伍军人。国家社会性奖学金也授予接受国家社会援助的学生。自提交批准国家社会性援助的文件至教育组织之日起，国家社会性奖学金颁发给上述类型受教育者，期限为一年。

（2017 年 12 月 29 日俄罗斯联邦法修正案第 473-ФЗ 号）

6. 依据联邦财政拨款，按照履行国家教育政策研制和国家教育法规协调职能的联邦权力执行机关规定程序，为全日制研究生、临床医师、实习助理颁发国家奖学金。

7.依据联邦财政拨款和地方财政的相关法规,制定俄罗斯联邦主体权力执行机关和地方自治机构规定为全日制受教育者颁发国家科学奖学金,国家社会性奖学金,研究生、临床医师、实习助理国家奖学金的程序。

8.在分配给开展教育活动的组织资金范围内,依据开展教育活动的组织所规定的数额,考虑教育组织学生委员会和基层工会选举机构(如若存在该类型机构)的意见,发放国家科学奖学金,国家社会性奖学金,研究生、临床医师、实习助理国家奖学金,保障受教育者的奖学金(奖学金基金)。依据俄罗斯联邦相应财政预算体系,奖学金基金包含奖学金发放的资金。

(2016 年 7 月 3 日俄罗斯联邦法修正案第 312-ФЗ 号)

9.开展教育活动的组织规定国家科学奖学金,国家社会性奖学金,研究生、临床医师、实习助理国家奖学金的数额,不得低于本条第 10 款制定的标准。

第 36 条第 10 款计算通货膨胀的规定于 2018 年 1 月 1 日停用。2017 年奖学金基金规模未上调。关于自 2017 年 9 月 1 日起的指数化程序参见 2015 年 4 月 6 日俄罗斯联邦法修正案第 312-ФЗ 号第 4.2 条。

10.依据奖学金基金和俄罗斯联邦政府各教育专业和受教育者类型的规定,考虑通货膨胀水平,根据全日制受教育者的数量,确定联邦财政拨款的奖学金基金规模,以进行联邦财政拨款。履行国家教育政策研制和国家教育法规协调职能的联邦权力执行机关规定俄罗斯联邦财政拨款的奖学金基金形成标准和规范。

(2016 年 7 月 3 日俄罗斯联邦法修正案第 312-ФЗ 号)

11.为依据联邦财政拨款、俄罗斯联邦主体财政和地方财政进行基础职业教育大纲学习(包括在俄罗斯联邦政府规定的限额范围内或依据俄罗斯联邦国际合同相应规定进行学习)的全日制外国受教育者和无国籍人士颁发国家科学奖学金,研究生、临床医师、实习助理国家奖学金。

12.俄罗斯联邦总统奖学金或俄罗斯联邦政府奖学金数额及其颁发程序由俄罗斯联邦总统或俄罗斯联邦政府确定。

13.联邦国家机关、联邦主体国家权力机关、地方自治机构、法人和自然人规定专门命名的奖学金,确定本类奖学金的数额和颁发程序。

14.依据国家教育政策研制和国家教育法规协调职能的联邦权力执行机关的规定程序,为联邦国家高等教育机构的学生和联邦财政拨款的受教育者颁发奖学金,其数额由俄罗斯联邦政府确定。

15.对家境贫寒的受教育者进行保障的资金发放给依靠联邦财政拨款、履行国家教育服务职能的职业教育组织和高等教育组织,数额为规定颁发国家科学奖学金和国家社会性奖学金总额的四分之一。依据中等职业教育大纲,对受教育者开展大众文化、体育和医疗保健活动的资金,发放给职业教育组织(规定颁发相当于国家科学奖学金和国家社会性奖学金一个月的总额)。依据高等教育大纲,对受教育者开展大众文化、体育和医疗保健活动的资金,发放至高等教育组织(规定颁发相当于国家科学奖学金和国家社会性奖学金两个月的总额）。充分考虑学生委员会和学生机构代表的意见，地方性法规规定向受教育者提供物质支持的数额和发放程序。

（2016 年 7 月 3 日俄罗斯联邦法修正案第 312-Ф3 号）

16. 开展教育活动的组织有权依据活动收入，设立不同类型的奖学金。

17. 依据联邦法律规定程序，规定为按照国防和国家安全、法制制度教育大纲开展活动的联邦国家教育组织的受教育者发放奖学金的数额、条件和程序。

第三十七条　为受教育者提供膳食

1. 开展教育活动的组织负责提供受教育者的膳食。

2. 课程时间安排应为受教育者的膳食提供足够的时间。

3. 依据联邦国家教育组织创办者规定的标准和程序，保障按照专业和培养方向，在国防和国家安全领域、俄罗斯联邦国民警卫队领域、海洋船舶、内河船舶、捕鱼船队潜水员和航空飞行员、空乘人员、塔台管制员培训领域实施教育大纲的联邦国家教育组织的受教育者的膳食，以及实施补充普通教育大纲，旨在培养未成年人履行兵役或其他国家义务的普通教育和职业教育组织中受教育者的膳食。

（2016 年 7 月 3 日俄罗斯联邦法修正案第 312-Ф3 号）

4. 依据联邦主体国家权力机关的规定，俄罗斯联邦主体财政预算拨款应保障受教育者的膳食。依据地方自治机构的规定程序，地方财政预算拨款保障受教育者的膳食。

第三十八条　受教育者的服装——学生制服和其他物品

（2014 年 6 月 4 日俄罗斯联邦法修正案第 148-Ф3 号）

1. 若本条例未另行规定，开展教育活动的组织有权对受教育者的服装做出要求，包括整体外观、颜色、款式、服装类型、徽章标志和穿戴要求。教育组织制定和实施相应地方性规定时，应考虑学生委员会、家长委员会、教育组织工作人员代表机构和(或)受教育者的意见。

2. 按照初等普通教育大纲、基础普通教育大纲和中等普通教育大纲开展教育活动的国立和市立教育组织，依据俄罗斯联邦主体国家授权机关规定的标准，对受教育者的服装做出要求。

3. 依据俄罗斯联邦主体国家授权机关的规定程序，俄罗斯联邦主体财政预算保障受教育者的服装经费。

4. 若本联邦法未另行规定，依据联邦国家教育组织创办者规定的标准和程序，按照专业和培养方向，在国防、国家安全和法制保障领域、海关业务领域、俄罗斯联邦国民警卫队领域、海洋船舶、内河船舶、捕鱼船队潜水员和航空飞行员、空乘人员、塔台管制员培训领域，实施教育大纲的联邦国家教育组织中受教育者制服的样本和说明，以及实施补充普通教育大纲，旨在培养未成年人履行兵役或其他国家义务的国家普通教育和职业教育组织中受教育者制服的样本和说明、穿戴要求、徽章标志由上述教育组织创办者做出相应规定。

（2016 年 7 月 3 日俄罗斯联邦法修正案第 227-Ф3 号）

5. 依据教育组织创办者规定的标准和程序，保障本条第 4 款所规定的联邦国家教育组织受教育者的制服和其他物品。

6. 依据联邦主体国家权力机关的规定程序，俄罗斯联邦主体财政预算拨款保障受教育者的制服和其他物品经费。依据地方自治机构规定的程序，地方财政预算拨款保障受教育者的制服和其他物品经费。

第三十九条　提供宿舍住宿

（2014 年 6 月 28 日俄罗斯联邦法修正案第 182-ФЗ 号）

1. 开展教育活动的组织为依据中等职业教育大纲和高等教育大纲进行全日制学习的寄宿受教育者和在进行中期和最终考核时，依据相应教育大纲进行函授制学习的受教育者提供宿舍住宿（若存在相应数量的宿舍）。

2. 依据教育组织地方性规定程序，为受教育者提供宿舍。优先为本联邦法律第 36 条第 5 款规定的受教育者提供宿舍。依据居住法规定程序，与寄宿的受教育者签订宿舍租住合同。若受教育者需要宿舍住宿，则禁止将宿舍用于与受教育者住宿无关的用途。

3. 承租人租赁教育组织的宿舍，并依据签订的宿舍租住合同支付宿舍费用和宿舍公共服务费用。

4. 开展教育活动的组织规定受教育者宿舍租赁费用总额，具体取决于宿舍质量、装修、位置和布局。充分考虑学生委员会、教育组织及教育者代表机构的意见，地方性法规对受教育者宿舍租赁费用总额做出相应的规定。上述法规规定的受教育者宿舍租赁费用总额不得超过教育组织创办者规定的最大数额。

5. 依据签订的宿舍租住合同，承租人租赁教育组织的宿舍。俄罗斯联邦政府规定宿舍公共服务费用总额的制定程序。

6. 开展教育活动的组织考虑学生委员会和教育组织受教育者代表机构的意见，有权降低受教育者的住宿费用和宿舍公共服务费用或免除部分类型受教育者的宿舍费用。本联邦法第 36 条第 5 款所规定的人员免交宿舍费用。

第四十条　交通保障

1. 依据本条第 2 款所作规定，受教育者的交通保障包括受教育者往返于教育组织的费用。依据俄罗斯联邦法律，规定受教育者乘坐公共交通工具时的社会支持措施。

依据俄罗斯联邦宪法法院 2017 年 7 月 5 日第 18—П 号决议第 2 项规定，第 40 条第 2 款部分不符合俄罗斯联邦宪法，本条款自 2018 年 7 月 1 日起生效。

2. 相应教育组织创办者负责免费将不同居住地的受教育者送至实施基础普通教育大纲的国立和市立教育组织。

第四十一条　受教育者的健康保障

1. 受教育者的健康保障包括：

（1）根据保健立法规定程序提供初级卫生保健；

(2)为受教育者提供膳食；

(3)确定最佳的课内外活动、教学制度和假期持续时间；

(4)倡导并教授健康生活方式与劳动保护要求；

(5)为受教育者预防疾病、健康保健、开展体育活动创造条件；

(6)依据俄罗斯联邦法律规定，受教育者进行体检，包括与开展体育活动相关的预防性体检；

(2016 年 7 月 3 日俄罗斯联邦法修正案第 286-ФЗ 号)

(7)预防并禁止吸烟、饮用酒水、低酒精度数饮料、啤酒、麻醉剂、精神药物、毒品和其他类似的迷幻药物；

(8)保障受教育者在开展教育活动的组织中的安全；

(9)预防受教育者在开展教育活动的组织中发生事故；

(10)实施卫生防疫和预防措施；

(11)培训教学工作者实施急救的技能。

(2016 年 7 月 3 日俄罗斯联邦法修正案第 313-ФЗ 号)

2. 开展教育活动的组织对其受教育者开展医疗保健活动(急救、体检和疾病系统防治除外)。

(2016 年 7 月 3 日俄罗斯联邦法修正案第 286-ФЗ 号)

3. 卫生行政部门负责开展受教育者的初级医疗卫生保健活动。依据健康保护法规定，医疗机构以及开展医疗活动的教育组织进行受教育者的初级医疗卫生保健活动。实施基础普通教育大纲、中等职业教育大纲、学士教育大纲、专家教育大纲和硕士研究生教育大纲、补充职业前教育大纲的教育组织对其受教育者组织开展初级医疗卫生保健活动。依据俄罗斯联邦国家机关的规定，由医疗卫生组织开展受教育者的初级医疗卫生保健活动。教育组织向受教育者提供初级医疗卫生保健时，该教育组织有义务提供免费的符合条件及要求的医疗场所。

(2016 年 7 月 3 日俄罗斯联邦法修正案第 313-ФЗ 号)

4. 开展教育活动的组织实施教育大纲时，为受教育者的健康保障创造条件，包括：

(1)监测受教育者的健康状况；

(2016 年 7 月 3 日俄罗斯联邦法修正案第 313-ФЗ 号)

(2)开展卫生、预防和保健活动，对俄罗斯联邦公民进行健康保护教育；

(3)遵守国家流行病卫生条例和标准；

(4)依据履行国家教育政策研制和国家教育法规协调职能的联邦权力执行机关所作的规定，(与上述机关协商)调查和记录受教育者在教育组织期间发生的事故。

5. 为进行普通教育大纲学习并需长期治疗的受教育者，建立教育组织(包括疗养院)，为该类型的受教育者开展必要的医疗、康复和健康改善活动。教育组织为因健康状况难以进入教育组织接受教育的儿童和生理障碍儿童开展专门教育，在其家庭或医疗机构开展教育活动。以书面形式告知家长(法定监护人)的医疗机构诊断书是在家庭或医疗机构开展教育活动的基础文件。

6.俄罗斯联邦主体国家权力授权机关的法规规定国立和市立教育组织与需长期治疗的受教育者的家长(法定监护人)及依据基础普通教育大纲在家庭或医疗机构开展教育活动的生理障碍儿童之间关系形成的规章程序。

第四十二条　对基础普通教育大纲学习感到困难,个性发展和社会适应方面出现问题的受教育者的心理教育、医疗和社会帮助

1.对基础普通教育大纲学习感到困难,个性发展和社会适应方面出现问题的儿童(包括被刑事诉讼法认定为嫌疑人、受审人或刑事被告人或成为犯罪受害人、证人的未成年受教育者)在俄罗斯联邦国家权力机关设立的心理教育、医疗和社会帮助中心以及该类型儿童进行学习的心理教育组织中,给予心理教育、医疗和社会帮助。地方自治机构有权设立心理教育、医疗和社会帮助中心。

2.心理教育、医疗和社会帮助包括:

(1)受教育者及其家长(法定监护人)和教育工作者的心理教育辅导;

(2)受教育者的发展修正和补偿课程,受教育者的言语矫正;

(3)综合康复和其他医疗措施;

(4)帮助受教育者进行职业指导,培养其社会适应性。

3.经家长(法定监护人)的书面申请和同意,对儿童进行心理教育、医疗和社会帮助。

4.心理教育、医疗和社会帮助中心给予开展教育活动的组织对受教育者实施基础普通教育大纲和教育问题的帮助,包括实施基础普通教育大纲学习的心理教育跟踪,为教育组织提供教学法帮助(如研制教育大纲、个人教学计划;对于基础普通教育大纲学习感到困难的受教育者的最佳教育方法;查明并消除教学潜在阻碍)以及监测教育组织对基础普通教育大纲学习感到困难、个性发展和社会适应方面出现问题的受教育者给予心理教育、医疗和社会帮助的效率。

5.心理教育、医疗和社会帮助中心可履行心理—医疗—教育委员会职能,包括进行儿童“心理—医疗—教育”综合检查,旨在及时发现儿童身心发展或偏离的特征;依据儿童检查结果,给予儿童“心理—医疗—教育”帮助和进行教学的建议,以及对前期建议进行证明、修正和改变。履行国家教育政策研制和国家教育法规协调职能的联邦权力执行机关对“心理—医疗—教育”委员会的规章和儿童“心理—医疗—教育”综合检查程序做出相应的规定。

6.心理教育、医疗和社会帮助中心的教育心理学家、社会教育家、语言障碍矫正专家、生理障碍儿童教育专家以及其他履行该中心职能所必需的专家实施心理教育帮助。心理教育、医疗和社会帮助中心实施综合措施,旨在查明儿童社会排斥的原因并对其开展社会帮助,并与儿童安置问题与家庭和相应组织机构建立联系,保障其居住、津贴和抚恤金。

第四十三条　受教育者的义务与责任

1.受教育者的义务：

(1)自愿制订教育计划，履行个人学习计划，包括学习计划或个人课程学习计划，自觉开展课程预习，在教育体制下完成教师布置的课业任务。

(2)遵守教育机构的规章要求，遵守教育组织规定的内部规章制度，遵守在宿舍、寄宿学校以及其他地方的行为规范条例；

(3)注意保护和加强身体锻炼，坚持思想道德和身心的全面发展并不断自我完善；

(4)尊重其他受教育者以及教育组织中的工作人员的荣誉与尊严，不得阻挠其他受教育者接受教育；

(5)爱惜教育组织的财产。

2.本条第1款未涉及受教育者的其他义务，详情可参见本联邦法律以及其他有关教育的联邦法律和合同。

3.教育组织的准则应建立在尊重受教育者和教育工作者人格尊严的基础上，禁止对受教育者使用身体或精神暴力。

4.若受教育者未履行或违反教育组织章程、教育组织的内部规定、寄宿学校以及其他地方的行为条例，则将受到纪律处分、斥责、警告甚至开除。

5.纪律处分措施不适用于正在进行学前教育和初等普通教育的受教育者，也不适用于生理障碍(心理发育迟缓和不同程度智力障碍)的受教育者。

6.禁止在受教育者生病、节假日、休假、孕产假以及哺乳假期间进行纪律处分。

7.在进行教育组织所规定的纪律处分时，应考虑违纪行为的严重程度、处分原因以及受教育者先前的行为状况，包括受教育者的心理和情绪状况，并应了解受教育者委员会和家长委员会的意见。

8.依据教育组织的规定，多次违纪行为可参见本条第4款，依据违纪处分条例，允许开除年满15周岁的未成年受教育者。在其他惩戒措施和教育未果的情况下，因继续将违反纪律的受教育者留在教育组织，而给其他受教育者造成负面影响，并且侵犯了受教育者和教育组织工作人员的权益，干扰了教育机构的正常运作时，可开除未成年受教育者。

9.关于开除年满15周岁未成年受教育者的处分决定，应考虑其家长(法定监护人)的意见，并征得未成年人事务委员会的同意，且在未成年人保护法允许的条件下进行(该处分不适用于接受初等普通教育的受教育者)。关于开除孤儿和无家长照看儿童的决定，需要征得未成年人事务委员会的同意，并参照未成年人保护法以及托管机构的意见。

10.教育组织有义务将依据纪律处分措施开除未成年受教育者的决定立即通知地方自治教育机构。地方自治教育机构和被开除的未成年受教育者的家长(法定监护人)执行对受教育者的惩处措施以1个月为限，确保未成年受教育者的受教育权。

11.受教育者和未成年受教育者的家长(法定监护人)有权向委员会申请协调教育关系参与者间的争端和对受教育者的惩处措施。

12.履行国家教育政策研制和国家教育法规协调职能的联邦权力执行机关对受教育者的纪律处分及纪律处分解除措施的相关规定。

第四十四条　未成年受教育者的家长(法定监护人)的权利、义务和责任

1.未成年受教育者的家长(法定监护人)享有对孩子的培养和教育优先权,他们有义务为孩子的身心、思想和智力发展奠定基础。

2.国家权力机关和地方自治教育机构可向未成年人家长(法定监护人)在教育子女、保护并增强其身心健康以及智力发展方面提供帮助,并有必要遏制其违规行为。

3.未成年受教育者家长(法定监护人)所拥有的权利:

(1)在儿童完成初等普通教育前,教育教学形式、教育组织、语言和教学语言、选修和必修课、教育组织科目、课程、学科(模块)的选择,应考虑儿童的想法,以及“心理—医学—教育”委员会(如若存在)的意见。

(2)儿童可在家接受学前教育、初等普通教育和中等普通教育。经家长(法定监护人)许可并参考儿童的意见后,儿童可在家接受教育,并有权在任何阶段继续接受教育组织的教育;

(3)了解教育组织的规章制度、教育活动许可证、国家认可证书、教学大纲文件以及其他对教育组织活动进行规范的文件;

(4)了解教育内容、教育教学方法、教育技术以及对儿童的综合评定;

(5)保障受教育者的法律权益;

(6)了解各类受教育者规定的调查表(心理、教育心理);同意进行或同意参与此类调查,拒绝进行或拒绝参与此类调查;获得受教育者行为调查结果的相关信息;

(7)依据该教育组织所规定的特定形式参与对教育组织的管理;

(8)参与儿童“心理—医学—教育”委员会的调查,参与调查结果的讨论并提出建议,了解调查结果并针对儿童的教育和培养发表自己的观点。

4.未成年受教育者家长(法定监护人)的义务:

(1)保证儿童接受普通教育;

(2)遵守教育组织的内部规章制度,遵守宿舍、寄宿学校以及其他地方行为规范,遵守教育组织与受教育者和其家长(法定监护人)的教育关系规章制度,以及教育关系产生、暂停和终止的程序;

(3)尊重受教育者和教育组织中工作者的荣誉与尊严。

5.未成年受教育者家长(法定监护人)的其他权利与义务参见本联邦法及其他有关教育的联邦法律和条例(如若存在)。

6.未成年受教育者的家长(法定监护人)未履行本联邦法及其他联邦法律中规定的相应的义务时,需依据俄罗斯联邦法律的规定承担法律责任。

第四十五条　受教育者及未成年受教育者家长(法定监护人)权利的保护

1.受教育者及未成年受教育者家长(法定监护人)有权自行或通过代表维护个人权利:

(1)向教育组织的管理机构递交上诉书,对违反和侵害受教育者及未成年受教育者家长(法定监护人)权利的机构工作人员给予纪律处分。这些上诉应当受到上诉机构的审核,受教育者和未成年受教育者家长(法定监护人)可参与其中。

(2)向协调委员会申请教育关系参与者间的矛盾调解,包括教育工作者在场或不在场的利益冲突。

(3)运用联邦立法所允许的其他手段维护个人权利和合法利益。

2.设立协调委员会,负责调解教育关系参与者间在教育权利实现方面所存在的分歧,包括教育工作者的利益冲突、当地行为法规的适用性以及对受教育者的纪律处分决定提出上诉。

3.在教育组织中设立协调委员会,其成员组成中的成年受教育者代表、未成年受教育者家长(法定监护人)代表和教育组织职工代表的数量相等。

4.协调委员会的决议对教育组织中所有的教育关系参与者具有强制性,并在规定的时间内执行。

5.可依据俄罗斯联邦立法规定的程序对协调委员会的决议提出上诉。

6.为协调教育关系参与者之间的争端而建立的委员会,其设立、组织工作和决策采纳的程序由地方行为规范规定的,这些行为规范应考虑接受教育者委员会、家长委员会以及该组织工作人员和(或)该组织受教育者(如若存在)的意见。

第五章　教师、领导及其他教育组织工作者

关于克里米亚共和国和塞瓦斯托波尔市科学教育工作者的教龄和教学成果的保留,参见2014年5月5日俄罗斯联邦法修正案第84-ФЗ号第7条。

第四十六条　从事教学活动的权利

1.接受过中等或高等教育并达到专业要求,且符合专业指标和(或)标准的人员拥有从事教学活动的权利。

2.教育工作者和教育组织领导者的职称由俄罗斯政府教育组织确立。

第四十七条　教育工作者的法律地位——教育工作者权利与自由的保障和实现

1.教育工作者的法律地位为俄罗斯联邦法律与联邦各主体法律所规定的权利与自由(包括科研权利与自由)、劳动权、社会保障与赔偿、限定性规定、责任与义务的总和。

2.俄罗斯联邦承认教育工作者在社会中的特殊地位,并为其开展职业活动创造条件。教育工作者享有的权利与自由,联邦政府为教育工作者提供相应的社会支持措施,以保障其达到较高的职业水平,提高其社会地位与教学声望,并为其提供有利条件以保障其职业任务的完成。

3. 教育工作者享有以下科研权利与自由：

(1)教学自由，言论自由，不受干扰从事科研活动的自由；

(2)选择和运用教学形式、手段以及教育教学方式的自由；

(3)创新权，在独立于教学课程，方针、学科(模式)的教育项目中享有拟订和采用按照个人计划实施的教育教学方式的权利；

(4)依据教学大纲与教育法律规定的程序，拥有选择教科书、参考资料、材料以及其他教育教学手段的权利；

(5)参与制订教育计划的权利，包括课程计划、教学时间表、教学课题、课程、学科(模块)、理论材料以及教学大纲的其他组成部分；

(6)进行科学科技创新研究活动，参与实验活动和国际活动，以及制定和实施创新活动的权利；

(7)免费使用图书馆和信息资源的权利，可在教育组织的地方性行为规范框架内，使用信息科技网络、数据库、教学与理论材料、博物馆馆藏资源、教学活动资料和技术资源，以保障教育组织的教育、科学或研究活动的需要；

(8)依据联邦法律和地方性法规规定的程序，享有免费使用教育组织所提供的教育、教学法和科学服务的权利；

(9)依据教育组织的章程规定，享有参与该组织管理的权利，包括学院机构的管理；

(10)通过管理机构和公共组织，参与商讨有关教育组织问题的权利；

(11)依据联邦法律规定的形式和程序，享有组建社会职业组织的权利；

(12)向委员会申请协调教育关系参与者间争端的权利；

(13)保护职业荣誉与尊严的权利，公正客观地调查违反教育工作者行为标准的行为权利。

4. 本条第 3 款所述，学术权利与自由，应尊重联邦法律所规定的其他教育关系参与者的权利与自由，以及教育组织的地方性行为规范中所规定的教育工作者的职业道德标准。

5. 教育工作者享有以下劳动权利和社会保障权利：

(1)缩短工作时间的权利；

(2)至少每三年在教育活动领域进行补充职业教育的权利；

(3)享有每年的基本带薪休长假的权利，其持续时间由联邦政府规定；

(4)依据国家教育政策研制和国家教育法规协调职能的联邦权力执行机关的规定，每从事 10 年连续教学工作的教育工作者有权享有一次为期一年的长假；

(5)依据联邦立法的规定，享有提前退休和获得养老金的权利；

(2014 年 7 月 21 日俄罗斯联邦法修正案第 216-ФЗ 号)

(6)有权为社会招聘合同规定的住房困难教育工作者提供专用的住房；

(7)享有联邦法律及俄联邦主体行为法规所规定的其他劳动权利和社会支持措施。

6.教育工作者的工作时间由其职务所决定，包括教育教学工作，与受教育者的个人工作，创造性的科学研究工作，以及劳动（义务）职责或个人计划所规定的其他教育工作。包括有条理的、准备性的、组织性的、诊断性的调查工作，以及教育工作者与受教育者一起进行的教学类、文体类、运动类、创新型及其他类型的工作。劳动合同（服务合同）和工作细则中规定了教育工作者的具体劳动（工作）职责。在工作周或学年内，教育（教学）以及其他教授工作的比例应由教育组织的当地行政法规规定，并应根据工作者的教学计划、专业和资历确定课时数量。

（2015 年 12 月 29 日俄罗斯联邦法修正案第 389-ФЗ 号）

7.教育组织中教育工作者的工作和休息时间，应参照符合劳动法的学院合同、劳动规则的内部章程、教育组织的其他地方性法规、劳动合同、工作时间和课程表。鉴于该条例的特殊性，应由履行国家教育政策研制和国家教育法规协调职能的联邦权力执行机关进行规定。

8.在农村居住、工人居住区（城市居住区）生活和工作的教育工作者，有权获得购买住房以及供暖照明费用的补偿。与上述规定相关的，联邦国家教育组织中教育工作者的补偿金数额、补偿程序及条件，应由俄罗斯联邦政府进行规定，并由联邦预算保证实施，而联邦各主体、市立教育组织中的教育工作者的补偿基金数额、补偿程序及条件，应由俄罗斯联邦各主体法律进行规定，并由联邦各主体预算保证实施。

9.依据权力执行授权机关的决议，在工作时间和非主要工作时间参与全国统一考试的教育组织中的教育工作者，享有劳动法和其他包含劳动权利法规所规定的担保和补偿。为准备参加全国统一考试的教育工作者支付报酬。补偿的数额和程序应由俄罗斯联邦的主体规定，费用由俄罗斯联邦主体预算拨款。

10.为吸引职业教育组织和高等教育组织的毕业生进入联邦主体国家权力机关进行教学工作，国家有权制定相关支持的补充措施。

第四十八条　教育工作者的职责和义务

1.教育工作者应当：

（1）在高等专业水平上开展教学活动，全面保证与教育大纲相符的教学课题、课程以及学科（模块）的实施；

（2）遵守职业道德所要求的法律、道德和礼仪规范；

（3）尊重受教育者和其他教育关系参与者的荣誉和尊严；

（4）发展受教育者的认知能力、独立性、主动性、创造性能力、塑造公民地位以及在现代社会条件下工作和生活的能力，培育受教育者养成文明健康且安全的生活方式；

（5）采用有根据性、保障性以及高水平的教学模式和教育教学方法；

（6）考虑到受教育者的心理发育特性及其健康状况，应为生理障碍受教育者提供特殊条件，必要时与医疗机构相配合；

（7）系统提升自身专业水平；

(8)依据教育立法的规定对职务进行相应的认证;

(9)依据劳动法进行就业和定期体检,包括依据雇主意愿优先进行体检;

(10)通过联邦立法对劳动安全领域的知识和技能进行培训和检测;

(11)遵守教育组织的章程,维护教育分支机构专业地位,遵守内部规章制度。

2.在与教育工作者利益冲突的情况下,教育组织的教育工作者及个体教育者,无权在该类组织中进行有偿的教育服务;

3.禁止教育工作者利用教育工作进行政治宣传,禁止教育工作者为煽动社会、种族、民族或宗教仇恨,强迫受教育者接受政治、宗教或其他受教育者所拒绝的信仰;禁止教育工作者通过社会、种族、民族、宗教或语言归属性,鼓动、宣传公民的独特性、优越性或缺陷性;禁止教育工作者与受教育者交流不可靠的历史、民族、宗教和传统文化信息;禁止教育工作者诱导受教育者进行违反联邦宪法的行为。

4.教育工作者要对其未履行或不正确履行联邦法律所规定的行为负责。参见本条第 1 款,对不履行或不正确履行职责的教育工作者进行考核时,应加以考虑。

第四十九条　教育工作者的考核

1.对教育工作者进行考核旨在考察其是否符合职位要求,评估教育工作者(除专业教师人员中的教育工作者)是否在其职业活动中履行了相应的职责。

2.为确认教育工作者是否符合其职位要求及教学资格而进行的考核,应由教育组织内部的自治机构——职业活动考核委员会对教育工作者的职业活动进行评估,该评估每 5 年进行 1 次。

3.为确立教育组织中教育工作者资格而进行的考核,以及联邦执行机关的考核委员会对俄罗斯联邦管辖下的教育组织中的教育工作者(包括市立或私人教育组织的教育工作者)实施的考核,应由联邦主体国家权力机关的考核委员会开展。

4.对教育工作者进行考核的程序应由履行国家教育政策研制和国家教育法规协调职能的联邦权力执行机关进行规定,并与制定国家政策以及劳动领域行为法规的联邦执行机构的规定相符。

第五十条　科学和教育工作者

1.实施高等教育大纲和补充职业教育大纲的教育组织,规定教育和科学工作者的职务。此类教育工作者属于该组织的教职人员。

2.依据有关科研和国家科技政策立法,教育组织的科学工作者有权:

(1)按照教育组织章程所规定的程序,进入由合议管理机关构成的教育组织;

(2)参与有关教育组织问题的讨论;

(3)选择最符合科学研究特性的安全措施进行科学研究,以确保科学研究活动高质量地进行;

(4)依据联邦立法和地方教育组织章程,可免费使用教育组织的教育、理论和科学服务。

3.依据科学和国家科技政策的职责规定，科学教育工作者有义务：

(1)使受教育者在所选专业或培训方向上形成专业素养；

(2)培养受教育者的自主性、创新性及创新能力。

第五十一条　高等教育组织主席——教育组织负责人的法律地位

1.教育组织的负责人应符合联邦立法和教育组织的如下规定：

(1)教育组织中工会(由大会，会议工作人员和受教育者组成)的选举，需经由教育组织创办者的批准；

(2)由教育组织的创办者任命；

(3)由联邦总统依据联邦法律任命；

(4)由联邦政府任命(联邦大学校长)。

2.教育组织负责人的候选人员应接受过高等教育，并且符合技能指南所规定的有关教育组织负责人的职责技能要求，以及(或)职业标准。

3.禁止教育组织负责人不按劳动立法的规定，从事非法教育活动。

4.国立或市立教育组织负责人的候选人员及其负责人(包括本条第1款第(3)和第(4)项所规定的负责人)必须经过考核。由国立和市立教育组织创办者规定其考核的程序和期限。依据联邦立法的规定，联邦国家教育组织负责人的候选人也应得到联邦国家总统的授权。

5.国立或市立教育组织的负责人不能同时担任国立或市立教育分支机构的职务。

6.教育组织负责人的权利和义务，以及负责人在教育组织管理方面的职权应与教育立法和教育组织规章制度相一致。

7.依据俄联邦政府的规定，教育组织负责人享有社会保障和社会支持的权利，参见本联邦法律第47条第5款的第(3)和第(5)项以及第8款中所规定的教育工作者的权利。

8.教育组织负责人应当对教育组织的教育、科研和教学工作以及组织和经济活动负责。

9.鉴于国防安全和法律秩序，联邦国家教育组织负责人职位更替以及岗位的任命情况，应由联邦法律规定。

10.私立教育组织章程应与劳动法相符，对私立教育组织负责人的选举与任命要求做出规定。

11.依据学术委员会的决议，高等教育组织的确立可由高等教育组织主席决定。

12.禁止校长职务与高等教育组织的主席职位有所重合。

13.高等教育组织主席的选举程序以及其职能的确定由高等教育组织章程规定。

14.国立或市立高等教育组织主席选举完毕后，应与该教育组织的创办者签署为期5年的劳动合同。终止与国立或市立高等教育组织主席的劳动合同(包括终止与教育组织负责人的劳动合同)应基于劳动法的相关规定。

第五十二条　教育组织的其他工作者

1.除教职工和科技工作者外，教育组织还为从事工程技术、行政、经济、生产、教学指导、医疗及其他辅助功能的工作者提供职位。

2. 本条第 1 款提及的教育组织工作者，应符合技能指南中规定的技能要求或职业标准。

3. 本条第 1 款提及的教育组织工作者，其权利义务和责任由联邦立法、内部劳动法规章程、其他教育组织的地方行为法规以及工作职务细则和劳动合同规定。

4. 教育组织负责人的更替，由联邦政府决定。教育工作者的权利、社会保障和社会支持措施参见本联邦法律第 47 条第 5 款的第(3)和第(5)项以及第 8 款。

第六章　教育关系产生、变更与终止的基础

第五十三条　教育关系的产生

1. 教育关系产生的基础是教育组织活动的开展，即接纳受教育者在该组织学习或通过中期考核或国家最终考核，为个人、企业教育活动的实现提供教育合同。

2. 依据学前教育大纲进行招生活动或依靠自然人或法人资金进行的教育组织招生管理活动，应在签署教育合同后进行。

3. 依据本联邦法律第 56 条规定，接受定向教育时，接受受教育者进入教育组织之前，必须签订定向入学合同和教育合同。

4. 受教育者的权利和义务参见教育立法和教育组织的地方行为规范，受教育者自与个体企业签订教育合同之日起，开始接受教学人员的教育活动。

第五十四条　教育合同

1. 教育合同由以下简单书面形式签订：

(1)教育组织和受教育者[未成年人的家长(法定监护人)]；

(2)教育组织、受教育者以及承担受教育者的教育费用的自然人或法人。

2. 教育合同应当标明教育的基本特点，包括教育大纲的类型、层级或方向[部分教育大纲的类型或方向]、教学形式、掌握教育大纲的所需期限(学习期限)。

3. 在由自然人或法人承担教育经费的情况下，应在教育合同签订时标明有偿教育服务的全额费用以及支付程序。合同签订后，禁止提高有偿教育成本(因通货膨胀致使在下一个财政年度和规划期间此类服务成本提高的情况除外)。

4. 合同中规定的提供有偿教育服务的信息，需符合合同签署之日教育机构官方网站中公布的信息。

5. 因借助教育组织私有资金(包括来自创收活动的资金，自愿捐款以及个人或法律实体的针对性捐款)运营的有偿教育服务覆盖范围不完善等问题，依据提供有偿教育服务合同，教育组织享有降低有偿教育服务费用的权利。降低有偿教育服务成本的依据和程序由当地行政法规规定，并传达给受教育者。

6. 教育合同不得含有以下内容，限制受教育者接受具有一定水平和方向的教育、限制已申请入学学习(以下称为申请人)的受教育者，以及降低教育立法中规定的为申请人提供担保的条件。若合同中包括限制申请人和受教育者权利以及降低为其提供担保条件的内容，则该类条件无效。

7. 依据本联邦法律第 61 条的规定，逾期支付有偿教育的服务费用，以及因受教育者行为（不采取行动）而无法正常提供有偿教育服务的情况，有偿教育服务合同可由该教育组织单方面废除，由教育组织发起的教育关系也随之终止。

8. 教育组织应在合同中标明单方面废除有偿教育服务合同的理由。

9. 有偿教育服务合同由联邦政府规定。

10. 履行国家教育政策研制和国家教育法规协调职能的联邦权力执行机关规定教育合同的形式。

第五十五条　教育组织招生的总体要求

1. 除本联邦法律所规定的特殊权利（特权）者，所有申请人在同等条件下均应接受教育组织的教育。

2. 教育组织有义务向申请人或其家长（法定监护人）介绍教育组织章程、开展教育活动的许可证、国家认证证书、教育大纲以及规定开展教育活动与受教育者权利和义务的其他文件。通过选拔的形式进行的招生，应告知申请人选拔信息及选拔结果。

3. 若联邦法律未另作规定，则可通过联邦预算、联邦主体预算以及地方预算的支持，基于普通教育大纲、教育大纲以及中等职业教育大纲进行招生。生理障碍受教育者经家长（法定监护人）的同意且基于心理医学教育委员会的建议可接受普通教育大纲的教育。

4. 若本联邦法律未另作规定，则通过联邦预算、联邦主体预算以及地方预算支持进行的高等教育大纲招生，应基于选拔的基础上进行。

5. 依据补充教育大纲进行的教育招生，自然人或法人支付的地方性教育费用，将由符合联邦法律的地方管理法规规定。

6. 应保证申请基础职业教育大纲学习人员的教育权利得到保障，申请人应符合相关教育水平，有能力掌握符合该水平及方向的教育大纲。

7. 依据基础职业教育大纲所进行的职业、专业、定向培养招生，其项目应由联邦政府规定。申请人需按照劳动合同或服务合同中与职位、专业和职业相应的程序接受必要的初步检查（体检）。

8. 由履行国家教育政策研制和国家教育法规协调职能的联邦权力执行机关对以下程序做出规定：各层级的教育大纲（包括外国公民、无国籍人士的入学程序，高等教育组织的本科或专科教育大纲申请人有权同时参加一定数量的专业竞赛和专业教育）；依据各等级职业教育大纲的入学考试项目，特别是生理障碍人员的入学考试；高等教育大纲的补充入学考试项目；依据入学考试成绩进入高等教育大纲学习的不同类型的公民。若本联邦法律未另作规定，则以上人员在入学前一年的 9 月 1 日后不能对专业教育大纲和本科课程专业进行更改。

（2016 年 3 月 7 日俄罗斯联邦法修正案第 306-ФЗ 号）

9. 依据教育大纲，教育组织可自行规定具体开展教育活动的组织的招生章程(教育法律中未规定的招生细则)。

10. 在俄罗斯联邦总统和联邦政府批准的大纲和项目范围内，依据教育大纲进行的招生需符合该大纲和项目中规定的教育法要求。

(2013 年 7 月 2 日俄罗斯联邦法修正案第 170-ФЗ 号)

第五十六条　定向招生——定向招生合同和定向教育合同

1. 在联邦预算、联邦主体预算和地方预算支出的范围内，开展高等教育活动的教育组织有权进行符合本联邦法第 100 条规定的定向招生。

2. 依据联邦、联邦主体以及各地方不同层级的高等教育预算，确定高等教育定向招生的限额。由开展高等教育活动的教育组织规定每年各专业和各方向的招生限额。

3. 定向招生要基于以下合同：各教育组织签订的定向招生合同；联邦国家机关、联邦国家权力主体机关、地方自治机构、国立(市立)机关或拥有俄罗斯联邦份额的经济公司、联邦实体或市立教育主体签订的定向教育合同。

4. 与本条第(3)款提及的组织或机构签署定向教育合同的公民有权接受定向高等教育，依据本联邦法律第 55 条第 8 款所规定的招生程序规定定向招生的选拔地点以及招生名额。

5. 定向招生合同的基本条件为：

(1)教育组织应对签署定向教育合同的公民进行定向招生；

(2)本条第 3 款对签署定向教育合同公民的学习和生产实践权利与义务作了规定。

6. 定向教育合同的基本条件为：

(1)本条第 3 款和定向教育合同规定了组织和机构在公民学习期间提供的社会支持措施(这些措施可以包括物质奖励措施、支付教育服务费用、培训期间使用或支付住房的费用以及其他社会支持措施)；

(2)本条第 3 款规定了组织或机构的义务；公民在组织中的学习、生产和毕业前实践活动；定向教育合同中规定的符合技能习得的组织安置工作。

(3)解除公民履行就业义务的依据。

7. 除定向教育合同中规定的情况外，依据本条第 3 款规定，未履行就业义务的公民有义务全额赔偿机构或组织所提供的社会支持费用，并支付双倍于该费用的罚款。依据本条第 3 款规定，组织或机构在未履行雇用公民义务的情况下，应向公民支付相当于提供给其的双倍社会支持费用。

8. 联邦政府规定定向招生与定向教育合同的签署程序、终止程序和标准形式。

9. 依据中等职业教育或高等教育大纲，联邦国家机关、联邦国家权力主体机关、地方自治机构和组织有权与受教育者签署定向教育合同，该合同不接受定向招生。

10. 依据联邦立法和市政服务立法的规定，联邦国家机关、联邦权力主体国家机关、地方自治机构与公民间应签署定向教育合同。学习结束后，公民有义务履行国家和市政服务。

第五十七条　教育关系的变更

1.教育关系的变更——即因受教育者的基础教育大纲或补充教育大纲发生变化而引起的受教育者与教育组织间权利与义务的变化。

2.受教育者[未成年受教育者家长(法定监护人)]和教育组织可通过书面声明的形式对教育关系进行变更。

3.教育组织负责人或授权人员进行的管理活动是教育关系变更的基础。若与受教育者[未成年受教育者家长(法定监护人)]签署教育合同,则应基于合同进行相应的管理活动。

4.依据教育法规和教育组织的地方行为法规的规定,受教育者的权利与义务自管理活动生效之日起或管理活动规定的其他日期起发生变更。

第五十八条　受教育者的中期考核

1.基础教育大纲(除学前教育大纲外),包括教学大纲中单一或全部科目、课程、学科(模块),都将按照教育组织的规定以学习计划的形式进行中期考核。

2.教育大纲中一门或多门科目、课程、学科(模块)没有通过中期考核或无正当理由未通过中期考核,将被视为学科不及格。

3.受教育者需对不及格学科进行补考。

4.教育组织、未成年受教育者家长(法定监护人)应当确保受教育者以家庭教育的形式接受通识教育,必须为受教育者创造条件对不及格学科进行补考,并对受教育者不及格学科的补考进行监督。

5.存在学科不及格的受教育者有权在学科考核不及格之日起的一年内(受教育者的病假、学术假或产假除外),并在教育组织规定的认证期限内,对符合要求的学科、科目、课程(模块)进行中期考核,考核不能超过两次。

6.教育组织设立委员会负责进行第二次中期考核。

7.禁止向受教育者收取中期考核费用。

8.无正当理由未通过中期考核或存在不及格学科的受教育者将被留级或经历一年的观察期。

9.依据初等教育大纲、基础普通教育大纲和中等教育大纲接受教育的受教育者,未在规定的期限内对其不及格学科进行补考,则由其家长(法定监护人)在结合"心理-医学-教育"委员会的意见后,对受教育者进行再教育或制订适合其教育的计划。

10.以家庭形式接受初等教育、基础普通教育和中等教育的受教育者,在未及时对不及格学科进行补考的情况下,仍允许其继续在教育组织接受教育。

11.依据职业教育大纲接受教育的受教育者,若未及时对不及格学科进行补考,则将因其未能认真履行掌握教育大纲和课程计划义务予以开除。

第五十九条　最终考核

1.最终考核是对受教育者掌握教育大纲的程度和水平进行的评估。

2.最终考核将以客观性和独立性原则对受教育者的学习质量进行评估。

3.最终考核——即完成基础普通教育大纲、中等普通教育大纲以及基础职业教育大纲后进行的考核。最终考核具有强制性,若本联邦法律未另作规定,则以教育组织所规定的方式和形式进行。

4.最终考核具有国家性质,它是国家对基础教育大纲完成程度的鉴定。通过国立考试委员会组织的国家最终考核,旨在考察受教育者对基础教育大纲的掌握是否符合联邦国家教育标准或自然人或法人教育标准的要求。

5.若本联邦法律未另作规定,则国家最终考核的形式,以及不同水平教育大纲的程序和各种形式(包括教育教学手段和国家最终考核手段的要求,吸引受教育者参与国家最终考核,上诉的提交审查程序,变更或取消国家最终考核结果的程序)应由履行国家教育政策研制和国家教育法规协调职能的联邦权力执行机关做出规定。

6.若未对依据教育大纲所进行的国家最终考核的程序另作规定,则允许没有学科不及格和完成全部学业计划或个人学习计划的受教育者进行国家最终考核。

7.未通过国家最终考核或国家最终考核结果不理想的受教育者,有权依据符合教育大纲的国家最终考核程序,在规定期限内再次进行最终考核。

8.禁止向受教育者收取最终考核的费用。

9.依据基础普通教育大纲和中等普通教育大纲进行国家最终考核时,应设立国家考试委员会:

(1)在联邦各主体境内进行国家最终考核时,由联邦主体的权力执行机关设立考试委员会;

(2)在联邦境外进行国家最终考核时,由履行国家教育政策研制和国家教育法规协调职能的联邦权力执行机关设立考试委员会。

10.由国家考试委员会组织依据中等职业教育大纲和高等教育大纲开展国家最终考核。

11.若教育大纲对国家最终考核未另作要求,则在国家最终考核时,使用标准化形式的复合习题作为测评试卷。国家最终考核测评试卷的内容是可习得的内容。履行国家教育政策研制和国家教育法规协调职能的联邦权力执行机关负责规定测评试卷的制定、使用和保存程序(包括在互联网中对其进行保护的制度要求,测评试卷中信息布局的程序和条件)。

12.为保证国家最终考核的顺利进行:

(1)教育领域的联邦主体权力执行机关组织联邦境内依据基础普通教育大纲和中等普通教育大纲进行的国家最终考核。

(2)依据基础普通教育大纲和中等普通教育大纲,在教育领域实行监管职能的联邦权力执行机关(协同以下成员:在联邦境外的教育组织创办者和实现基础普通教育大纲和中等普通教育大纲国家认证的教育组织创办者,以及具有专门性教育分支机构的俄罗斯联邦外交部的境外创办者),可在联邦境外组织进行国家最终考核。

(3)若在相关规定中未对受教育者的国家最终考核另作规定，则由教育组织依据基础职业教育大纲开展国家最终考核。

13. 依据中等普通教育大纲开展的国家最终考核，以全国统一考试（以下简称全国统一考试）以及其他规定的形式进行：

(1)履行国家教育政策研制和国家教育法规协调职能的联邦权力执行机关规定：受教育者在封闭式特殊教学管理以及监管式的管理体系下接受中等普通教育；受教育者在掌握中等职业教育大纲的前提下，接受中等普通教育（包括基础普通教育与中等普通教育相结合的中等普通教育大纲）；受教育者可与生理障碍受教育者和生理障碍人士一同进行依据中等普通教育大纲开展的教育课程。

(2)联邦主体的权力执行机关规定，受教育者在进行基础普通教育大纲和中等普通教育大纲的教育时，可用母语学习俄罗斯其他民族语言以及俄罗斯民族文学，可使用俄罗斯民族语言进行语言考试、民族文学考试及最终考核，该考核由在教育领域实行国家管理职能的联邦主体执行机构组织开展。

14. 依据基础普通教育、中等普通教育大纲，履行教育监督和监察职能的联邦权力执行机关为国家最终考核提供系统性保障，研制考核材料（受国家考试委员会保障）及考卷评测标准，对受教育者的考卷进行集中评阅，规定评判中等普通教育大纲掌握程度的国家统一考试最低分数。

15. 履行国家教育政策研制和国家教育法规协调职能的联邦权力执行机关规定，作为公共观察员的公民应对依据基础普通教育大纲和中等普通教育大纲开展的国家最终考核的程序进行监督。同时具有出席国家最终考核、将违反国家最终考核的行为提交至联邦执行机关、在教育领域实行管理职能的联邦主体执行机关以及地方自治机构的权利。作为公众观察员的公民的认证是通过以下方式进行的：

(1)在教育领域履行国家管理职能的联邦主体权力执行机关负责联邦境内基础普通教育大纲和中等普通教育大纲的国家最终考核。

(2)获得国家许可的、依据基础普通教育大纲和中等普通教育大纲进行教育且在联邦境外外交机构设有专门教育部门的境外教育组织创办者，可在联邦境外开展普通基础教育大纲和中等普通教育大纲的国家最终考核。

16. 邀请个体企业家或其协会代表进行依据基础职业教育大纲开展的国家最终考核。

17. 通过国家最终考核的基础职业教育大纲的受教育者，可申请授予教育大纲所规定的假期。在受教育者完成相应教育大纲的学习后，教育关系随之终止。

第六十条　教育和(或)资格证书、教学证书

1. 俄罗斯联邦颁发：

(1)教育和（或）资格证书（包括教育证书、教育资格证书以及学业证书）；

(2)教学证书包括教学证明、掌握艺术领域的补充职业预科大纲的证明以及从事教育组织发布的与本条款一致的其他文件。

2. 若本联邦法律未另作规定，则依据 1991 年 10 月 25 日制定的第 1807 号联邦法律——“有关联邦民族语言”一章的规定执行，教育和(或)资格证书需用联邦官方语言书写。证书由开展教育活动的组织盖章证明其有效性。教育和(或)资格证书也可按照教育组织所规定的语言发布。

3. 成功通过最终考核的人员将获得教育和(或)资格证书，其样本由教育组织单独规定。

4. 若本联邦法律未另作规定，则向成功通过最终考核的人员颁发教育证书和教育资格证书。教育证书以及教育资格证书的样本(除临床医学医师或实习助理的文凭)及其附件，教育证书以及教育资格证书和附件的概述、填写程序、注册与颁发以及证书副本，均由履行国家教育政策研制和国家教育法规协调职能的联邦权力执行机关规定。临床医学专业的毕业文凭样本、概述、填写程序、注册、颁发以及文凭副本均由制定卫生保健领域国家政策和行为监督法规的联邦权力机关规定。实习助理的毕业文凭样本、概述、填写程序、注册与颁发以及文凭副本均由制定文化领域国家政策和行为监督法规的联邦权力机关规定。

5. 依据教育组织合议管理机构的决定，以及 2009 年 11 月 10 日发布的第 259 号联邦法律“关于莫斯科国立大学和圣彼得堡国立大学”的规定，将给成功通过国家最终考核的人员颁发教育和资格证明证书，其样本由教育组织单独制定。

6. 为接受以下水平的普通教育且成功通过国家最终考核的人员颁发教育证书：

(1)基础普通教育(经基础普通教育证书认定)；

(2)中等普通教育(经中等普通教育证书认定)。

7. 为通过国家最终考核且具有以下等级职业教育和职业、专业或培养方向资格的人员颁发教育和资格证书：

(1)中等职业教育(经中等职业教育毕业证认定)；

(2)高等教育——学士(经学士毕业证认定)；

(3)高等教育——专家(经专业人才毕业证认定)；

(4)高等教育——硕士(经硕士毕业证认定)；

(5)高等教育即培养高素质人才，依据大纲掌握情况在副博士层面(研究机构)培养科教人才。临床医学研究人员和实习助理教育大纲[经相应的副博士(研究机构)、临床医学研究人员和实习助理结业证书认定]。

8. 若联邦法律未另作规定，则在向成功通过国家最终考核的人员颁发的教育和资格证明文件中，需表明该人员的职业教育水平和技能水平，赋予其持有人从事某些专业活动的权利[包括联邦立法规定的强制性要求——达到专业教育或技能水平才能从事的职业]。

9. 在研究机构中掌握培训大纲，且通过联邦立法程序规定的学科副博士论文答辩的人员，将被授予与科学工作者相应的专业副博士学位，并颁发副博士文凭。

10. 资格证书可认证：

(1)依据补充职业教育成绩，掌握或提升技能(技能提升或专业进修凭证的鉴定)；

(2)依据专业培训结果给予相应类别或等级证明(工人的职业证明、雇员的职位证明)。

11. 若本联邦法律未另作规定，则依据补充职业教育教学成绩所颁发的资格证书赋予其持有人从事相应职业活动的权利，或赋予其持有人进行联邦立法所允许的具体劳动的权利。

12. 未通过最终考核或考核成绩不合格的人员，以及已掌握部分教育大纲或被教育组织开除的人员，将获得由该组织单独制定的教育证书或学习证明。

13. 未接受普通基础和中等普通教育，而接受过适应性基础普通教育大纲培训的生理障碍的人员(患有不同形式的智力迟钝的人员)，应依据履行国家教育政策研制和国家教育法规协调职能的联邦权力执行机关所订立的程序和模板获得培训证书。

14. 已掌握艺术领域的补充职业预科课程并且已成功通过最终考核的个人，将被授予证书。该证书的模板由履行艺术领域国家政策和行为法规研制的联邦执行机构作出规定。

15. 教育组织有权向掌握教育大纲，却未进行最终考核程序的人员颁发学业证书，此类证书的程序和模板由相应教育组织单独制定。

16. 禁止对教育或资格证书、学业证书及该类证书副本的发放收取任何费用。

第六十一条　教育关系的终止

1. 受教育者被教育组织除名而导致的教育关系终止的情况：

(1)受教育者已完成教育(完成学业)；

(2)参照本条第 2 款的规定。

2. 以下情况中，教育关系可提前终止：

(1)在未成年受教育者或其家长(法定监护人)的提议下，受教育者转学到另一个教育组织中继续进行教育大纲的学习；

(2)依据教育组织的提议，已年满 15 周岁且未履行教育大纲和学习计划中规定的诚信义务，且违反教育组织入学程序的受教育者，将被教育组织除名；

(3)在教育组织被停办的情况下，可不依赖受教育者或未成年受教育者家长(法定监护人)以及教育组织的意愿，提前终止教育关系。

3. 在受教育者或未成年受教育者家长(法定监护人)的提议下，教育关系的提前终止并不表示该受教育者对教育组织有任何附加义务或物质义务。

4. 终止教育关系是教育组织的管理活动，即将受教育者从该组织除名。若受教育者或未成年受教育者的家长(法定监护人)签署有偿教育服务合同，需在终止教育组织管理活动的基础上废除合同，提前终止教育关系。教育立法和教育组织的地方性法规所规定的受教育者的权利和义务，自受教育者被教育组织除名之日起终止。

5.当教育关系提前终止时,教育组织应在行政命令发布后的三日内,向被除名的受教育者发放本联邦法第60条第12款规定的培训证书。

第六十二条 (被开除的受教育者)重返教育组织

1.在教学组织有空余名额且为被开除的受教育者保留之前学习条件的情况下,依据被开除受教育者的意愿,被开除受教育者可在完成基础职业教育大纲的学习之前,有权在被开除后的5年内重返教育组织,但不得提前结束被开除时的教育学年(学期)。

2.被开除的受教育者重返教育组织的程序与条件,由该组织的地方性行为法规规定。

第七章 普通教育

第六十三条 普通教育

1.学前教育大纲、初等教育大纲、基础普通教育大纲和中等普通教育大纲具有连续性,后者以前者为基础依次进行。

2.允许在教育组织或家庭教育中接受普通教育。可通过自学的方式进行中等普通教育的学习。

3.若开展治疗、康复和(或)修养活动组织中以及社会服务组织中的无家长监管的儿童和孤儿,无法在普通公共教育组织中接受初等普通教育、基础普通教育和中等普通教育,该类型儿童和孤儿可在上述组织(治疗、康复或修养性组织以及社会服务组织)中接受相应的教育。

4.由未成年受教育者的家长(法定监护人)决定接受普通教育的形式和特定基础普通教育大纲的形式。未成年受教育者家长(法定监护人)选择普通教育和培训教育形式,应考虑未成年受教育者的意见。

5.市区和城区自治地方机构对居住在相应教育辖区,且有权接受各层次普通教育的儿童进行登记。儿童受教育的形式由其家长决定。当家长(法定监护人)选择以家庭教育形式对儿童进行普通教育时,应告知相应市区或城区的地方政府机构。

第六十四条 学前教育

1.学前教育旨在培养儿童的基本素养,促进儿童身体、智力、道德、审美和个人素质的发展,为开展教育活动创造先决条件,保护和加强学龄前儿童的健康。

2.鉴于学龄前儿童的年龄和个人情况(包括使学龄前儿童达到顺利接受和掌握初等普通教育大纲的能力水平,并在此基础上,针对学龄前儿童实施个别方法及开展具体活动),学前教育大纲旨在促进儿童的全方位发展。受教育者的中期考核和最终考核不包括学前教育大纲的内容。

3.未成年受教育者家长(法定监护人)保证其子女通过家庭教育的形式接受学前教育,有权免费接受理论教育、心理教育、诊断和咨询协助,包括设有咨询中心的学前教育机构和普通教育组织。此类援助应由联邦国家权力主体机关实施。

第六十五条　学前教育组织向家长(法定监护人)收取监督照看儿童等教育活动费用

1.学前教育组织履行监督照看儿童的职责,其他实行学前教育大纲的教育组织也应履行监督照看儿童的职责。

2.若本联邦法律未另作规定,则由教育组织创办者负责制定监督照看儿童的费用数额。依据特定情况和程序,创办者有权提高或降低向儿童家长(法定监护人)收取费用的数额。若创办者已为教育组织中的儿童支付监督和照顾的费用,则家长无需再支付相关的费用。

(2015 年 6 月 29 日俄罗斯联邦法修正案第 198-ФЗ 号第 2 款)

3.国立或市立教育机构对生理障碍的儿童、孤儿以及无家长照看和患有结核病的儿童进行监督和照看,该类儿童的学前教育相关费用无需家长支付。

4.教育组织向家长收取的监督照看费用中不得包括实施学前教育大纲的开支以及国立和市立教育机构的不动产开支。教育组织向家长收取的监督照看费用的数额不得高于联邦主体行为法规中为各市教育组织所订立的标准,该标准具体取决于监督照看儿童的条件。

(2015 年 6 月 29 日俄罗斯联邦法修正案第 198-ФЗ 号)

5.为进行学前教育大纲学习的儿童给予实质性的教育教学物质上的支持,其家长(法律代表)将获得补偿费。补偿费的数额由联邦主体的行为法律法规规定,为家中第一位子女所提供的补偿费用不得低于其家长支付给相应联邦主体的国立和市立教育机构监督照看儿童费用的 20%,为第二位子女提供的补偿费用不得少于支付数额的 50%,第三和第四位子女则不得少于 70%。联邦国家权力主体机关制定了家长应支付给国立和市立教育机构监督照看儿童的平均费用标准。为子女支付教育机构监督照看费用的家长(法定监护人)一方有权获得补偿费。在进行补偿时,联邦主体权力机关有权依据联邦主体法律和其他规范性行为法规制定补偿标准。

(2015 年 12 月 29 日俄罗斯联邦法修正案第 388-ФЗ 号)

6.申请补偿及其支付程序由联邦主体的国家权力机关制定(本条第 5 款规定)。

7.与支付补偿费用密切相关的财政保障支出是联邦主体的义务性支出(本条第 5 款中规定)。

第六十六条　初等普通教育、基础普通教育和中等普通教育

1.初等普通教育旨在促进受教育者的人格形成与个性发展,在学习活动中培养其主动性和技能(掌握阅读、写作、计算、基本学习技能、理论思维原理、基本自控技能、行为和言语文化、个人卫生和健康的生活方式)。

2.基础普通教育旨在形成受教育者的个性(形成道德信仰、审美情趣和健康的生活方式、高层次的人际和民族间交流文化、掌握基础科学、俄罗斯的官方语言、脑力和体力劳动技能、发展兴趣、爱好以及社会自觉能力)。

3.中等普通教育旨在使受教育者的个性、学习兴趣和创新能力得到进一步的发展，在中等普通教育内容的个性化和专业化基础上形成自学能力，使受教育者能够为社会生活做好准备，有能力独立地选择生活，继续接受教育和开展职业活动。

4.实行初等普通教育大纲、基础普通教育大纲和中等普通教育大纲的教育组织可基于大纲内容的差异性，根据受教育者的需求和兴趣，保障受教育者进行符合教育大纲课题领域的独立课程的深入学习。

5.初等普通教育大纲、基础普通教育大纲和中等普通教育属于义务教育阶段的大纲。未掌握初等普通教育大纲或基础普通教育大纲的受教育者不得进入下一阶段的教育。若受教育者未通过相应的教育，则该受教育者接受中等普通教育的有效期限延续到受教育者年满 18 周岁之前。

6.经未成年受教育者家长(法定监护人)，未成年人事务委员会和保护其权利的地方教育自治机构的同意，年满 15 周岁的受教育者可留在普通教育机构直至完成基础普通教育。未成年人事务委员会和受教育者家长(法定监护人)以及地方教育自治机构一同保护受教育者留在普通教育机构的受教育权，直到其完成基础普通教育。采用其他方式对未成年人开展基础普通教育应在一个月内征得当事人的同意。

7.在教育组织中，初等普通教育、基础普通教育和中等普通教育的实施应为寄宿于学校的受教育者创造条件，并设立监督照看孩子的日托班。

8.为儿童提供寄宿的教育组织，应保证受教育者的服装、鞋子、软件设备、个人卫生用品、学习用品、玩具、家用设备的规范，并且设立监督照看孩子的日托班。若本联邦法律未另作规定，则教育组织创办人有权向未成年人家长(法定监护人)收取费用并规定具体数额。

9.实施初等普通教育大纲、基础普通教育大纲和中等普通教育大纲的费用支出，以及国立和市立教育组织不动产的费用支出不得包含上述组织向家长收取的寄宿、日托班监督照看儿童的费用。

10.需要接受长期治疗的受教育者和生理障碍的儿童，因健康原因而不能在教育组织中接受教育，可在家或在医疗组织中进行初等普通教育大纲、基础普通教育大纲和中等普通教育大纲的学习。

11.联邦主体权力机关对在家或医疗机构中进行初等普通教育大纲、基础普通教育大纲和中等普通教育大纲学习的情况作了相应的规定，也对国立或市立教育组织及受教育者和(或)其家长(法定监护人)间关系的注册程序作了相应的规定。

12.为了使具有偏向性(社会威胁性)行为的受教育者接受初等普通教育大纲、基础普通教育大纲和中等普通教育大纲所规定的教育，应设立开放型和封闭型特殊教育组织，为其提供特殊的教育教学环境和专业教师需求。1999 年 6 月 24 日第 120 号联邦法律“预防未成年人违法犯罪体系”规定了为未成年人进入开放型和封闭型特殊教育组织并留在该类组织中的条件。

第六十七条　依据基础普通教育大纲开展教学的组织

1. 在儿童满两周岁时可接受在教育组织开展的学前教育。在身体条件没有问题的情况下，儿童年满 6 周岁但不到 8 周岁时，可进入教育机构接受初等普通教育。教育组织创办者有权依据儿童家长（法定监护人）的申请，允许儿童稍早或稍晚于规定年龄，进入教育组织接受依据初等普通教育大纲开展的教育。

2. 若本联邦法律未另作规定，则基础普通教育大纲的招生应保证有资格接受相应水平的所有公民接受普通教育。

3. 依据基础普通教育大纲，国立和市立教育组织招生规则应保障公民（有权获得在其居住地区范围内的上述教育组织所提供的相应水平的普通教育的公民）进入相应的教育组织。

4. 国立或市立教育组织除了因缺乏名额外，不得以任何理由拒绝招生（包括本联邦法律的本条第 5 和第 6 款以及第 88 条所规定的情况）。当国立或市立教育组织缺乏名额时，儿童的家长（法定监护人）可直接向履行教育领域管理职能的联邦主体权力执行机关或地方自治机构反映，以安置儿童到其他普通教育组织学习。

5. 个人性质的组织，为进行专业培训或为进行基础普通教育和中等普通教育中单一学科的深入研究而并入国立和市立教育组织的情况，在联邦主体法律中有相应的规定。

6. 接受普通教育的受教育者在录取或转移至教育组织（在体育和文化领域实施基础普通教育、中等普通教育和补充职业前教育的综合教育大纲，以及在文化领域实施中等职业教育、基础普通教育和中等普通教育的综合教育大纲）时，基于对特定类型艺术或体育能力（无相应运动禁忌）的评估，进行竞赛或个人选拔。

第八章　中等职业教育

第六十八条　中等职业教育

1. 中等职业教育旨在依据社会和国家的需要，解决人的智力、文化和职业发展任务，并在社会活动的主要领域培养技术工人或中级专业人员，满足个人深化拓展教育的需要。

2. 若本联邦法律未另作规定，则接受过基础普通教育和中等普通教育或不低于该水平的人员，有权进行中等职业教育大纲的学习。

3. 根据中等职业教育大纲开展的中等职业教育，是基于基础普通教育及中等普通教育基础上。鉴于中等职业教育的学科或专业，中等职业教育大纲是基于基础普通教育及中等普通教育，并依据联邦国家普通中等职业教育标准研制的。

4. 若本联邦法律未另作规定，则依据中等职业教育大纲进行招生需考虑联邦预算、联邦主体和地方预算的拨款数额。依据本联邦法规定程序，中等职业教育大纲的职业和专业入学测试，要求申请人具有一定的创造能力、良好的身体素质和心理素质。依据中等职业教育大纲进行招生时，若申请入学人数超过联邦预算、联邦主体和地方预算拨款资助的名额，教育组织应参考教育证书和(或)教育资质证书中标注的基础普通教育和中等普通教育的具体情况。

(2015 年 7 月 13 日俄罗斯联邦法修正案第 238-ФЗ 号)

5.依据中级专业人才培养大纲首次接受中等职业教育，并且获得中等职业教育资格证书的合格工人或职工，不属于重复接受中等职业教育。

6.接受中等职业教育而未接受中等普通教育的受教育者，有权参加中等普通教育大纲基础上的国家最终考核。顺利通过最终考核的受教育者将获得中等普通教育毕业证书。该类受教育者可免费进行国家最终考核。

第六十九条　高等教育

1.根据社会和国家的需要，高等教育旨在确保在社会有益活动的主要领域培养高素质人才，满足个人在智力、文化和道德发展方面的需求，满足教科能力的进一步提升需求。

2.允许接受过中等普通教育的人员，进行学士学位教育大纲和专业学位教育大纲的学习。

3.允许接受过高等教育的人员，进行硕士学位教育大纲的学习。

4.允许教育水平不低于高等教育的人员(专家或研究生)参与副博士阶段的临床医学研究和实习助理大纲的科教人才培养；允许接受过高等医学教育和(或)高等制药学教育的人员进行临床医学研究大纲的学习；允许接受过艺术领域高等教育的人员进行实习助理大纲的学习。

5.若本联邦法律未另作规定，则应基于高等教育大纲，并依据学士学位教育大纲、专业教育大纲、研究生教育大纲、培养科教人才的副博士(研究人员)教育大纲、临床医学研究教育大纲以及具体领域的实习助理教育大纲，分别开展教育招生。

6.根据研究生教育大纲、培养科教人才的副博士(研究人员)大纲、临床医学研究大纲以及实习助理大纲所进行的入学招生考试，应由教育组织独立开展。

7.本联邦法律第 55 条第 8 款规定，申请高等教育大纲学习的人员拥有提交自己的个人成就信息的权利，教育机构在招生时将个人的成就、成果作为录取的参考依据。

拥有专业技能证书资格的人员在研究生毕业时，不会被视为第二次接受高等教育(本法律第 108 条第 15 款)。

8.进行下列高等教育大纲的学习被视为重复接受高等教育：

(2014 年 12 月 31 日俄罗斯联邦法修正案第 500-ФЗ 号)

(1)学士教育大纲或专业教育大纲——拥有学士学位证书、专业证书或硕士学位证书的人员；

(2)硕士学位教育大纲——拥有专业和硕士学位证书的人员；

(3)临床医学研究大纲或实习助理教育大纲——拥有临床医学毕业证或实习助理毕业证的人员；

(4)科教人才培养大纲——拥有副博士(研究机构)结业证或副博士毕业证的人员。

第七十条　对根据学士学位教育大纲和专业人才教育大纲开展招生的组织的一般要求

1.若本联邦法律未另作规定，则根据学士学位教育大纲和专业人才教育大纲所进行的招生参考全国统一考试的成绩。

2.依据学士教育大纲和专业人才教育大纲进行的招生，参加全国统一考试的成绩在四年内有效。

3.若教育组织的创办者未规定全国统一考试的最低分数，则由高等教育组织对全国统一考试中相应专业和培养方向的公共课程及专业课程的最低分作出规定，同时规定招生的相应人数。

4.全国统一考试的最低分不得低于申请人所申请的学士学位教育大纲和专业人才教育大纲所规定的分数，也不得低于在教育领域履行监管职能的联邦执行机关规定的分数(本条第3款规定)。

5.依据相关教育组织的入学考试成绩，外国公民有权进入高等教育组织进行学士学位教育大纲和专业教育大纲的学习。

6.依据学士学位教育大纲和专业教育大纲招收的人员应接受过中等职业教育或高等职业教育，并符合高等教育组织规定的入学考试成绩、形式和人数。

7.联邦政府规定，依据专业和培养方向制定的学士学位教育大纲和专业教育大纲进行的招生，要求申请者具有一定的创造力、良好的身体和心理素质。教育组织有权依据全国统一考试的科目开展创新性和(或)专业性的补充入学考试，其考试结果可和全国统一考试结果一同作为参考。依据招生制定的专业性和(或)定向培养项目，应考虑依据学士教育大纲和专业人才大纲所规定的联邦预算、联邦主体预算和地方预算额度是否能够支撑创新性和(或)专业性补充入学考试的开展。

8.根据学士学位教育大纲和专业教育大纲，高等教育组织有权开展定向性的补充入学考试。基于高等教育组织的要求，开展专业性和(或)定向性培训的教育组织，有权开展定向性补充入学考试。上述教育组织所进行的定向性补充入学考试的程序、标准和项目由联邦政府规定。

9.根据专业性和定向性培养的学士学位教育大纲和专业教育大纲，莫斯科国立大学和圣彼得堡国立大学有权开展定向性补充入学考试进行招生，具体内容由上述两所大学分别自行制订。

10.联邦权力执行机关规定补充入学考试目录、联邦国家高等教育组织的录取在教育组织中与公务员考试和公民获取国家机密相关的培训。由联邦权力执行机关履行机构创办人的职能。

第七十一条　对依据学士学位教育大纲和专业人才教育大纲开展招生的特殊要求

1.考虑到联邦预算、联邦主体预算和地方预算额度，通过国家最终考核和(或)未被国家学士学位教育大纲和专业人才教育大纲鉴定合格的公民享有以下特殊权利：

(2014 年 12 月 31 日俄罗斯联邦法修正案第 500-Φ3 号)

(1)无需参加入学考试;

(2)通过入学考试,即可被录取;

(3)通过入学考试,在其他情况相同的条件下,优先被录取;

(4)考虑到联邦预算拨款,进入联邦国家高等教育组织的部门接受培训;

(5)本条规定的其他特殊权利。

2.若本联邦法律未另作规定,则依据学士学位教育大纲和专业人才教育大纲招生的公民,享有本条所规定的特殊权利。在进行联邦权力执行机构制定的军事专业教育大纲和(或)含有国家机密信息的教育大纲的准入培训时,其他公民享有本条第 1 款第(3)、(4)项所规定的特殊权利。

3.考虑到联邦预算、联邦国家预算和地方预算的额度,依据学士教育大纲和专业人才教育大纲招生的公民可享有本条第 1 款第(1)、(2)项规定的特殊权利。公民可根据个人意愿,向一所高等教育组织提交申请书,申请进行某一类型的高等教育大纲的培养。公民有权享受 1 次联邦国家高等教育组织筹备的学科培训。

(2014 年 12 月 31 日俄罗斯联邦法修正案第 500-Φ3 号)

4.依据本条第 1 款的规定,无需参加入学考试而享有入学权利的情况如下:

(1)依据履行国家教育政策研制和国家教育法规协调职能的联邦权力执行机关的规定,全俄中学生奥林匹克竞赛的冠军及获奖者、参与国际奥林匹克普通课程竞赛的联邦国家队成员、符合全俄中学生奥林匹克竞赛和国际奥林匹克竞赛的专业和(或)培训方向的联邦国家队队员,在参赛后的四年内,无需参加入学考试,可免试进入由教育组织规定的与奥林匹克竞赛相符的专业和(或)培训。

(2015 年 3 月 13 日俄罗斯联邦法修正案第 238-Φ3 号)

(2)奥运会及残奥会冠军和获奖者、世界冠军、欧洲冠军、各种体育活动(包括在奥运会和残奥会项目中的体育活动)和各种文体类专业和培训的世界冠军及全欧冠军。

截止到 2019 年 1 月 1 日,第 71 条第 5 款适用于孤儿、无家长照看儿童以及战队老兵。(本法第 108 条第 14 款)

5.根据学士教育大纲和专业人才大纲开展的招生活动,在联邦预算、联邦主体预算和地方预算额度下,对残疾儿童、一级和二级残疾人、儿童残疾人、在服兵役期间因受伤或疾病致残的人员的招生名额作出相应的规定。

(2017 年 5 月 1 日俄罗斯联邦法修正案第 93-Φ3 号)

6.在联邦预算、联邦主体预算和地方预算的额度下,教育组织每年应对根据学士教育大纲和专业人才教育大纲开展高等教育招生的名额作出规定。招生名额不低于联邦预算、联邦国家预算和地方预算拨款登记的公民入学总人数的百分之十。

7.联邦国家教育高等教育组织的筹备部门在以下情况下,有权接受联邦预算的教育拨款:

(1)无家长照看的儿童和孤儿;

(2)残疾儿童，一级和二级残疾人；

(2017 年 5 月 1 日俄罗斯联邦法修正案第 93-ФЗ 号)

(3)家庭平均收入低于联邦主体所规定的当地收入的最低限额，未满 20 周岁且家长一方身患一级残疾的公民；

(4)根据 1991 年 5 月 15 日第 1224 号联邦宪法规定的“为在切尔诺贝利灾害中受到辐射影响的公民提供社会保护”条款，因切尔诺贝利灾害而受到辐射影响的公民；

(5)在服兵役时牺牲、因伤(创伤、外伤、弹震伤)死亡或服兵役期间患病而亡(包括参加进行反恐演习或其他反恐行动)的军人子女；

(6)苏联时期和俄罗斯联邦时期拥有荣耀骑士勋章的烈士子女；

(7)内务部、联邦国民警卫队事务部队、监狱系统机构、联邦国家消防局、麻醉和精神药物管制局、海关、联邦调查委员会中在执行任务时因伤残牺牲的职员的子女或以上机构职员在执行任务时牺牲职员所赡养的子女；

(2015 年 12 月 30 日俄罗斯联邦法修正案第 458-ФЗ 号；2016 年 7 月 3 日俄罗斯联邦法修正案第 227-ФЗ 号)

(8)在履行职务期间或退休后因公造成伤残而牺牲的检查官的子女；

(9)根据联邦权力执行机关和联邦国家机关规定的服兵役程序，依合同服兵役与至少连续服役三年的军人、应召入伍和受命入伍参与了训练的公民；

(2014 年 6 月 4 日俄罗斯联邦法修正案第 145-ФЗ 号)

(10)根据 1998 年 3 月 28 日第 53 号联邦法律第 51 条“军人的义务与服兵役”中第 1 款(2)～(3)项、第 2 款第(1)项和第 3 款(1)～(3)项的规定，在俄罗斯联邦武装部队和其他军事编制与军职机构服兵役不少于三年的公民，以及因故退役的公民；

(11)1995 年 1 月 12 日第 5 号联邦法律中“关于老兵”的第 3 条第 1 款(1)～(4)项规定的参战残疾人和参战老兵；

(12)直接参与实战放射性物质核武器试验，参加地下核武器与实战放射性核武器演习直至试验和演习的公民；销毁水面和水下核潜艇以及其他军事设施等放射事故的直接参与者；参与放射性物质收集填埋和保障性工作的直接参与者；处理该类事故的直接参与者(俄罗斯联邦武装部队的军人和非军职人员，联邦内务部内部军队或联邦国家机关的军人，俄罗斯联邦国民警卫队，联邦部队的军人和职员，在铁路部队和其他军队中服役的人员，俄罗斯联邦内务部和国家消防局联邦消防队的人员)。

(2014 年 6 月 4 日俄罗斯联邦法修正案第 145-ФЗ 号；2016 年 7 月 3 日俄罗斯联邦法修正案第 227-ФЗ 号)

(13)在车臣共和国及其毗邻领土的军事纷争中执行任务的俄罗斯联邦国民警卫队联邦部队和内务部的军人和工作人员；刑事执行系统、联邦消防局的国家消防队军人和工作人员；在北高加索地区的反恐行动中执行任务的特种军人。

(2016 年 7 月 3 日俄罗斯联邦法修正案第 227-ФЗ 号)

8. 根据本条第 7 款规定，联邦法律第 55 条第 8 款规定达到中等普通教育水平的人员，准许接受联邦国家高等教育组织的预科培训。上述人员若首次在预科部门接受学科培训，则其培训费用由联邦预算拨款负责。履行国家教育政策研制和国家教育法规协调职能的联邦权力执行机关规定联邦国家高等教育组织的选拔程序和根据该程序规定的联邦国家高等教育组织招生目录。根据本款的规定，联邦国家高等教育组织的预科部门依靠国家联邦预算拨款进行相应的培训。在国家规定的框架内，依靠联邦预算拨款，将颁发给在联邦国家高等教育组织的预科部门接受全日制教育的受教育者奖学金。

9.根据本条第7款的规定，顺利通过入学考试且满足其他所有条件的人员，在教育组织中享有进行学士学位大纲和专业人才大纲学习的优先权。

10.联邦国家机关管辖下的普通教育组织、职业教育组织的毕业生(成功通过入学考试且符合其他条件)以及按照补充职业教育大纲进行军事或其他公共服务的未成年受教育者，拥有进入联邦国家机关管辖下的高等教育组织的优先权。

11.服兵役和服兵役超过20年及以上公民的子女，因健康或人员组织安排原因超过服兵役年龄且服兵役超过20年的退役公民子女，在其成功通过入学考试且符合其他条件时，则给予其进入军事专业组织和军事高等教育组织的优先权。

12.根据履行国家教育政策研制和国家教育法规协调职能的联邦权力执行机关的规定，中学生奥林匹克竞赛的冠军及获奖者在其参赛之年起四年内，享有高等教育组织根据学士学位大纲和专业人才大纲的专业性和(或)定向性培养方案制定的以下权利：

(2015年7月13日俄罗斯联邦法修正案第238-ФЗ号)

(1)在根据学士学位大纲以及专业和定向性人才培养大纲进行的教育招生中，符合要求的奥林匹克竞赛选手可免去入学考试。教育组织规定符合该项要求的奥林匹克选手的专业和(或)培养方向。

(2)根据本联邦法律第70条第7款和第8款的规定，应同等对待以下受教育者：在全国统一考试中各科取得最高分的受教育者；专业奥林匹克竞赛选手或成功通过创新和(或)专业性补充入学考试的受教育者。

第七十二条　高等教育科教(科研)活动的一体化形式

1.高等教育科教(科研)活动一体化旨在保障科研人才，提高根据高等教育大纲培养的受教育者的素质，吸引受教育者在科研工作者的指导下进行科研活动，在教育领域发掘新知识和新的科研成果。

2.高等教育的科教(科研)活动一体化可通过不同形式实现，包括：

(1)教育组织通过一次性资助(金)或其他渠道的资金支持，进行科研和实验研发活动，以此保证高等教育大纲的实施。

(2)教育组织通过引进科学组织及其他进行科学(科研)活动组织的工作者，保障高等教育大纲的实施。此外，教育组织工作者应基于参与教育或科学(科研)活动的合同，在科学组织及其他组织内开展科学(科研)活动。

(3)教育组织、科学组织及其他进行科学(科研)活动的组织,应将科教项目与科研和实验研发活动相结合,以保障高等教育大纲的实施;

(4)根据履行国家教育政策研制和国家教育法规协调职能的联邦权力执行机关的规定,在教育组织中设立实施高等教育大纲的科学组织及其他进行科学(科研)活动的组织,以及进行科学(科研)或科技活动的实验室。

(5)根据履行国家教育政策研制和国家教育法规协调职能的联邦权力执行机关的规定,在科学组织及其他进行科学(科研)活动的组织,以及在进行教育活动的教研室中设立实施高等教育大纲的教育组织。

第九章　职业教育

第七十三条　职业教育组织

1.不同年龄不同专业特长的人(包括从事特定设备工作、科技工作、软件-硬件和其他专长工作的人),均可接受职业教育,在不改变受教育程度的情况下,上述人员可获得与其专业或职务相符的技术等级和水平等级证明。

2.根据职业培训大纲、职工专业和职务所进行职业教育的人员,是指先前未获得该类职业或职位的人员。

3.根据职工专业和职员职务再教育大纲进行职业教育的人员,是指已接受过专业、职工专业或职务职业教育的人员。考虑到生产需要和职业活动类型,旨在获得新的职工专业或职员职务。

4.根据职工和职员专业技能提升大纲进行职业教育的人员,是指接受该类职业教育人员已经具有工作专业、职工专业或职员职务。该类人员旨在不改变教育水平的情况下,继续完善已掌握专业的专业知识、能力和技能。

5.根据职业培训大纲和职工专业以及职员职务进行的职业教育,应在掌握中等教育大纲、中等职业教育大纲的基础上进行(包括联邦法律所规定的其他可享受免费职业教育的情况)。

6.职业教育既可通过在教育组织(包括在职业技能学习中心、工厂中)中学习的形式实现,也可通过自学的形式实现;既可通过民事立法规定的各种组织和法律形式的法律实体创建职业技能学习中心,也可通过作为法人实体结构划分的形式建立的职业技能学习中心。

7.履行国家教育政策研制和国家教育法规协调职能的联邦权力执行机关规定实现职业教育的职工专业项目、授予相应职工专业和职员职务资格的程序。

8.若联邦法律未另作规定,具体职业教育大纲规定职业教育的学制,具体职业教育大纲的研制和规定应基于职业标准(如若存在)或教育组织的技能要求。

(2015年5月2日俄罗斯联邦法修正案第122-ФЗ号)

9. 履行国家教育政策研制和国家教育法规协调职能的联邦权力执行机关对国际汽车运输领域的标准职业教育大纲作出规定。

第七十四条　技能测试

1. 职业教育的最终考核以技能测试的形式进行。

2. 教育组织开展技能测试，以考察接受职业教育的人员是否已取得职业教育大纲中规定的与职工专业和职员职务的技术种类、水平和范围相一致的知识、能力和技能。

3. 职业教育的技能测试包括实践技能操作和理论知识考查。实践技能操作和理论知识考查是指与职工专业和职员职务相符的、在特定技能指南或职业标准技能要求范围内进行的技能测试。企业主及其协会代表可参与技能等级测试。

第十章　补充教育

第七十五条　儿童和成人的补充教育

1. 儿童和成人的补充教育旨在形成和发展儿童和成年人的创新能力，满足个人对智力、道德和体质的发展需求，形成文明、健康和安全的生活方式，增强体质，以及合理安排空闲时间。儿童的补充教育可使其适应社会生活，规划职业发展方向，并为具有卓越能力的儿童提供相应的教育支持。儿童补充普通教育大纲应考虑儿童的年龄以及个人能力。

2. 补充普通教育大纲被划分为普通发展教育大纲和专业预科大纲。既有针对儿童实施的补充普通教育大纲，也有针对成年人实施的补充普通教育大纲。在艺术、体育文化和运动领域中有针对儿童的补充专业教育预科大纲。

3. 若未对教育大纲的实施要求另作规定，则任何人可在不提供本人教育水平证明的情况下，接受补充普通教育大纲的教育。

4. 根据教育组织研制和规定的教育大纲，确定补充普通教育大纲的内容和教学期限。根据符合联邦国家需求的教育组织所研制和规定的教育大纲，确定补充职业预科教育大纲的内容。

5. 补充职业预科大纲的实施要求由本联邦法律第 83 条的(3)～(7)款以及第 84 条第(4)～(5)款规定。

第七十六条　补充职业教育

1. 补充职业教育旨在满足人的教育与职业需求和职业发展，保障其技能与职业活动相符，能适应社会环境的变化。

2. 通过实施补充教育大纲(技能提升大纲和职业再教育大纲)保障补充职业教育的开展。

3. 允许以下人员进行补充职业教育：

(1)具有中等职业或高等教育的个人；

(2)正在进行中等职业或高等教育的个人。

4.技能提升大纲是在掌握既有技能的情况下,发展为完善或获取职业活动以及提高职业水平所需的新的特长。

5.职业再教育大纲旨在获取新的职业活动所要求的特长,习得的新技能。

6.若本联邦法律和其他联邦法律未作规定,则应考虑开展补充教育的组织和受教育者的需求,根据教育组织研制和规定的教育大纲确定补充职业教育大纲的内容。

7.补充职业教育标准由下列机构规定:

(1)履行国家交通—国际汽车运输政策研制和法规协调职能的联邦权力执行机构;

(2)国家不动产地图绘制、登记和地图活动领域的法规制定和协调的联邦权力执行机构。

(2015 年 12 月 30 日俄罗斯联邦法修正案第 452-ФЗ 号)

7.1 财务数据操作员(允许处理财务数据的人员)的收银设备和技术设备的合规性,根据示范补充职业大纲来评估,示范补充职业大纲由负责监督监管收银设备的联邦授权行政机关批准。

(2016 年 7 月 3 日俄罗斯联邦法修正案第 290-ФЗ 号)

8.履行国家教育政策研制和国家教育法规协调职能的联邦权力执行机关制定含有国家机密信息和信息安全领域的补充职业教育的补充职业教育大纲。该大纲的制定应与安全领域的联邦执行机构、情报反侦察技术和信息保护技术领域的联邦执行机构保持一致。

9.考虑到相应职务、职业和专业技能指南中的职业标准、技能需求或完成该职务所需的专业知识技能需求,联邦法律和联邦国家的其他行为法规对补充职业教育大纲的内容做出了相应规定。

10.职业再教育大纲的研制应基于技能需求、职业标准,并且应符合联邦国家中等职业或高等职业教育标准。

11.根据教育大纲或教育合同,对补充职业教育大纲进行的培训[一次性的、连续性的或阶段性的(不连续的)培训],包括单一科目、课程、学科(模块)、实践、网络形式运用作出规定。

12.补充职业教育大纲可通过本联邦法律规定的形式实现,也可全部或部分以常规的形式实现。

13.补充职业教育大纲的培训形式和期限应在教育大纲和(或)教育合同规定。

14.通过最终考核的形式、考察补充职业教育大纲的掌握情况、最终考核由教育组织单独开展。

15.完成补充职业教育并且通过最终考核的人员,将获得技能提高证书和(或)职业再培训证书。

16.在掌握补充职业大纲的情况下,中等职业教育和(或)高等教育的技能提高证书和(或)职业再教育证书将和教育与技能证书一同颁发。

17. 为收集、运输、处理、废物利用、除害、I～IV 级危险废料处理人员制定的补充职业教育大纲标准，由履行环境保护协调职能的联邦执行机关规定。

（2015 年 12 月 29 日俄罗斯联邦法修正案第 404-ФЗ 号）

第十一章　不同类型教育大纲的特点以及特殊类别受教育者接受教育的特点

第七十七条　具有杰出才能的人员接受教育的组织

1. 俄罗斯发掘并支持具有杰出才能的人员，并帮助该类型人员接受教育。

2. 为发掘和支持具有杰出才能的人员，联邦国家机关、联邦主体国家权力机关、地方自治机构、社会及其他组织筹办奥林匹克竞赛、其他智力或创新竞赛、体育赛事和运动（以下简称竞赛），该类型活动旨在发掘和培养学生的智力和创新能力、从事体育活动和运动的能力、对科学（科研的）活动、创新活动、体育运动的兴趣、宣传科学知识、创新成果与体育成就。学生自愿参加各类竞赛活动。禁止收取参加全俄罗斯中学生奥林匹克竞赛、奥林匹克运动会以及其他各项竞赛的报名费，并依据比赛成绩颁发奖项以支持有才能的青年人。

3. 为发掘和培养学生的创新能力、对科学（科研）活动的兴趣、宣传科学知识，举办全俄罗斯中学生奥林匹克竞赛以及其他中学生奥林匹克竞赛，竞赛目录和等级由履行国家教育政策研制和国家教育法规协调职权的联邦权力执行机关确立。履行国家教育政策研制和国家教育法规协调职权的联邦权力执行机关确定举办全俄罗斯中学生奥林匹克竞赛的方式和日期、竞赛科目目录、总成绩、优胜者与参赛者证书模板，及上述举办其他中学生奥林匹克竞赛的方式，包括确定竞赛等级的标准、优胜者与参赛者证书模板。为保障全俄罗斯中学生奥林匹克竞赛以及上述各类中学生奥林匹克竞赛的举办秩序，依据本联邦法律的第 59 条第 15 款，受委托作为社会观察员的公民有权参加上述奥林匹克竞赛，并向联邦各权力执行机关、履行国家教育管理的联邦主体权力执行机关、履行教育管理的各地方自治机构提交在举办上述竞赛中发现的违规信息。

4. 针对具有杰出才能的人员制定专门的资金奖励以及其他鼓励措施。选拔具有杰出才能的人员的标准和方式、联邦预算拨款提供的资金奖励、支持具有杰出才能人员接受教育、海外求学的方式均由俄罗斯联邦政府规定。俄罗斯主体国家权力机关、各地方自治机构、法人和自然人及其协会有权为具有杰出才能的人员设立专门的资金奖励和其他鼓励措施。

5. 为发掘和支持具有杰出才能的人员，以及在教学活动、科学（科研）活动、创新活动和体育运动中取得显著成绩的人员，教育组织设立专门分支机构并建立相应的下属教育组织。该下属教育组织有权实施基础教育大纲和补充教育大纲，但不属于非标准教育组织。依据教育大纲的水平和方向，由相应的下属教育组织中的学生组织确立专门分支机构与非标准教育组织的手续，旨在发展学生的智力、创新和应用能力。根据本联邦法律第 13 条 11 款，具有上述专门分支机构的教育组织和非标准教育组织规定实施基础教育大纲和补充教育大纲[针对具有杰出才能的人员和已在教学活动、科学(科研)活动、创新活动以及体育活动中取得显著成就的个人]以及开展教育活动。

第七十八条　俄罗斯教育组织中无国籍人士以及外国公民受教育的组织

1.外国公民以及无国籍人士(以下简称外国公民)依据俄罗斯联邦国际合约与本联邦法律有权在俄罗斯联邦接受教育。

2.外国公民在接受普及与免费学前教育、初等普通教育、基础普通教育、中等普通教育，以及在完成中等普通教育后接受各职业和职务培训方面与俄罗斯联邦公民享有同等权利。

3.依据俄罗斯联邦国际合约、联邦法律以及由俄罗斯联邦政府确立的外国公民在俄罗斯联邦的教育配额(以下简称配额)，外国公民有权通过联邦预算的资金拨款、俄罗斯联邦主体和各地方预算，以及依据自费教育服务合约自然人和法人提供的资金获得职业教育、高等教育和补充教育。

4.作为海外侨胞的外国公民在遵守 1999 年 5 月 24 日第 99 号联邦法律第 17 条规定的“关于俄罗斯联邦海外侨胞的国家政策”的条件下，有权与俄罗斯联邦公民平等地接受中等职业教育、高等教育和补充职业教育。

5.在配额内向通过联邦预算资金拨款接受基础职业教育的外国公民发放国家科学奖学金或对研究生、居民以及实习生发放国家奖学金(仅限其学习期间且不参考学习成绩)，并为其提供与通过联邦预算资金拨款的俄罗斯联邦公民相同条件的宿舍。

(2015 年 12 月 30 日俄罗斯联邦法修正案第 458 号-Φ3 号)

6.履行国家教育政策研制和国家教育法规协调职权的联邦权力执行机关制定选拔外国公民在配额内进行学习的程序及要求。

7.对在实施补充社会教育大纲，保证对外国公民开展俄语专业技能培训活动的教育组织的预科机构、预科系中学习的外国公民，依据联邦财政预算拨款对其发放奖学金(仅限其学习期间且不参考学习成绩)。

8.履行国家教育政策研制和国家教育法规协调职能的联邦权力执行机关规定进行补充职业教育大纲的学习要求，旨在保障外国公民进行俄语补充职业教育大纲的学习。

第七十九条　组织有身心障碍的受教育者接受教育

1.有身心障碍的受教育者的教育内容与培养条件由适应性教育大纲制定。依据个人康复计划，制定残疾受教育者的教育内容与培养条件。

2.依据适应性基础普通教育大纲，在开展教育活动的组织中对有身心障碍的受教育者进行普通教育活动。该类型教育组织拥有身心障碍的受教育者接受教育的专门条件。

3.本联邦法律针对有身心障碍受教育者接受教育的教学、教育以及培养条件，包括使用专门教育大纲、教学和教育方法、专门教科书、教具、普通教学法材料以及适用于集体和个体教学的专门技术设备,为有身心障碍受教育者提供必要的技术帮助和助手(助理),开办集体和单独的矫正课程,保障有身心障碍受教育者进入教育组织教学楼通道以及研制针对有身心障碍的受教育者进行教育大纲学习的其他必要条件。

4.有身心障碍的受教育者可与其他年级、班级以及教育组织的受教育者一起开展教育活动。

5.依据适应性基础普通教育大纲,开展教育活动的部分组织由联邦主体国家权力机关设立,主要针对聋哑、听力障碍、迟发性耳聋、失明、视力障碍、严重言语障碍、肌肉骨骼系统障碍、智力低下、伴有自闭症障碍、具有复杂缺陷和其他有身心障碍的受教育者。

6.对有身心障碍受教育者开展教育活动,由履行国家教育政策研制和国家教育法规协调职权的联邦各权力执行机关联合履行国家居民社会保护政策研制和国家居民社会保护法规协调职权的联邦权力执行机关共同开展。

7.寄宿于教育组织中的有身心障碍的受教育者享有全面的国家保障,保障其食品、衣物、鞋子、软硬器材用具。其他有身心障碍的受教育者享有免费的两餐。

8.基于教授有身心障碍受教育者的必要适应性教育大纲,对该类型受教育者进行职业教学和职业教育活动。

9.联邦主体国家权力机关保障无法接受基础普通教育或中等普通教育的有身心障碍的受教育者(智力障碍的不同形式)接受职业教育。

10.职业教育组织、高等教育组织以及依据基础职业教学大纲开展教育活动的组织应创造专门条件,以保障有身心障碍的受教育者接受教育。

11.有身心障碍的受教育者接受教育时,应为其提供免费的专用教科书和教具、其他教育材料以及手语翻译和盲文翻译等服务。针对该类受教育者,俄罗斯联邦主体划拨义务教育财政支出以支持上述措施(接受联邦预算资金拨款的受教育者除外)。针对依靠联邦预算资金拨款的残疾人,俄罗斯联邦主体划拨义务教育财政支出以支持上述措施。

12.俄罗斯联邦国家权力机关和俄罗斯联邦主体国家权力机关授权的联邦各共和国培养掌握专业方法和技能的教育工作人员(教授具有身心障碍的受教育者),并将其引入开展教育活动组织中。

第八十条　向被判处剥夺自由的人、被强迫劳动的人、嫌疑人、被告人以及被关押的人提供教育的组织

1.针对被关押在刑法执行系统惩教机构中的人员,俄罗斯联邦主体权力执行机关联合履行国家刑事处罚政策研制和国家刑事处罚法规协调职权的联邦权力执行机关,以及刑法执行系统惩教机构中的普通教育组织为其设立接受普通教育的条件。刑法执行系统中教育组织的法律地位由俄罗斯联邦1993年7月21日第5473-1号法律“关于以监禁形式实施刑事处罚的机关与机构”确立。

2.关押地区的行政机关应保障未成年嫌疑人、未成年被告人以及被关押的未成年人获得对初等普通教育、基础普通教育、中等普通教育进行自学的条件，并依据履行国家刑事处罚政策研制和国家刑事处罚法规协调职权的联邦权力执行机关和履行国家教育政策研制和国家教育法规协调职权的联邦权力执行机关的规定程序，帮助其接受初等普通教育、基础普通教育、中等普通教育。

3.剥夺以逮捕形式被判处罚的人员接受教育的机会。

4.被判处剥夺自由且不满30岁的人可在刑法执行系统惩教机构附属的俄罗斯联邦主体普通教育组织中接受初等普通教育、基础普通教育、中等普通教育。被判处剥夺自由且不满30岁的人以及被判处剥夺自由且为1级或2级残疾的人员可自愿接受基础普通教育、中等普通教育。

5.为被判处剥夺终生自由的人员创造以自学方式接受初等普通教育、基础普通教育、中等普通教育的条件(不得违背服刑期限和程序)。

6.被剥夺自由的服刑人员接受初等普通教育、基础普通教育、中等普通教育的组织方式由履行国家刑事处罚政策研制和国家刑事处罚法规协调职权的联邦权力执行机关和履行国家教育政策研制和国家教育法规协调职权的联邦权力执行机关共同确立。

7.若俄罗斯联邦刑法执行法律未另作规定，对被判处剥夺自由且无职业的人员可以在惩教机构工作或从惩教机构释放后，在刑法执行系统的组织内依据高级技能工人、职员培养教育大纲，进行义务职业培训或中等职业教育。

8.被判处剥夺自由且在刑法执行系统的组织中的服刑人员组织义务职业培训和中等职业教育方式由履行国家刑事处罚政策研制和国家刑事处罚法规协调职权的联邦权力执行机关和履行国家教育政策研制和国家教育法规协调职权的联邦权力执行机关确立。

9.鉴于俄罗斯联邦刑法对相应服刑类型的要求，被判处强迫劳动或剥夺自由的人员可在职业教育组织和高等教育组织通过函授教学接受中等职业教育和高等教育。

第八十一条　实施培养国防、国家安全、法制人才职业教育大纲的联邦国家机关教育组织活动的特点

1.在联邦国家机构中实施基础职业教育、补充职业教育和基础职业培训，培养国防与国家安全、维护法制干部人员。该机构由俄罗斯联邦总检察院、俄罗斯联邦侦查委员会、俄罗斯联邦对外情报局、联邦安全保障行政机关以及解决民防问题的联邦行政机关管辖。上述国家机构还具有下列职能：

(2014年7月21日俄罗斯联邦法修正案第262-ФЗ号)

(1)制定和实施国防政策和国防领域法规协调的权力；

(2)制定和实施国家内部事务政策和内部事务法规协调的权力；

(2016年7月3日俄罗斯联邦法修正案第305-ФЗ号)

(3)实施刑事处罚时，应对嫌疑人、被指控犯罪人员、被告人以及被羁押人员的保护和押送情况进行监督。对法院决定暂缓执行处罚的嫌疑人，应对其行为进行监督。

(4)制定国家国防政策、国防法规协调及监督的权力;

(5)失去效力;

(2016 年 7 月 3 日俄罗斯联邦法修正案第 227-ФЗ 号)

(6)开展俄罗斯联邦国民警卫队活动、武器运输、私营安全活动,制定跨部门警卫队的国家政策,具有决定武器运输、私营安全活动及跨部门警卫队的国家政策法规协调的权力。

(2016 年 7 月 3 日俄罗斯联邦法修正案第 227-ФЗ 号)

2. 依据本联邦法律以及军人职业培训和毕业生专业职业培训的要求,制定本条第 1 款所规定的在联邦国家教育组织中面向保障法律法制、国家安全以及国防的基础职业教育大纲(这些教育组织由联邦国家机关确立)。上述要求由成立相应教育组织的联邦国家机关确立。依据规定的教育大纲,开展教育活动的组织方式由本条第 1 款所规定的相应的联邦国家机关制定。

3. 联邦国家机关研制并通过示范职业基础教学大纲以及国防和国家安全、法制制度保障领域的示范补充职业大纲,以开展职业教学和补充职业教育活动。

4. 实施职业教育大纲与职业培训基础大纲应遵守俄罗斯联邦国家机密法与负责管理相关教育机构的联邦国家机关制定的各项规范性法律文件的要求。上述教育大纲规定,在受教育者学习阶段不准向其透露国家机密信息;出于教学目的,规定受教育者使用机密武器模型、军事与特殊设备模型、配套部件模型、特殊材料以及样品。

5. 依据联邦法律、俄罗斯联邦武装部队军事总章程和联邦国家机关对相应教育组织制定的法律规范,对本条第 1 款规定的联邦国家教育组织进行管理,该类型的教育组织由联邦国家机关设立。

6. 在本条第 1 款所述联邦国家机关管辖的联邦国家教育组织中,受教育者包括:高等军事院校研究生、研究生、学员、军事学校学员、大学生。

7. 学员为本条第 1 款所述联邦国家权力执行机关管辖的联邦国家教育组织中的军官(中级军官、高级军官和高级指挥官)和受教育者。

8. 根据联邦国家部门的决定,该部门所管辖的相关教育组织招收的学员应为:暂无军衔的军人和来自普通士兵和初级指挥官阶层的军人。

9. 教育工作人员(该类型人员任职于包括军事部门及其下属相关部门、内务部部门、俄罗斯国家军队部门、国家教育部门以及本条第 1 款所提到的联邦国家组织在内的联邦国家机关)的教育权力由上述部门的现行规章确定。

(2016 年 7 月 3 日俄罗斯联邦法修正案第 227-ФЗ 号)

10. 本条第 1 款所述的联邦国家机关

(1)依据本联邦法及其他俄罗斯规范性法律文件的相关规定,制定归上述各联邦国家机关管理的联邦国家教育组织的招生录取程序与条件,以及该机构的加试目录;

(2)依据俄罗斯联邦立法的相关规定,制定归上述联邦国家机关管理的教育组织的受教育者开除程序,受教育者重回上述机构的相关程序,以及受教育者从归上述联邦国家机关管理的联邦国家教育组织转入另一机构的相关程序;

(3)制定归上述联邦国家机关管理的联邦国家教育组织的活动信息目录及发布程序，以便在公共信息通讯网络(包括在上述各机关官方网站)发布相关信息；

(4)在不违反本联邦法其他规定的情况下，开展培养国防与国家安全、保障法制与法纪干部人员的相关教育活动、教学活动、科学活动(科研活动)的组织与实施特点，以及确定归上述机关管辖的联邦国家教育组织的活动。

第八十二条　医学和药剂学职业教育大纲的特点

1.通过实施下列医学教育和药剂学教育职业教育大纲，对医学工作者和药剂学工作者进行培养：

(1)中等职业教育大纲；

(2)高等教育大纲；

(3)补充职业教育大纲。

2.实施医学教育和药剂学教育职业教育大纲，旨在保障不断完善终身职业知识和能力，不断提高职业水平和技能。

3.国家健康医疗政策研制和国家健康医疗法规协调职能的联邦国家权力执行机关研究制定并通过医学教育和药剂学教育的示范性补充职业教育大纲。

4.根据教育大纲，接受中等医学教育或者中等药剂学教育、高等医学教育或者高等药剂学教育、补充职业教育人员的实践教学通过上述人员参加医学活动和制药活动得以保障，且按以下方式进行组织：

(1)开展医学活动和制药活动的教育组织和科研机构(附属医院)；

(2)医学组织，包括设立下属教育组织和科研机构的医学组织(临床实习基地)；

(3)药品生产组织，生产制造医学产品组织、药房机构、法医单位以及其他开展保护俄罗斯公民健康活动的组织。

5.在本条第4款(2)、(3)项的条件下对在读人员进行实践培养，人才培养应与医学教育和研究机构或生产药品、生产制造医疗器械的机构、医药组织、法医单位，以及其他保健机构签订合同。合同的样式由负责国家健康医疗政策研制和国家健康医疗法规协调的联邦权力执行机关制定。上述合同应包含以下内容：确定人才培养的实践活动类型；符合学业计划的实践培养期限；教育组织和科研机构员工目录；在读人员和正在参与实践教学的人员；为组织实践教学活动而使用合同双方必要物资的程序和条件；在读人员、教育组织工作人员、科学机构研究人员参与包括对民众进行医疗帮助的一系列实际操作的程序，以及教学实践过程中对患者造成危害后，教育组织和科学研究机构应负的相应责任。

(2015年12月29日俄罗斯联邦法修正案第389-ФЗ号)

6.实践教学属于教育活动的一部分。依据联邦财政、俄罗斯联邦主体预算、国家预算以及地方预算拨款提供资金保障。根据本章第5款所述，在必要时，实践活动中可以无偿使用单位资产。

7.接受基础职业教育和补充职业教育的在读人员参与治疗患者以及制药活动应遵循相应的程序。履行国家卫生保健政策研制和国家卫生保健法规协调职能的联邦权力执行机关对该程序做出相应规定。

8.依据医学教育和药剂学教育大纲,履行国家卫生保健政策研制和国家卫生保健法规协调职能的联邦权力执行机关对受教育者实践教学的组织和实施程序做出相应规定。

9.依据教育大纲,临床医学研究生培养保障受教育者获得开展职业活动所必需的知识、能力以及职业技能,旨在保障其成为医学工作者或者药剂学工作者。

10.依据联邦国家教育标准开展临床医学研究生大纲教学。该标准由履行国家教育政策研制和国家教育法规协调职能的联邦权力执行机关规定,且必须征得履行国家卫生保健政策研制和国家卫生保健法规协调职能的联邦权力执行机关的同意。

11.根据国家教育标准规定,在一定的职业和(或)培养方向上,临床医学研究生的培养可分阶段进行。受教育者完成其中全部环节的学习,依靠掌握的技能通过最终考核(国家最终考核)后,可成为一名医学工作者或者药剂学工作者。

12.临床医学研究生招生程序由履行国家卫生保健政策研制和国家卫生保健法规协调职能的联邦权力执行机关规定,且必须征得履行国家教育政策研制和国家教育法规协调职能的联邦权力执行机关的同意。

13.履行国家卫生保健政策研制和国家卫生保健法规协调职能的联邦权力执行机关规定,根据高等医学和高等药剂学教育大纲以及补充职业教育大纲,部分具有高等学历的人员可以参与开展教育活动。该政策主要针对具有高等医学教育学历或者高等药剂学教育学历,以及进行过临床医学研究学习,在部分机构中进行过临床实习的人员。该类型机构主要为医学机构、科学机构、生产药品的机构、生产制造医疗物品的机构、医药组织、法医单位以及其他在俄罗斯从事公民健康医疗工作的单位。

14.履行国家卫生保健政策研制和国家卫生保健法规协调职能的联邦权力执行机关规定,根据中等医学和中等药剂学教育大纲以及补充职业教育大纲,部分具有中等职业学历的人员可以参与开展教育活动。该项政策主要针对具有中等或高等医学教育学历,以及中等或高等药剂学教育学历,进行过补充职业教育大纲培训和临床医学研究学习,在部分机构中进行过临床实习的人员。该类型机构主要为医学机构、科学机构、生产药品的机构、生产制造医疗物品的机构、医药组织、法医单位以及其他在俄罗斯从事公民健康医疗工作的单位。

第八十三条　实施艺术领域教育大纲的特点

1.通过实施艺术领域教育大纲,对公民开展艺术教育和美学培养,提高教育工作者的艺术能力和创造力。艺术领域教育大纲的实施是一个连贯过程,在早期年龄阶段发掘具有天赋的儿童和青少年,综合考虑年龄、情感、智力和身体因素对其进行有针对性的专业教育。

2. 在艺术领域实施以下教育大纲：

(1)补充职业前教育大纲和全面发展补充教育大纲；

(2)综合中等职业教育、基础普通教育和中等普通教育的大纲(以下简称艺术综合教育大纲)；

(3)中等职业教育大纲(中级人才培养大纲)；

(4)高等教育大纲(学士教育大纲、专家教育大纲、硕士教育大纲、实习助理教育大纲、研究生教育大纲)。

3. 艺术领域职业前补充教育旨在早期发掘具有天赋的儿童，为其进行艺术教育和美学培养创造条件。教授该类型儿童所学艺术领域的基本知识、技能，以及创造性活动的经验，为接受艺术领域职业教育奠定基础。在儿童补充教育组织(区分艺术种类的儿童艺术学校)、实施综合艺术教育大纲的职业教育组织、实施艺术领域中等职业教育大纲和高等职业教育大纲的教育组织中开展艺术领域职业前补充教育。

4. 艺术领域补充职业前教育大纲由履行国家文化政策研制和国家文化法规协调职能的联邦权力执行机关规定。

5. 履行国家文化政策研制和国家文化法规协调职能的联邦权力执行机关在征得履行国家教育政策研制和国家教育法规协调职能的联邦权力执行机关同意后，确定补充职业前教育大纲内容、结构、条件以及教育时间的最低要求。

6. 艺术领域职业前补充教育招生应根据个人选拔结果确定，该类型选拔旨在发掘符合艺术领域专业所需才能和身体素质的人员。该类型人员招收程序由履行国家文化政策研制和国家文化法规协调职能的联邦权力执行机关在征得履行国家教育政策研制和国家教育法规协调职能的联邦权力执行机关的同意后确定。

7. 受教育者通过最终考核后可结束职业前补充教育。该考核形式和程序由履行国家文化政策研制和国家文化法规协调职能的联邦权力执行机关在征得履行国家教育政策研制和国家教育法规协调职能的联邦权力执行机关的同意后确定。

8. 艺术领域综合教育大纲的教育对象为有创造才能的个人，为其艺术学习和美学培养提供条件。

9. 艺术领域综合教育在职业教育组织或高等教育组织中以面授方式进行。该教育大纲必须严格遵守国家艺术领域中等职业教育国家标准，保证受教育者接受基础普通教育、中等普通教育和中等职业教育，以及满足他们对个人发展创造才能的需求。

10. 在艺术领域，正在接受基础普通教育的受教育者，至其完成基础普通教育为止，拥有权利和义务接受综合教育。正在接受中等普通教育和中等职业教育的受教育者，至其完成中等普通教育或者中等职业教育为止，拥有权利和义务接受综合教育。

11. 依据联邦国家初等普通教育标准，艺术领域中实施综合教育大纲的教育组织应实施初等普通教育大纲。该教育标准对一些条件提出了要求，旨在教授受教育者所选艺术领域基本知识、技能及创造活动的经验，为接受艺术领域职业教育奠定基础。

12. 在艺术领域实施综合教育大纲的教育组织建立宿舍，以供受教育者住宿。

13.依据艺术领域综合教育大纲，受教育者的招生应根据个人情况进行。该类型受教育者应具有进行相应中等职业艺术综合教育大纲学习所必需的创造才能以及良好的身体素质。选拔人员进入艺术领域综合教育系统接受教育，其选拔程序由履行国家文化政策研制和国家文化法规协调职能的联邦权力执行机关在征得履行国家教育政策研制和国家教育法规协调职能的联邦权力执行机关的同意后确定。

14.依据本联邦法律的规定程序，进行艺术领域综合教育大纲学习的受教育者应通过国家最终考核，完成基础普通教育大纲和相应中等职业教育大纲的学习。

15.依据教育组织的提议，受教育者在接受基础普通教育期间，若教育组织决定开除正在进行综合艺术教育大纲学习的受教育者，则该教育组织有义务保障其转移至另一个能接受其进行基础普通教育的组织。

16.实习助理教育大纲旨在培养具有创造力和高水平艺术能力的教育工作者。在开展艺术领域基础教育大纲学习的全日制高等教育组织中实施该教育大纲。

17.实施实习助理教育大纲应遵循联邦国家教育法规。该法规由履行国家教育政策研制和国家教育法规协调职能的联邦权力执行机关在征得履行国家文化政策研制和国家文化法规协调职能的联邦权力执行机关的同意后确定。

18.进行实习助理教育大纲的高等教育包括艺术表演专业相关技能的培训工作。

19.依据实习助理教育大纲组织和开展教育活动的程序（包括依据实习助理教育大纲的录取程序）由履行国家文化政策研制和国家文化法规协调职能的联邦权力执行机关在征得履行国家教育政策研制和国家教育法规协调职能的联邦权力执行机关的同意后确定。

20.艺术领域中综合教育大纲下的教学实践和生产实践与理论教育同时进行（必须符合教育大纲要求）。

21.履行国家文化政策研制和国家文化法规协调职能的联邦权力执行机关在不违反联邦国家法律的情况下，依据艺术领域教育大纲组织和开展教育活动以及理论方法做出规定。

第八十四条　实施体育运动领域教育大纲的特点

1.在体育运动领域实施教育大纲旨在增强个人体质，传授体育运动方面的知识、能力、技能，形成健康的体魄，营造健康、安全的生活方式，增强身体素质，甄选最有天赋的儿童及青少年，为进行运动训练创造条件，为体育运动领域储备人才。

2.在体育运动领域实施以下教育大纲：

（1）在体育运动领域综合了补充职业前教育大纲的基础普通教育大纲和中等普通教育大纲（以下简称体育运动领域的综合教育大纲）；

（2）体育运动领域的职业教育大纲；

（3）体育运动领域的补充普通教育大纲。

3.体育运动领域的补充普通教育大纲包括：

(1)体育运动领域的补充普通教育大纲旨在加强个人体质训练，发掘有天赋的儿童，使其获得体育运动方面的基础知识(体育训练及运动康复大纲)；

(2)体育运动领域的补充职业前教育大纲旨在挑选有天赋的儿童，为其进行体育训练和体育发展创造条件，使其获得体育运动方面(包括所选择的运动种类)的知识、能力、技能和培训其把握运动训练的各个阶段的能力。

4.履行体育运动领域国家政策研制和国家体育运动法规协调职能的联邦权力执行机关负责实施体育运动领域补充职业前教育大纲的基本内容、结构和条件，以及在该大纲规定的期限内开展教育，联邦权力执行机关与履行国家教育政策研制和国家教育法规协调职能的联邦权力执行机关达成一致，共同制定联邦国家标准。上述联邦国家标准应当考虑联邦体育训练标准的要求。

5.依据选拔的形式进行体育运动领域补充职业前教育大纲教育招生，以挑选出更有能力参加体育竞技的人员。需要按照联邦权力执行机关规定的方式教授相应的教育大纲。履行体育运动领域国家政策研制和国家体育运动法规协调职能的联邦权力执行机关应与履行国家教育政策研制和国家教育法规协调职能的联邦权力执行机关达成一致。

6.可在实施体育运动领域综合教育大纲的教育组织中建立宿舍以容纳进行该类大纲学习的受教育者。为俄罗斯体育国家队及俄罗斯联邦各主体提供体育储备人才的教育组织(拥有宿舍)，为受教育者提供生活条件，不收取任何费用。

7.为使受教育者掌握中等职业教育大纲、体育运动综合教育大纲、体育运动补充职业前教育大纲，教育组织应提供运动必需品、运动器材和设备，将受教育者送至进行训练、体育活动的场所，并且承担受教育者在训练、体育活动、运动期间吃饭、住宿所产生的费用。

8.为确保受教育者学习掌握本条第7款规定的教育课程和教育组织的运动训练的连续性，在节假日期间可以组织体育运动训练营，同时可以使受教育者参加体育运动组织和教育组织承办的集训班。

9.组织和开展体育运动领域内教育、培训和教学活动的其他注意事项由履行体育运动领域国家政策研制和国家体育运动法规协调职能的联邦权力执行机关可在不违反现有联邦法律的前提下确立。

第八十五条　在培训符合国际标准的民用航空人员、船舰船员领域，以及培训与列车运行和车辆调度工作相关的铁路员工领域教育大纲的实施特点

1.在培训符合国际标准的民用航空人员、船舰船员领域，以及培训与列车运行和车辆调度工作相关的铁路员工领域，实施以下教育大纲：

(1)职业教育基础大纲；

(2)中等职业教育大纲和高等教育大纲；

(3)补充职业大纲。

2.在培训符合国际标准的民用航空人员、船舰船员领域以及培训与列车运行和车辆调度工作相关的铁路员工领域按照联邦国家教育标准实施中等职业教育大纲和高等教育大纲，由履行体育运动领域国家政策研制和国家体育运动法规协调职能的联邦权力执行机关与履行交通领域国家政策研制和国家交通法规协调职能的联邦权力执行机关达成一致后批准。

3.在培训符合国际标准的民用航空人员、船舰船员领域以及培训与列车运行和车辆调度工作相关的铁路员工领域实施的标准基础职业教育大纲和标准补充职业大纲，由履行交通领域国家政策研制和国家交通法规协调职能的联邦权力执行机关批准。

4.培训符合国际标准的民用航空人员、船舰船员领域以及培训与列车运行和车辆调度工作相关的铁路员工领域教育大纲的实施，包括使用各种运输方式和运输工具进行理论培训、使用模拟器培训和实践培训，确保任务、手段、方法和组织形式的连续性，并且按照联邦权力执行机关批准的方案对不同责任级别的员工进行培训，该机关履行交通领域国家政策研制和国家交通法规协调职能。

5.培训符合国际标准的民用航空人员、船舰船员领域的教育大纲的实施，应确保完成的飞行时长和船上服务时长不少于俄罗斯联邦相关国际条约所要求的时长。

6.依据在培训符合国际标准的民用航空人员、船舰船员领域以及培训与列车运行和车辆调度工作相关的铁路员工领域的教育大纲，开展教育活动的组织应当拥有一个教育和培训基地，其中包括交通工具和模拟器，并且必须符合相关的联邦国家教育标准、标准基础职业教育大纲或标准补充职业大纲。

7.组织和开展理论培训、使用模拟器培训和实践培训的注意事项由负责制定运输领域的国家政策和监管法律规定的联邦国家执行机关在不违背现有联邦法律的前提下确定，上述使用各种运输方式和运输工具的培训在符合国际标准的民用航空的航空人员、船舰船员的领域，以及培训与列车运行和车辆调度工作相关的铁路员工的领域内进行。

第85.1条　在负责保障运输安全的人员培训领域实施的教育大纲的特点

（引自2014年2月03日联邦法第15-Ф3号）

1.在负责保障运输安全的人员培训领域实施以下教育大纲：

(1)基础职业教育大纲；

(2)补充职业大纲。

2.负责保障运输安全的人员培训领域的标准基础职业教育大纲和标准补充职业大纲由履行交通领域国家政策研制和国家交通法规协调职能的联邦权力执行机关批准。

3.在负责保障运输安全的人员培训领域教育大纲内实施包括理论培训、使用模拟器培训和实践培训，确保受训者获取知识、能力和技能，符合俄罗斯联邦法律对运输安全的要求，也用于确保按照履行交通领域国家政策研制和国家交通法规协调职能的联邦权力执行机关批准的方案对不同责任级别的员工进行培训的内容、手段、方法的连续性。

4.依据保障运输安全的人员培训领域教育大纲开展教育活动的组织应当拥有教育培训基地，其中包含健身中心，其应制定保障运输安全人员培训的规定。

5.履行交通领域国家政策研制和国家交通法规协调职能的联邦权力执行机关有权在不违反本联邦法的情况下，组织和实施理论培训和实践训练以确保各种运输方式的运输安全，并开展负责保障运输安全的人员培训领域教育大纲的教学活动。

第八十六条　在普通教育组织和职业教育组织中依据旨在培训未成年受教育者参军或从事其他国家机关服务工作的补充普通发展教育大纲从事教学活动

1.基础普通教育大纲和中等普通教育大纲可以与旨在培训未成年受教育者参军或从事其他国家机关服务工作的补充普通发展教育大纲相结合。

2.在依据综合了旨在培训未成年受教育者参军或从事其他国家机关服务工作(其中包括俄罗斯哥萨克国家机关服务)的补充普通发展教育大纲的基础普通教育大纲和中等普通教育大纲从事教育活动的框架内建立的普通教育组织，其名称中含有以下特殊字样，如“总统军官学校”“苏沃洛夫军事学校”“纳希莫夫海军学校”“青年(海军青年)军事中学”“青年中学”“青年(海军青年)海军中学”“哥萨克青年中学”和一些命名中含有“军乐学校”的职业教育组织。

3.名称中含有以下特殊字样，如“总统军官学校”“苏沃洛夫军事学校”“纳希莫夫海军学校”“青年(海军青年)军事中学”和一些命名中含有“军乐学校”的职业教育组织只能由俄罗斯联邦建立。命名中含有“青年中学”“青年(海军青年)海军中学”和“哥萨克青年中学”的教育组织可由俄罗斯联邦、俄罗斯联邦各主体建立。

4.在名称中含有以下特殊字样，如“总统军官学校”“苏沃洛夫军事学校”“纳希莫夫海军学校”“青年(海军青年)军事中学”的联邦国家教育组织和一些命名中含有“军乐学校”的职业教育组织中组织和从事教育活动，其招生录取应按照联邦国家机关规定的方式进行。在其管辖内进行，需遵守该组织与在教育领域制定公共政策和法律法规的联邦权力执行机关共同制定的规定。在具有特殊命名的“青年中学”“青年(海军青年)军事中学”和“哥萨克青年中学”的教育组织中组织和从事教育活动需按照履行国家教育政策研制和国家教育法规协调职能的联邦权力执行机关规定的方式进行。

5.已丧失法律效力。——2014 年 6 月 4 日联邦法第 148-Φ 号

6.孤儿，没有家长照管的儿童，按合约服兵役的在役军人子女，联邦权力执行机关和联邦国家机关内按照联邦法律规定的兵役内的国家公务员和文职人员的子女，由于服兵役期间达到服兵役的上限年龄、由于健康状况原因、由于组织人员定员的原因以及由于服兵役期间总兵龄达到 20 年及 20 年以上的原因从军队退伍的公民子女，因执行军事义务而殉职的在役军人子女和因接受或者执行军事义务时受重伤(创伤、外伤、内伤)和患病去世的军人子女、苏联英雄、俄罗斯联邦英雄和其他荣誉勋章获得者的子女，内务机关工作人员子女、俄罗斯联邦国家警卫队联邦军队勤务人员子女，在内务机关或者俄罗斯联邦国家警卫队任职期间达到在职人员的上限年龄，由于健康状况原因、由于

组织人员定员的原因以及由于在职期间总工龄达到20年及20年以上的原因从内务机关或者俄罗斯联邦国家警卫队离职的公民子女、内务机关工作人员子女、由于在完成公务时受重伤、损伤或者由于在内务机关或俄罗斯联邦国家警卫队任职期间患病而殉职或去世的俄罗斯联邦国家警卫队联邦军队勤务人员的子女、被指定公民所抚养的儿童、由于在检查机关任职期间受重伤或其他健康损伤而殉职或去世的检察机关工作人员，因公务活动造成健康被损害而离职后殉职或者去世的检察机关工作人员的子女、由于在俄罗斯联邦侦查委员会任职期间受重伤或者其他健康损伤而殉职或去世的俄罗斯联邦侦查委员会工作人员，因公务活动造成健康被损害而离职后殉职或者去世的俄罗斯联邦侦查委员会工作人员的子女，以及事件中的其他人员，按照联邦法律规定享有优先录取至普通教育组织的权利。上述普通教育组织实施综合旨在培训未成年公民参军或从事其他国家机关职务的教育大纲，其中包括俄罗斯哥萨克国家机关职务的补充普通发展大纲的基础普通教育大纲和中等普通教育大纲。

（2014年6月4日联邦法修正案第145-Φ3号；2016年7月13日联邦法修正案第227-Φ3号）

7.名称中含有以下特殊字样，如“总统军官学校”“苏沃洛夫军事学校”“纳希莫夫海军学校”“青年（海军青年）军事中学”“青年（海军青年）海军中学”和“哥萨克青年中学”的普通教育组织和命名中含有“军乐学校”的职业教育组织内的受教育者受相关联邦国家机关管辖。依据本联邦法律第八十一条第1款规定，受教育者有权在上述联邦国家机关规定的场合免费乘用铁路、航空、水路和公路（出租车除外）等运输方式。

（第7款引自2015年12月14日联邦法第370-Φ3号）

第八十七条　学习俄罗斯联邦民族精神与道德文化基础知识的特点——接受神学和宗教教育的特点

1.依据家庭和社会的精神与道德观以及社会文化价值观，为培养和发展个性，基础教育大纲可在相关联邦国家教育标准要求的基础上涵盖教学科目、课程和学科（模块），旨在让受教育者了解俄罗斯联邦人民的精神道德与文化基础、道德准则、世界宗教（世界各类宗教）的历史和文化传统。另外也提供教学科目、课程、学科（模块）供受教育者选择。

2.由受教育者家长（法定监护人）选择基础普通教育大纲所包含的教学科目、课程、学科（模块）中的一项。

3.旨在让受教育者了解俄罗斯联邦人民的精神与道德文化基础、道德准则、世界宗教（世界各类宗教）的历史和文化传统的教学科目、课程、学科（模块）的标准基础教育大纲需通过中央宗教组织的评定。按照本联邦法律第十二条第11款规定的条例，确保大纲符合中央宗教组织的教义要求和历史文化传统。

4.经国家认定实施培养神学领域方向基础高等教育大纲的高等教育组织，在制定其教育大纲时应参照通过了本联邦法律第十二条第11款评定的神学领域方向标准基础高等教育大纲。

5.神学领域的教学科目、课程、学科(模块)、教学人员,由相关的中央宗教组织推荐。

6.相关的中央宗教组织旨在保障受教育者了解俄罗斯联邦人民的精神与道德文化基础、道德准则、世界宗教(世界各类宗教)的历史和文化传统的教学科目、课程、学科(模块)以及神学领域的教学科目、课程和学科(模块)的教学方法。

7.在相关宗教组织或者中央宗教组织指导的基础上成立的私立教育组织有权制定基础教育大纲(教学进程中参与者制定),开设教学科目、课程、学科(模块),保障宗教教育(宗教成分)。

8.由除教会教育组织之外的宗教组织创办的私立教育组织,其在相关宗教组织或者中央宗教组织引导的基础上成立,并且能够制定基础教育大纲(教学进程中参与者制定),开设教学科目、课程、学科(模块),保障宗教教育(宗教成分)。

9.教会教育组织实施旨在培养教职人员和宗教组织内的宗教人士的教育大纲,并且有权实施中等职业教育大纲和按照联邦国家教育标准制定的高等教育大纲。

10.开设教学科目、课程、学科(模块),保障宗教教育(宗教成分)的标准教育大纲,以及旨在培养教职人员和宗教组织内的宗教人士的标准教育大纲由相关的宗教组织和中央宗教组织实施。

11.由宗教组织创办的私立教育组织以及教会教育组织有权设立更多对现有联邦法律做补充规定的条件:录取条件、受教育者的权利和义务、被开除的理由。补充条件的设立必须依据相关宗教组织或者中央宗教组织的内部规定实施。

12.教育组织和教学人员在实施或按本条第1款和第4款规定的教育大纲授课时,需得到中央宗教组织的公共认证,以便确定教育组织的活动水平和教学人员的水平是否符合中央宗教组织按照其内部规定所制定的标准和要求。公共认证程序和授权给认证教育组织和教育工作者的权利由进行此认证的中央宗教组织确立。公共认证无需支付额外费用或履行其他义务。

第八十八条　在俄罗斯联邦外交部驻外机构中实施基础普通教育大纲的特点

1.俄罗斯联邦外交部驻外机构保障以下公民获得公开免费的普通教育,即:家长(法定监护人)是俄罗斯联邦外交部驻外机构员工、俄罗斯联邦商务代表、俄罗斯联邦国防部军事代表、其他地位等同的军事代表、其他联邦国家机关按照俄罗斯联邦法律授权派遣到国外工作的代表,俄罗斯联邦外交部驻外机构按照联邦国家普通教育标准为上述人员创建的专门性的教育单位。

2.经俄罗斯联邦外交部批准的俄罗斯联邦外交部驻外机构在教育领域提供公共服务的规范性收费,必须考虑到开展教育活动的成本,而非仅取决于俄罗斯联邦外交部驻外机构的受教育者的数量。

本条第3款规定不适用于2013年9月1日之前建立的教育关系。

3.俄罗斯联邦外交部驻外机构依据基础普通教育大纲向本条第1款所限定的人群实施教育活动,需通过俄罗斯联邦外交部相关驻外机构领导的批准,并与俄罗斯联邦外交部保持一致。此类驻外机构的未成年受教育者的家长(法定监护人)、其他自然人或法人报销俄罗斯联邦外交部驻外机构对上述受教育者实施教育的费用及生活费用(如果已产生),必须按照经俄罗斯联邦外交部批准的为教育领域提供公共服务的标准执行。

4.俄罗斯联邦外交部驻外机构的专门性教育单位依据俄罗斯联邦外交部的批准创办、暂停或终止教育活动。

5.关于俄罗斯联邦外交部驻外机构专门性教育单位,俄罗斯联邦外交部:

(1)制定有关教育单位的管理结构和人员配置的相关规定;

(2)为开展教育提供人员、信息和方法保障;

(3)提供物质技术保障和开展教育活动所需的装备,并根据联邦国家教育标准和国家对建立俄罗斯联邦外交部驻外机构的要求提供场所与设备;

(4)提供教育文件单证,并提交俄罗斯联邦外交部驻外机构提供的相关教育技能文件(在联邦登记处有记载);

(5)对专属教育单位的活动进行监督。

6.俄罗斯联邦外交部驻外机构开展教育活动,需严格按照俄罗斯联邦法律和在俄罗斯联邦外交部驻外机构框架内依据基础普通教育大纲和补充普通教育大纲组织实施教育活动的规定。此规定由俄罗斯联邦外交部经履行国家教育政策研制和国家教育法规协调职能的联邦权力执行机关批准设立。

7.被派至俄罗斯联邦外交部驻外机构的教学人员,按照俄罗斯联邦法律关于派遣公民至俄罗斯联邦驻外机构工作的劳动合同规定签订劳动合同。

8.俄罗斯联邦外交部驻外机构的教学人员的权利和义务由教育法规定,同时应考虑劳动法中规定的俄罗斯联邦外交部驻外机构人员劳动监管的特殊性。

第十二章　教育体系的管理和教育活动的国家规范

第八十九条　教育体系的管理

1.教育体系的管理坚持合法、民主、教育组织自治、教育体系信息公开的原则,并综合考虑社会意见。教育体系管理具有国家和社会性质。

2.教育体系的管理包括:

(1)建立协调合作的联邦权力执行机关体系、俄罗斯联邦各主体权力执行机关体系和在教育领域内执行地方自治的机关体系;

(2)实施教育体系发展战略规划;

(3)通过和实施旨在发展教育体系的俄罗斯联邦国家方案、联邦和地区方案;

(4)对教育体系进行监管;

(5)对联邦国家机关、实施教育领域国家管理的俄罗斯联邦各主体权力执行机关以及在教育领域内实施管理的地方政府的活动提供信息和方法支持;

（6）国家对教育活动进行监管；

（7）对教育质量、公共和社会职业认证进行独立评估；

（8）培训和提高联邦国家机关、实施教育领域国家管理的俄罗斯联邦各主体权力执行机关以及在教育领域内实施管理的地方政府工作人员、领导和教育组织教学人员的职业技能。

3.教育领域的国家行政管理应由联邦国家权力机关和俄罗斯联邦各主体国家权力机关在其权力范围内负责。地方区域和城市周边地区教育领域的管理工作由相关的地方政府负责。

4.教育领域国家行政管理的联邦权力执行机关由履行国家教育政策研制和国家教育法规协调职能的联邦权力执行机关、执行教育领域管理和监督职能的联邦权力执行机关以及管理教育组织的联邦国家权力执行机关组成。

5.履行国家教育政策研制和国家教育法规协调职能的联邦权力执行机关负责协调教育领域内的联邦国家机关、俄罗斯联邦各主体权力执行机关和教育体系内各主体的活动。

第九十条　国家对教育活动的管理

1.国家制定教育活动规范，旨在实现教育活动与设立和监督开展教育活动的组织相关程序要求相统一。

2.国家对教育活动的管理包括：

（1）对教育活动审批许可；

（2）对教育活动进行认证；

（3）教育领域的国家管理（监督）。

第九十一条　教育活动的许可

1.依据俄罗斯联邦关于各种类型活动许可的法律以及本条法律规定的具体内容，开展教育活动需获得许可证。教育活动的许可证按照教育类型、教育程度、职业、专业、培训方向（针对职业教育）以及按照补充教育的种类进行发放。

2.教育组织、提供培训的组织以及个人企业家可申请开展教育活动的许可证，但直接从事教育活动的个人企业家除外。

3.教育活动许可证由许可证认证机关负责发放，许可证认证机关为执行教育领域内履行管理和监督职能的联邦权力执行机关，或俄罗斯联邦在教育领域按照本教育法第六条与第七条规定授权的俄罗斯联邦主体权力执行机关。

4.教育活动许可证（以下称许可证）包含一个附件，是其不可拆分的一部分。该许可证附件应包含教育类型的有关信息、教育水平的有关信息（职业教育包括有关职业、专业、培训方向方面的信息，并依据相关职业、专业和职业技能培训方向授予许可）、补充教育的类型以及开展教育活动场所的地址（依据补充职业大纲、基础职业教育大纲开展教育活动的场所地址除外）。对于开展教育活动的组织的各分支机构，均获得签发的一份单独许可证附件，附件指明该分支机构的名称和位置。许可证的形式、许可证附件的形式以及对特定文件的特殊要求由履行国家教育政策研制和国家教育法规协调职能的联邦权力执行机关制定。

5.如果发生以下情况，许可证认证机关将依据俄罗斯联邦法律关于从事特定类型活动的相关规定重新办理许可证：

(1)以合并的方式重组的法人，在合并后拥有许可证的情况下；

(2)以合并的方式重组的法人，在合并后拥有一个或多个许可证的情况下。

6.根据其重新注册的原因，重新办理的许可证将发放全部或部分相关附件。

7.若以加入其他教育组织的形式进行重组，重组的组织在被加入组织的许可证基础上重新办理许可证。

8.为保障开展教育活动的组织从事教育活动，因分割或分离而出现重组许可证时，许可证认证机关按照重组的许可形式颁发临时许可证，被许可人根据许可从事组织重组后的教育活动。临时许可证的期限为一年。

9.临时许可证及其附加文件的申请，自将相应修改措施列入统一国家法人登记簿之日起至提交许可证认证机关的时间不得超过15个工作日。

10.许可证认证机关自收到许可证申请人的临时许可证申请书及申请附件之日起的10个工作日内予以审核办理。

11.临时许可证的申请格式、清单及附带的文件格式应由执行教育领域控制和监督功能的联邦权力执行机关确定。

12.许可证认证机关审批返还许可证申请人或许可证持有者的文件与附件时需有明确的返还理由，同时应当遵守俄罗斯联邦关于发放个别活动类型的许可证的规定，如有以下理由之一：

(1)依据本联邦法律，许可证申请人或许可证持有者的教育活动许可证申请超出了许可证认证机关的职权范围；

(2)依据本联邦法律，许可证申请人或许可证持有者提出的教育活动许可证申请超出可执行的教育大纲范围内；

(3)存在以下情况：按照教育活动许可证发放的规定，许可证申请人未履行由执行教育领域控制和监督功能的联邦权力执行机关或者俄罗斯联邦授权的在教育领域执行国家监管(监督)的俄罗斯联邦各主体权力执行机关制定的规章制度。

(2014年12月31日联邦法修正案第500-Ф3号)

13.由宗教组织创办的教育组织的教育活动许可证发放，依据相关宗教组织的规定执行(若宗教组织包含在中央宗教组织的结构内，则依据相关中央宗教组织的规定执行)。申请教会教育组织的教育活动许可证时，应提供关于具有神学学位和神职身份的教学人员资格的信息。

14.俄罗斯联邦外交部驻外机构负责收集许可证申请并转交到俄罗斯联邦外交部的许可证认证机关，并为许可证申请人或许可证持有者发放或重新发放许可证及此类文件附件。

15.关于教育活动许可证申请条例中规定的许可证申请要求和条件，应考虑以下几点：

(1)确认教会教育组织开展教育活动所依照的法律依据，以及这些组织的教学人员的教学资格；

(2)俄罗斯联邦外交部驻外机构对开展教育活动的建筑物、房屋、设施、场地和领地以及组织教育活动的要求；

(3)通过网络形式实施教育大纲的教育活动；

(4)通过使用电子学习和远程教育技术，实施教育大纲的教育活动。

在第九十一条第16款中，"在制定移民领域的国家政策方面，执行控制和监督流通麻醉药品、精神药物及制毒原料的政策和国家法规协调职能的联邦权力执行机关，打击非法流通"不包括在2016年3月7日联邦法第305-Ф3号中。

16.发放的教育组织的教育活动许可证性质由教育活动许可证发放条例确定，教育组织实施包含构成国家机密信息的教育大纲，受以下机关管理范围：安全保障领域的联邦权力执行机关、履行国家保卫领域国家政策研制和法规协调职能的联邦权力执行机关、履行制定国防领域的国家政策研制和法规协调职能的联邦权力执行机关、履行制定移民领域的国家政策研制和法规协调职能的联邦权力执行机关、履行制定俄罗斯联邦国家警卫队军事活动领域的国家政策研制和法规协调职能的联邦权力执行机关、履行制定武器流通领域的国家政策研制和法规协调职能的联邦权力执行机关、履行制定麻醉剂、精神药物以及制毒原料流通领域的国家政策研制和法规协调职能、管理和监督职能的联邦权力执行机关，以及在打击非法流通领域，实施包含构成国家机密信息的教育大纲的其他教育组织。

(2016年7月3日联邦修正案第227-Ф3号)

第九十二条　教育活动的国家认证

1.教育活动的国家认证依据联邦国家教育标准实施的基础教育大纲进行，学前教育大纲除外。

2.教育活动国家认证旨在验证教育活动是否符合教育活动联邦国家教育标准(依据基础教育大纲从事培训受教育者的教育组织、开展教育活动的组织以及个人创业者制定的联邦国家教育标准)直接从事教育活动的个人创业者除外。

3.教育活动的国家认证由认证机关——负责教育领域控制和监管的联邦权力执行机关执行，或由在教育领域内有俄罗斯联邦授权的俄罗斯联邦各主体权力执行机关按照本联邦法律第六条、第七条规定的内容，根据从事教育活动的组织申请执行。

4.由宗教组织创办的教育组织的教育活动国家认证，依据相关的宗教组织的规定(如果这些宗教组织包含在中央宗教组织的结构内，那么按照相关的中央宗教组织的规定)。当教会教育组织进行教育活动国家认证时，应提供具有神学学位和神职身份的教学人员资格的信息。

5.由俄罗斯联邦在教育领域授权的俄罗斯联邦各主体权力执行机关在对开展教育活动以及其他联邦主体中由分部门教育活动组织授权时,实施教育活动的国家级授权。此类活动由分部门与相关俄罗斯联邦各主体权力执行机关共同举办。

6.许可证机关依据初等普通教育大纲、基础普通教育大纲、中等普通教育大纲进行教育活动国家认证时,许可证认证机关批准国家认证,或者依据上述基础教育各个等级的教育大纲拒绝教育活动国家认证。申请国家认证的基础普通教育大纲属于上述教育大纲之列。

7.依据基础职业教育大纲进行教育活动国家认证时,认证机关批准国家认证,或者依据所指出的职业、专业和培训方向的扩充类型确定的职业教育各个等级的教育大纲拒绝教育活动国家认证。申请国家认证的基础职业教育大纲属于上述教育大纲之列。被组织用于开展教育活动的基础职业教育大纲,属于拥有国家认证的职业、专业和培训方向扩充类型,是具有国家认证的教育大纲。

8.依据开展教育活动的组织实施的基础职业教育大纲进行教育活动国家认证时,应对国家认证部门公开其实施的所有基础职业教育大纲。该类型大纲均属于职业、专业、培训类型的教育大纲。

(2014 年 12 月 31 日联邦法修正案第 500-Φ3 号)

9.认证机关需对申请国家认证时提交的教育大纲做单独认证,该大纲是组织(包括该组织的每个分支机构)开展教育活动时实施的。

10.国家认证申请书及其附件应直接提交给认证机关,或者以挂号邮件的形式提交。开展教育活动的组织申请国家认证的申请书和附加文件,可以通过电子签名的方式以电子文件的形式发送给认证机构。上述申请书和其附加文件的格式以及填写和登记的要求,由履行国家教育政策研制和国家教育法规协调职能的联邦权力执行机关批准。

11.教育活动国家认证依据认证鉴定结果执行,该鉴定结果在过程公正、专家对鉴定过程负责的基础上得出。

12.认证评定的主要内容是:确定该组织开展教育活动的内容和受教育者的培养质量相适应,依据联邦国家教育标准(以下简称认证评定)进行教育大纲国家许可证申请的认证。如按照执行联邦国家教育标准的教育大纲开展教育活动认证评定,则无需对受教育者的培训内容进行认证评定。

13.在进行认证评定时,需要具有国家认证的基础教育大纲领域的专家和(或)符合要求的专家组织参与。认证评定期间专家和专家组织不能与申请认证的组织机构存在民事法律关系(专家同样具有劳动关系)。

14.认证机关实施专家和专家组织认证,并管理专家和专家组织的电子注册名单。指定的注册由认证机关发布在互联网官方网站上。

15.履行国家教育政策研制和国家教育法规协调职能的联邦权力执行机关建立对专家资格的审核、对专家组织的建立、引进的程序、专家和专家组织的资格认证考试选拔规范,及认证程序(包括管理专家和专家组织的名单管理程序)。

16.专家和专家组织的补贴与认证评定时产生的费用及其劳动报酬应按照俄罗斯联邦政府批准的方式和金额支付。

17.认证机关需将认证评定的信息(包括认证评定结果的报告信息)发布在互联网官方网站上。

18.关于从事教育活动的教育活动组织国家认证的决定,应自收到国家认证申请书及申请书附加文件之日起105日之内完成。申请书及附加文件需符合本条第29款法律的规定。

19.经教育活动国家认证后,认证机关颁发的国家认证证书,使用期限为:

(1)依据基础职业教育大纲开展教育活动的组织为6年;

(2)依据基础普通教育大纲开展教育活动的组织为12年。

20.国家认证证书及其附件证书的格式,以及文件的特殊要求应由履行国家教育政策研制和国家教育法规协调职能的联邦权力执行机关规定。

21.当开展教育活动的许可证的认证效力终止时,国家认证的效力自做出终止许可证效力决定之日起停止。

(2014年12月31日联邦法修正案第500-Φ3号)

22.因部门分割或分离后产生的从事教育活动的组织,可获得经教育大纲国家认证的临时认证证书。该证书由经国家批准认可的改组组织持有。临时认证证书的有效期为1年。以并入其他开展教育活动的组织的形式进行重组的从事教育活动的组织,其教育大纲国家认证证书需在国家颁发的批准开展教育活动的重组组织认证证书使用期限前重新办理。该教育大纲经过国家认证由重组组织使用。以重组合并的方式出现的从事教育活动的组织,执行经国家认证的重组组织使用的教育大纲,认证证书需在国家对开展教育活动的重组组织颁发的国家认证证书的有效期限内重新办理,且证书有效期比普通证书提前到期。

(2014年12月31日联邦法修正案第500-Φ3号、2015年7月13日联邦法修正案第238-Φ3号)

23.认证机关依据提交的教育大纲国家认证申请书拒绝从事教育活动的组织的国家认证,该教育大纲涉及教育水平、职业、专业、培训类型,拒绝理由如下:

(1)经确定从事教育活动的组织已提交的文件信息造假;

(2)认证评定未通过。

24.认证机关剥夺开展教育活动的组织的国家认证资格,该认证根据涉及教育水平、职业、专业、培训类型的教育大纲开展教育活动认证,理由如下:

(2014年12月31日联邦法修正案第500-Φ3号)

(1)已丧失法律效力——2014年12月31日联邦法第500-Φ3号;

(2)在国家认证有效期内,开展教育活动的组织违反教育法,不合法地发布教育证书和(或)规定样式的资格证书;

(3)国家认证有效期中止,期限暂停(无续期国家认证的理由)。

25. 在具有一定依据时，可剥夺开展教育活动的组织的教育活动国家认证资格，该认证是根据涉及职业、专业、培训类型的教育大纲开展的国家认证。

26. 开展教育活动的组织，有权在国家认证被拒或者被剥夺认证资格的一年内上交申请书申请进行国家认证。

27. 发行国家认证证书、重新制定国家认证证书以及颁发国家临时认证证书，需按照俄罗斯联邦税费法律规定的额度和方式支付国家税费。

28. 关于国家教育活动认证的条例由俄罗斯联邦政府批准。

29. 教育活动的国家认证条例应设立如下规定：

(1)国家认证的申请要求、列表中包含的信息、进行国家认证所需的文件及附件国家认证申请书后的文件及其列表的要求；

(2)开展教育活动的组织呈报的程序、申请国家认证的申请书、需要进行国家认证的文件、国家机关通过的程序、认证机关通过决议返还国家认证申请书和文件附件的类型及其依据；

(2014 年 12 月 31 日联邦法修正案第 500-Φ3 号)

(3)进行认证评定的程序，包括专家引进和(或)专家组织进行认证评定的程序；

(4)在宗教组织创办的教育组织中，相应教育活动国家认证时标明认证评定的性质，此类教育组织的教学人员的教育资格评定，以及俄罗斯联邦外交部的驻外机构的教育活动的教育资格评定；

(5)制定形成以下决议的程序：国家认证、拒绝国家认证、终止国家认证有效期限、恢复国家认证有效期限、剥夺国家认证资格，其中包括参加认证机关的委员制机构；

(2014 年 12 月 31 日联邦法修正案第 500-Φ3 号第 5 条)

(6)向认证机关提供国家认证证书复印件的程序；

(7)重新颁发国家认证证书的理由和程序；

(8)已丧失法律效力——2014 年 12 月 31 日的联邦法律第 500-Φ3 号；

(9)在国家认证期间进行认证评定的特殊对象：

①按照自主设定的教育标准实施高等教育大纲的高等教育组织的教育活动；

②依据职业教育大纲开展的教育活动，其中包含构成信息安全领域的国家秘密和职业教育计划的信息；

③一个学年内受教育者缺席未完成教育大纲规定的教育活动。

(项目“③”引自 2014 年 12 月 31 日联邦法第 500-Φ3 号)

第九十三条　国家在教育领域的管理(监督)

1. 国家在教育领域的管理(监督)包括联邦国家对教育质量的管理和教育领域的联邦国家监督，由授权的联邦权力执行机关与俄罗斯联邦各主体权力执行机关执行，俄罗斯联邦授权其行使教育领域国家管理(监督)的权力(以下简称教育领域的管理和监督机构)。

2. 联邦政府对教育质量的管理指依据经国家认证的教育大纲和联邦国家教育标准，通过组织进行教育质量检查，对相关教育内容以及所培养受教育者的质量评定，并按照检查结果采取本条第 9 款规定措施。

（2014 年 12 月 31 日联邦法修正案第 500-Ф3 号）

3. 联邦国家在教育领域开展监督旨在防止、发现和制止俄罗斯联邦各主体国家权力机关、执行教育领域管理职能的地方自治机关和开展教育的组织活动（以下简称机关和组织）违反教育领域国家管理职能、组织、监察机关和组织机构的教育立法要求的行为，并采取俄罗斯联邦立法规定的措施来遏制和（或）消除此类违法违规的活动。

4. 2008 年 12 月 26 日联邦法第 294-Ф3 号“关于在实施国家管理（监督）和地方监管时保护法人和个人企业家的权利”的规定适用于从事教育活动的组织，并应与本联邦法律规定相符。

（2014 年 12 月 31 日联邦法修正案第 500-Ф3 号）

5. 依据 2008 年 12 月 26 日联邦法第 294-Ф3 号“关于保护法人实体和个人企业家在实施国家管理（监督）和地方监管时的规定”，在教育领域国家监管（监督）框架内对从事教育活动的组织进行不定期检查的理由如下：

（2014 年 12 月 31 日联邦法修正案第 500-Ф3 号）

（1）认证机关评定在进行国家教育活动认证时存在违反教育法律要求的情况；

（2）依据本联邦法律第九十七条的规定，在教育体系监测数据的基础上，管理和监督教育领域的机关发现违反教育法律规定，其中包括联邦国际教育标准规定。

（2014 年 12 月 31 日联邦法修正案第 500-Ф3 号）

6. 教育领域的相关管理和监督机关应向发生违反教育法律的要求违法行为的机关或组织发布命令，以消除发现的违规行为。命令中规定的执行期限不得超过六个月。

7. 在未执行在本条法律第 6 款规定情况下（若命令发送至有违反行为的机关或组织后，没有按命令中规定的期限实施，或是到期满之前命令尚未完成）教育领域的相关管理和监督机关依据俄罗斯联邦行政犯罪法规定的程序立案，再次发布命令要求停止先前未解决的违法行为。再次发出的规定执行期限不能超过 3 个月。

（第 7 款引自 2014 年 12 月 31 日联邦法修正案第 500-Ф3 号）

8. 在重新发布的命令执行期期满之前，应向教育管理和监督机构通报违反教育立法的机关和组织，并附上佐证资料。收到通知后 30 日内，教育领域的教育管理和监督机关对其中所涉信息进行核实。自签署检查法令之日起，教育领域的管理和监督机关对开展教育活动的组织的重新准入许可做出判决，以确定是否颁发重新运营的命令，或自司法条款生效之日起，根据俄罗斯联邦法律第十九条第 5 款第（1）项关于行政违法的规定，司法条令规定时行政违法证据不足的行政违法行为终止诉讼。若法院作出判决，追究开展教育活动的组织和（或）该组织负责人因其在规定的时间内未能遵守本条第 6

款规定的要求的行政责任。在违反教育领域管理和监督机关设立的教育立法和教育领域监督要求的情况下，教育管理监督机关在其重新发布的命令执行期限之内中止该组织的全部或部分教育活动，并向法院申请废除其认证。开展教育活动的认证有效期被暂停，直到法院判决重新生效为止。因在规定时间内未执行本条第6款的规定，或教育领域的教育立法，若法院追究执行教育领域国家管理的俄罗斯联邦各主体国家权力机关或实施教育领域管理的地方自治机关的责任，这些机关的负责人将被追究行政责任。教育领域的管理和监督机关将其转交上级俄罗斯联邦各主体的国家权力机关和地方自治机关，并且遵照相关条例，考虑免去教育领域国家管理的俄罗斯联邦各主体国家权力机关领导或者实施教育领域地方自治机关领导的职务。

（引自2014年12月31日联邦法修正案第500-Φ3号）

9.如果发现符合联邦国家教育标准的国家教育大纲的培训内容与受教育者的培训质量之间存在差异，教育管理和监督机关应全面或就某一级别的教育、职业专业和培训方向扩充类型暂停国家认证效力，并规定消除已确定的违规行为的最后期限。规定的期限不得超过6个月。在消除已查证的违规行为的最后期限前，应由开展教育活动的组织通知教育管理和监督机关，销毁已查证的不符合相关规定的附属文件。接到通知后的30日内，教育管理和监督机关应对查明的教育组织违规通知书中所述的信息进行核查。教育管理和监督机关自签署法令的第2日起对已确定被消除的相关违规现象的决议恢复国家认证效力。如在教育管理和监督机关规定的限期内，教育组织没有消除已被查证的违规行为，教育管理和监督机关将剥夺教育机关全部或部分级别的教育、职业专业和培训类型的教育资格。

（引自2014年12月31日联邦法修正案第500-Φ3号）

10.俄罗斯联邦政府需制定对教育组织实施教育大纲教育活动的国家管理（监督）要求，其中包含构成国家机密的信息。

第九十四条　教学评定

1.开展培养和教育问题的规范性法律条文和规范性法律草案的教学评定，以保障所制定的某些条例根据某一等级和（或）方向的教育大纲开展的教育质量和受教育者的学习条件，防止产生不利影响。

2.俄罗斯联邦政府授权的联邦权力执行机关对培养和教育问题规范性法律条文和规范性法律草案进行教学评定。按照自愿原则招收达到相应资格的个人和法律实体进行教学评定。

3.依据教学评定结果得出的结论，从结论得出的30日之内应由联邦权力执行机关进行强制审查，起草规范性法律或采用规范性法律条款作为教学评定的目标。该结论的审议结果发布在该联邦权力执行机关的互联网官方网站上。

4.俄罗斯联邦政府制定开展教学评定的方法。

第九十五条　教育质量的独立评估

（2014 年 7 月 21 日联邦法修正案第 256-ФЗ 号）

1. 对教育质量的独立评估旨在获得关于教育活动、受教育者的质量和实施教育大纲的相关信息。

2. 对教育质量的独立评估包括：

（1）受教育者培训质量的独立评估；

自 2018 年 3 月 6 日起，2017 年 12 月 5 日联邦法第 392-ФЗ 号第 95 条第 2 款第 2 项在新版本中有详细阐述。详见新版文本。

（2）从事教育活动的组织的教育质量的独立评估。

自 2018 年 3 月 6 日起，2017 年 12 月 5 日联邦法第 392-ФЗ 号第 95 条第 3 款做出修改。详见新版文本。

3. 由本条法律第 2 款规定的对执行特定类型评估的法人实施教育质量独立评估（以下简称实施教育质量独立评估的组织）。

4. 实施教育质量独立评估的组织将教育质量的独立评估规定和结果上传到互联网，如有需要还需将其发送至联邦国家权力机关、执行教育管理职能的俄罗斯联邦各主体权力执行机关、地方政府。

自 2018 年 3 月 6 日起，2017 年 12 月 5 日联邦法第 392-ФЗ 号第 95 条第 5 款做出修改。详见新版文本。

5. 联邦国家权力机关、执行教育管理职能的俄罗斯联邦各主体权力执行机关、地方政府对教育质量进行独立评估的结果须经上述机构在评估后的一个月内强制审查，并在制订教育活动改进方案时给予考虑。

6. 教育质量独立评估的结果并不会导致暂缓颁发开展教育活动的认证证书，暂缓颁发许可证或者吊销国家许可证依据组织开展的具体教育活动实施。

7. 依据教育质量独立评估结果，可以设立开展教育活动和（或）实施教育大纲的组织的等级。

第九十五（一）条　受教育者培训质量的独立评估

（引自 2014 年 7 月 21 日联邦法第 256-ФЗ 号）

1. 依据教育领域相关参与者的倡议，对受教育者培训质量进行独立评估，以便汇总关于受教育者对教育大纲内容或部分教育大纲内容学习效果的信息，向教育领域相关参与者提供关于受教育者培训质量的信息。

2. 对受教育者培训质量进行独立评估的组织，需确定受教育者团体的教育种类或教育大纲或部分大纲的教育种类，据此实行受教育者培训质量的独立评估，以及确定进行受教育者培训质量独立评估的条件、形式和方法。

3. 需依据俄罗斯、外国和国际组织的标准和要求，在教育的国际比较研究框架内对受教育者培训质量进行独立评估。

自 2018 年 3 月 6 日起，2017 年 12 月 5 日联邦法第 392-ФЗ 号将第 95.2 条的标题在新版本中进行详细阐述。详见新版文本。

依据俄罗斯联邦政府的规定，履行社会人口保护领域国家政策研制和国家社会人口保护法规协调职能的联邦权力执行机关需对各教育组织提供的服务质量独立评估进行协调或方法支持。(2014 年 7 月 21 日联邦法第 256-ФЗ 号)

第九十五(二)条　教育组织教育活动质量的独立评估

(引自 2014 年 7 月 21 日联邦法第 256-ФЗ 号)

自 2018 年 3 月 6 日起，2017 年 12 月 5 日联邦法第 392-ФЗ 号第 95.2 条第 1 款在新版本中有详细阐述。详见新版文本。

1. 对教育组织的教育活动(以下简称组织教育活动)质量进行独立评估，以便为参与者提供教育信息，依据可公开获得的信息在执行教育大纲的工作安排层面提供相关参与者的信息。

自 2018 年 3 月 6 日起，2017 年 12 月 5 日联邦法第 392-ФЗ 号第 95.2 条第 2 款在新版本中有详细阐述。详见新版文本。

2. 为教育质量独立评估创造条件：

(1)履行国家教育政策研制和国家教育法规协调职能的联邦权力执行机关在公共组织、消费者联合公共组织(消费者协会，联合会)(以下简称公共组织)的参与下成立公众委员会。该公众委员会对教育活动质量进行独立评估并批准有关规定；

(2)执行教育领域管理职能的俄罗斯联邦各主体权力执行机关在公共组织的参与下成立公众委员会，该公众委员会对俄罗斯联邦各主体境内的教育活动质量进行独立评估并批准有关规定；

(3)地方政府在公共组织的参与下有权成立公众委员会，该公众委员会对地方教育领域组织的教育活动质量进行独立评估并批准有关规定。

自 2018 年 3 月 6 日起，2017 年 12 月 5 日联邦法第 392-ФЗ 号第 95.2 条补充了新的第 2.1 款。详见新版文本。

自 2018 年 3 月 6 日起，2017 年 12 月 5 日联邦法第 392-ФЗ 号第 95.2 条第 3 款在新版本中有详细阐述。详见新版文本。

3. 依据履行国家教育政策研制和国家教育法规协调职能的联邦权力执行机关、执行教育管理职能的俄罗斯联邦各主体权力执行机关，或者地方政府的决定，对各组织开展的教育活动质量进行独立评估的公众委员会的职能可以授予隶属上述机关的公众委员会执行。在此情况下，不再单独建立对教育活动质量进行独立评估的公众委员会。

自 2018 年 3 月 6 日起，2017 年 12 月 5 日联邦法第 392-ФЗ 号第 95.2 条第 4 款在新版本中有详细阐述。详见新版文本。

4.对组织的教育活动质量进行独立评估的标准是：开展教育活动的组织的信息公开性和可获取性；开展教育活动的舒适条件；员工的态度、举止和能力；是否达到教育组织教育活动的质量要求。

自 2018 年 3 月 6 日起，2017 年 12 月 5 日联邦法第 392-ФЗ 号第 95.2 条第 5 款在新版本中有详细阐述。详见新版文本。

5.评估教育质量一般标准的指标由履行国家教育政策研制和国家教育法规协调职能的联邦权力执行机关制定，并在公众委员会进行初步讨论。

自 2018 年 3 月 6 日起，2017 年 12 月 5 日联邦法第 392-ФЗ 号第 95.2 条第 6 款在新版本中有详细阐述。详见新版文本。

6.由公众委员会发起的对教育质量的独立评估每年不超过 1 次，每 3 年至少进行 1 次。

自 2018 年 3 月 6 日起 2017 年 12 月 5 日联邦法第 392-ФЗ 号第 95.2 条第 7 款第一段在新版本中有详细阐述。详见新版文本。

7.公众委员会对教育质量进行独立评估时：

(1)需确定本条法律规定的进行独立评估的教育组织名单；

自 2018 年 3 月 6 日起，2017 年 12 月 5 日联邦法第 392-ФЗ 号第 95.2 条第 7 款第二点做出修改。详见新版文本。

(2)需为教育组织制定技术规范提出建议，收集、整理和分析教育组织的教育活动质量的信息(以下简称操作)，参与合同中关于招收劳动力和购买相关服务的文件审查，以及审查国家合同、市级合同，包括以下机关的合同：履行国家教育政策研制和国家教育法规协调职能的联邦权力执行机关、实施教育领域国家监管的俄罗斯联邦各主体权力执行机关和执行操作职能的地方政府机关。

自 2018 年 3 月 6 日起，2017 年 12 月 5 日联邦法第 392-ФЗ 号第 95.2 条第 7 款第 3 项被确认为无效。

(3)如有必要，需制定各教育组织教育活动质量的评价标准(除了本条确定的一般标准外)；

自 2018 年 3 月 6 日起，2017 年 12 月 5 日联邦法第 392-ФЗ 号第 95.2 条第 7 款第 3 项做出修改。详见新版文本。

(4)参考执行部门提供的信息，对各教育组织的教育活动质量进行独立评估；

自 2018 年 3 月 6 日起，2017 年 12 月 5 日联邦法第 392-ФЗ 号第 95.2 条第 7 款第 3 项做出修改。详见新版文本。

(5)代表履行国家教育政策研制和国家教育法规协调职能的联邦权力执行机关、实施教育领域国家监管的俄罗斯联邦各主体的执行机关和地方政府机关，得出对组织教育活动质量的独立评估结果，并针对其活动提出整改建议。

自 2018 年 3 月 6 日起，2017 年 12 月 5 日联邦法第 392-ФЗ 号第 95.2 条第 7 款第 3 项做出修改。详见新版文本。

8.依据俄罗斯联邦在采购货物、引进劳动力和服务领域的合同法，签订国家、地方合同。合同内容为：完成工作、提供收集、整理和分析各教育组织教育活动质量的信息，以满足国家和地方的需求。履行国家教育政策研制和国家教育法规协调职能的联邦权力执行机关、实施教育领域国家监管的俄罗斯各联邦主体的权力执行机关和地方政府机关依据签订的国家和地方合同，指定对教育组织的教育活动质量进行独立评估的执行部门，并在必要时向执行部门提供有关这些教育组织活动的公开信息(若未在该教育组织的官方网站上公布，这些信息根据国家和地方的统计报告组成)。

自 2018 年 3 月 6 日起，2017 年 12 月 5 日联邦法第 392-ФЗ 号第 95.2 条第 9 款被确认为无效。

9.组建对教育组织的教育活动质量进行独立评估的公众委员会，应排除产生利益冲突的可能性。上述公众委员会由公共组织的代表组成。公众委员会的成员人数不得少于五人，并在自愿的基础上开展活动。公众委员会的活动信息由国家权力机关、地方政府机关在互联网的官方网站上发布。

自 2018 年 3 月 6 日起，2017 年 12 月 5 日联邦法第 392-ФЗ 号第 95.2 条第 10 款做出修改。详见新版文本。

10.教育组织的教育活动质量独立评估结果的信息包括：

(1)由履行国家教育政策研制和国家教育法规协调职能的联邦权力执行机关在互联网官方网站上公布的国家和地方机关的信息；

(2)由实施教育领域国家监管的俄罗斯联邦各主体的执行机关和地方政府机关在自己的官方网站公布的关于国家和地方机关的信息。

自 2018 年 3 月 6 日起，2017 年 12 月 5 日联邦法第 392-ФЗ 号第 95.2 条第 11 款在新版本中有详细阐述。详见新版文本。

11.关于教育活动质量的独立评估结果的信息内容以及在互联网的官方网站上公布有关国家和地方机关信息的程序由俄罗斯联邦政府授权联邦权力执行机关确定。

自 2018 年 3 月 6 日起，2017 年 12 月 5 日联邦法第 392-ФЗ 号第 95.2 条第 12 款做出修改。详见新版文本。

12.履行国家教育政策研制和国家教育法规协调职能的联邦权力执行机关、实施教育领域国家监管的俄罗斯联邦主体的执行机关和地方政府机关需确保公民在教育组织的互联网官方网站上对教育活动质量发表意见的权利。

自 2018 年 3 月 6 日起，2017 年 12 月 5 日联邦法第 392-ФЗ 号第 95.2 条第 13 款在新版本中有详细阐述。详见新版文本。

13.依据俄罗斯联邦法律，对本条法律所规定的教育活动质量进行独立评估的程序实施监督。

自 2018 年 3 月 6 日起，2017 年 12 月 5 日联邦法第 392-ФЗ 号第 95.2 条补充了新的第 14、15 款。详见新版文本。

第九十六条　教育组织的公共认证——教育大纲的职业公共认证

1.开展教育活动的组织接受各种俄罗斯、国外和国际组织的公共认证。

2.公共认证:承认教育组织具有符合俄罗斯、外国和国际组织标准和要求的教育水平。公共认证的程序以及实施认证的方法、形式和认证开展教育活动的组织的权利,由执行公共认证的公共组织确定。

3.企业主及其企业,以及得到授权的组织有权对从事教育活动的组织实施基础职业教育大纲、基础职业培训大纲和(或)补充职业大纲进行职业公共认证。

(第 3 款引自 2016 年 6 月 2 日联邦法律第 166-Φ3 号)

4.基础职业教育大纲、基础职业培训大纲和(或)补充职业大纲的职业公共认证用于识别在开展教育活动的具体组织中掌握以上教育大纲的毕业生的培训质量和水平,即其是否满足职业标准要求、劳动力市场对劳动力的需求。

(第 4 款引自 2016 年 6 月 2 日联邦法律第 166-Φ3 号)

5.在基础职业教育大纲、基础职业培训大纲和(或)补充职业大纲的职业公共认证结果的基础上,可以设定开展教育活动的组织实施的上述教育大纲的认证等级。

(第 5 款引自 2016 年 6 月 2 日联邦法律第 166-Φ3 号)

6.执行基础职业教育大纲、基础职业培训大纲和(或)补充职业大纲的职业公共认证的程序,其中包括这些教育大纲的执行形式和评价方法、教育组织的运行规则、上述教育大纲的认证期限、剥夺教育组织进行职业大纲职业公共认证的权利的理由以及授予进行教育大纲认证的教育组织准许已掌握上述教育大纲的毕业生毕业的权利,均由执行此类认证的组织规定或完成。

(第 6 款引自 2016 年 6 月 2 日联邦法律第 166-Φ3 号)

7.开展公共认证和职业公共认证的组织确保执行相应认证的过程和认证结果的公开性和可获取性,其中包括将上述信息上传至互联网官方网站上。

(第 7 款引自 2016 年 6 月 2 日联邦法律第 166-Φ3 号)

8.进行国家认证时,关于教育组织、公共认证或职业公共认证的信息应提交至认证机关统一审核。

9.公共认证和职业公共认证自愿进行,不会导致国家承担额外的财务义务。

10.依据俄罗斯联邦政府规定的程序,联邦权力执行机关制定通过基础职业教育大纲、基础职业培训大纲和(或)补充职业教育大纲职业公共认证的教育组织的清单。

(第 10 款引自 2016 年 6 月 2 日联邦法律第 166-Φ3 号)

第九十七条　教育监督——教育信息公开

1.俄罗斯联邦国家权力机关、俄罗斯联邦各主体国家权力机关、地方政府和教育组织需确保教育信息的公开性和可获取性。

2.教育信息包括教育中所涉及的官方统计核算数据、教育监测数据和执行教育领域国家管理的联邦国家机关、执行教育领域内国家管理的俄罗斯联邦各主体执行机关、执行教育领域内管理职能的地方政府、教育组织以及在教育领域内开展教育活动的其余组织在执行各自职能时所搜集的其他信息。

3. 对教育的监督是对教育系统的一种系统的、标准化的监督，即监督教育情况变化及其教育成果、开展教育活动的条件、受教育者队伍、受教育者的课内和课外成就、开展教育活动的组织的毕业生的职业成就，教育组织的网络状况。

4. 监督教育的组织由联邦国家机关和执行教育领域内国家管理的俄罗斯联邦各主体执行机关、执行教育领域内管理职能的地方政府指定。

5. 实施教育监督的程序以及应受监督的必要信息清单由俄罗斯联邦政府制定。

6. 对教育发展状况和前景的分析需要以最终(年度)报告的形式每年出版，并上传至履行国家教育政策研制和国家教育法规协调职能的联邦权力执行机关、执行教育领域内国家管理的俄罗斯联邦各主体权力执行机关、执行教育领域内管理职能的地方政府等各自的互联网官方网站上。

第九十八条　教育信息系统

1. 为了保护教育管理和国家监管教育活动的信息，被授权的俄罗斯联邦国家权力机关和俄罗斯联邦各主体国家机关，建立和管理国家信息系统，其中包括本条法律规定的国家信息系统。国家信息系统的管理要依据统一的、组织性的原则，依据大纲的特定要求，保障这些信息系统与其余国家信息系统和信息通讯网络(包括为国家和地方提供服务的信息技术和通讯方面的基础设施)协调一致，旨在保障个人信息的保密性和安全性，并且需符合俄罗斯联邦法律对国家或其他受法律保护机密的保密要求。

2. 为掌握基础普通教育和中等普通教育基础教育大纲以及为获得中等职业教育和高等教育而进入教育组织的受教育者的国家认证证明提供信息保障：

(1)联邦信息系统确保对掌握基础普通教育和中等普通教育大纲以及为获得中等职业教育和高等教育而进入教育组织的公民提供国家认证证明(以下简称联邦信息系统)；

(2)区域信息系统确保对掌握基础普通教育和中等普通教育基础教育大纲的受教育者提供国家认证证明(以下简称区域信息系统)。

3. 联邦信息系统和区域信息系统的建立和管理相应地由行使教育控制和监督职能的联邦权力执行机关、执行教育领域内国家管理的俄罗斯联邦各主体执行机关执行。

4. 联邦信息系统、区域信息系统的建立和管理(包括操作上述信息系统的机构和组织清单、包含上述信息系统中的信息的清单、授权将相关信息输入上述信息系统的机构和组织清单、处理上述信息系统的信息的程序、在处理上述信息系统时确保相关信息系统信息安全的程序、相关信息的存储期限、确保上述信息系统相互作用的程序)由俄罗斯联邦政府执行。

(第 4 款引自 2013 年 5 月 7 日联邦法第 99-Φ3 号)

5. 为保障国家认证的信息建立国家信息系统“具有教育大纲国家认证的教育组织登记系统”，并且确保使用该系统，其组建和管理由负责执行教育控制和监督职能的联邦权力执行机构执行。由俄罗斯联邦依据有进行教育活动国家认证权力的俄罗斯联邦各主体执行机关将有关教育国家认证的信息上传至上述信息系统。包含在国家信息系统“具有教育大纲国家认证的教育组织登记系统”中的信息是公开的、可以访问的。(基于维护国家利益或者官方机密的目的,依据俄罗斯联邦法律限制获取相关资料的情况除外。)

6.国家信息系统“具有教育大纲国家认证的教育组织登记系统”的形成和管理程序,包括包含的信息列表和访问相关信息的程序应由政府设立。

7.为确保教育领域国家监督要求的一致性,并考虑到监督的后果,创建国家教育领域国家监督信息系统,其组建和管理由在教育领域行使管理和监督职能的联邦执行机关负责。由俄罗斯联邦授予在教育领域行使监督(控制)权力的俄罗斯联邦各主体执行机关将教育领域国家监督(控制)活动的相关信息输入指定的信息系统。

8.教育领域国家监督信息系统的组建和管理程序(包括其包含的信息列表和获取信息的程序)由俄罗斯联邦政府制定。

9.为统计教育组织的信息,应在联邦信息系统“教育和(或)技能文件、培训内容文件信息联邦登记系统”中输入教育文件和(或)技能的信息,以及教育组织发布的培训文件的信息。该系统的组建和管理由联邦执行机关组织,该机关负责教育领域的管理和监督职能。联邦国家机关、实施教育领域国家管理的俄罗斯联邦各主体权力执行机关以及在教育领域实施管理的地方政府、开展教育活动的组织通过在“教育文件和(或)技能文件、培训内容文件信息联邦登记系统”中录入文件的方式,向在教育领域行使管理和监督职能的联邦权力执行机关提交教育和(或)技能文件、培训内容文件信息。

10.录入“教育和(或)技能文件、培训内容文件信息联邦登记系统”的信息目录、其组建和管理程序(包括访问其内部信息的程序),以及输入信息的程序和期限由俄罗斯联邦政府确立。

11.在教育领域行使管理和监督职能的联邦权力执行机关,负责组织建立和管理“教育和(或)技能文件认证登记系统”。执行俄罗斯联邦授权的教育和(或)资格证件认证的权力执行机关,可通过联邦信息系统“教育和(或)技能文件认证登记系统”,向在教育领域行使管理和监督职能的执行机关提供教育和(或)技能文件的盖章证明,上述机关有权使用此联邦信息系统中的信息。

12.输入联邦信息系统“教育和(或)技能文件、培训内容文件信息联邦登记系统”的信息目录,以及目录的形成和管理程序由俄罗斯联邦政府完成。

第十三章　教育领域的经济活动和财政支持

第九十九条　国家和地方在教育领域财政保障的特点

1.俄罗斯联邦在提供俄罗斯联邦教育领域的国家和地方服务方面的财政支持按照俄罗斯联邦法律及本联邦法律执行。

2. 俄罗斯联邦各主体国家权力机关按照本联邦法律第八条第 1 款第 3 项制定的标准，以及国家和地方依据各教育等级确定的教育领域提供的定额支出，按照联邦国家教育标准、教育大纲的类型和方向（专业）、教育形式、联邦国家要求（如果有的话）、教育组织类型、网络教育实施大纲、教育技术、有身心障碍的受教育者的特殊条件、教学人员接受补充职业教育的保障、教学和培养的安全保障、受教育者的健康保护，以及执行本联邦法律对组织性质和开展教育活动的其他规定（对于不同种类的受教育者）。除按照针对个别学生的教育标准开展的教育活动外（除非本条另有规定）。

3. 在教育领域提供国家或地方服务的规范性支出，包括支付教育工作者劳动报酬。依据俄罗斯联邦总统、俄罗斯联邦政府、俄罗斯联邦各主体的联邦权力机关和地方政府机关的决定，保障教育工作者完成其教育（教学）工作和其他工作所得的平均工资。俄罗斯联邦各主体国家权力机关将地方普通教育组织中教育工作者的劳动报酬包含在本联邦法第八条第 1 款第 3 项确定的标准的费用中，其劳动报酬不得低于此类普通教育组织所在的俄罗斯联邦主体的平均工资水准。

4. 对于在农村地区实施基础普通教育大纲的小型教育组织和普通教育组织，提供教育领域的国家或地方服务的标准费用应包括实施教育活动的费用，不取决于受教育者人数。俄罗斯联邦各主体的国家权力机关依据此类教育组织距离其他教育组织的偏远程度、交通便利程度和（或）受教育者人数，将一些实施基础普通教育大纲的教育组织归类为小型教育组织。

5. 依据俄罗斯联邦各主体国家权力机关联邦法律第三条第 8 款规定的标准，俄罗斯联邦各主体预算为基础普通教育大纲开展教育活动的私人组织提供补贴。在教育领域提供相应的国家或地方服务的标准费用由联邦预算、俄罗斯联邦各主体预算、地方预算为职业教育大纲开展教育活动的私人组织提供补贴。

第一百条　借助联邦预算、俄罗斯联邦各主体预算、地方预算拨款接受教育的受教育者招生计划

1. 学习中等职业教育和高等教育大纲的借助联邦预算、俄罗斯联邦各主体预算、地方预算拨款受教育者人数，由依据职业、专业和培训方向批准的招生计划确定（以下简称“招生计划”），此类受教育者借助联邦预算、俄罗斯联邦各主体预算、地方预算拨款接受教育。

（引自 2014 年 12 月 31 日联邦法律第 500-Ф3 号）

2. 联邦预算拨款按照居住在俄罗斯联邦的十七岁至三十岁之间的人，每十万人每年不少于八百名学生接受高等教育大纲教学的标准提供财政保障。

（引自 2014 年 12 月 31 日联邦法律第 500-Ф3 号）

3. 招生计划按照公开竞争选拔的结果分配，除本条另有规定外，对于按照拥有国家认证的中等专业教育和高等教育大纲学习的情况，应由开展教育活动的组织按照不同职业、专业、培训方向以及（或）职业、专业和培训方向合并群组设定招生计划。对于按照无国家认证的中等专业教育和高等教育大纲学习的情况，招生计划也可根据不同职业、专业、培训方向以及(或)职业、专业和培训方向合并群组设定，如上述教育大纲未提前进行国家认证，则执行教育大纲的教育机构有义务自设定录取定额之日起，在三年之内取得上述教育大纲的国家认证，并不得晚于在所设录取定额内录取的学生完成学业的时间，相关职业、专业、培训方向设定的录取定额应征得以下机构的同意：

(1)履行其创始人职能的国家机关或地方自治机关——针对开展教育活动的国家或地方组织；

(2)履行国家教育政策研制和国家教育法规协调职能的联邦权力执行机关——针对在没有高等教育大纲国家认证的情况下开展教育活动的私人组织；

(3)俄罗斯联邦各主体在教育领域行使国家管理职能的国家权力机关——针对没有中等职业教育大纲国家认证的开展教育活动的私人组织。

(第三款引自 2014 年 12 月 31 日联邦法律第 500-Φ3 号)

4.批准依据中等职业教育大纲和高等教育大纲开展教育活动的组织的招生计划(包括确定录取总人数的程序)的程序由以下机关制定：

(1)借助联邦预算拨款的经俄罗斯联邦政府批准；

(2)借助俄罗斯联邦各主体预算拨款的经俄罗斯联邦各主体执行机关批准；

(3)借助地方预算拨款的经地方自治机关批准。

5.依据基础职业教育大纲开展教育活动的组织有权在既定入学人数范围内按照本联邦法第五十六条批准的程序办理受教育者入学手续。

第一百零一条　借助个人和法人实体资金开展的教育活动

1.从事教育活动的组织有权开展指定的活动，其费用依据提供有偿教育服务的合同由个人和(或)法人实体承担。有偿教育服务是指开展某些课程等教育活动，其费用依据提供有偿教育服务的合同由个人和(或)法人实体承担。提供有偿教育服务的收入按照该组织的章程使用。

2.有偿教育服务不能代替教育活动，教育活动的财政保障需借助联邦预算拨款、俄罗斯各主体预算拨款、地方预算拨款。开展教育活动的组织在提供有偿教育服务时所收取的费用将退还给支付教育费用的人员。

3.借助联邦预算拨款、俄罗斯各主体预算拨款、地方预算拨款开展教育活动的组织有权借助个人和(或)法人实体的资金开展教育活动，现有的国家、地方规定或协议中没有对“在上述教育活动中提供服务时退还重复收取的费用的补贴”进行额外规定。

第一百零二条　教育组织的财产

1.教育组织必须拥有实施教育活动所必需的财产以及教育组织的章程规定的或以其他法律为基础的财产。

2.以下权利不得私有化：国家和地方教育组织专属的运营管理权、组织中可独立支配的教育、生产、社会基础设施工程(建筑物、房屋、设施)，其中包括位于教学楼以及用于工业、社会、文化方向的建筑物中的住所、宿舍以及教育组织管理下的实践基地的权利或教育组织的其余权利。

3. 教育组织倒闭后，其财产在偿还债权人的债务后，将按照教育组织的章程用于教育发展。

第一百零三条　由高等教育组织成立的商业公司和商业合资企业，其活动是智力成果的实际应用(运用)

1. 作为预算机构和自治机构的高等教育组织有权在未经其财产所有人同意的情况下，向履行科学技术活动领域国家政策研制和科学技术活动领域法规协调职能的联邦权力执行机关备案后，成为商业公司和商业合资企业的创始人(包括与其他人共同所有)。公司或企业的活动是智力成果的实际应用(运用)[电子计算机程序、数据库、发明、实用新型模型、工业样品、培育成果、集成电路布局技术、生产机密(译注：即专有技术)，以上属于教育组织的专有权利(包括与其他人共有)]。同时，商业公司或商业合资企业成立备案应在记入国家法人实体注册国家登记册之日起七日内送到本款中所提及的高等教育组织。

2. 本条第 1 款所指出的使用商业公司的法定资本和商业合资企业的共同资本创立的高等教育组织，有权使用智力结果(电子计算机程序、数据库、发明、实用新型模型、工业样品、培育成果、集成电路布局技术、生产机密(译注：即专有技术)，并且专有权也归上述教育组织所有(包括与其他人共同所有)。作为对商业公司的固定资本或许可协议下的商业合资企业共有资本的资产，其评估由商业公司的独资创始人(创始人大会)或商业合作的各参与方，通过商业公司的所有创始人或商业合作的各参与方协商一致后进行。若名义价值或增加商业公司法定资本中各参与方股份的名义价值以及商业合资企业共有资本股份的名义价值超过五十万卢布时，必须由独立评估员进行评估。

3. 按照本条第 1 款的规定，高等教育组织运营管理中的资金、设备和其他财产可以作为商业公司的法定资本和商业合资企业的共同资本的资产，需按照俄罗斯联邦民事法律规定的程序进行。

4. 按照本条第 1 款的规定，高等教育组织有权聘请社会各界人士作为商业公司的创始人(参与者)或商业合资企业的参与者。

5. 作为预算机构的高等教育组织，必须经相关所有者事先同意，有权出售商业公司法定资本中的股份，以及商业合资企业中共有资本的资产。高等教育组织作为参与方，应按照俄罗斯联邦民事法律规定，实施股份管理和商业公司的法定资本及商业合资企业的共同资本中的股权管理。高等教育组织领导人以组织的名义行使商业公司和商业合资企业参与者的权力。

6. 若创始人(参与者)是本条法律第 1 款规定的高等教育组织，则出售商业公司的授权资本中的股份或商业公司的法定资本或商业合资企业共同资本的股权的收入可由教育组织自由分配。

第一百零四条　教育贷款

1.银行和其他信贷机构向已进入教育组织进行相关教育大纲学习的公民提供的教育贷款，属于专用贷款。

2.教育贷款可用于支付教育组织的全部或部分教育费用（基础教育贷款）和（或）支付住宿费、餐食费、购买教育科学著作和其他受教育期间的日常生活费用（附加教育贷款）。

3.在俄罗斯联邦，国家支持公民为学习基础职业教育大纲而进行教育贷款。

4.教育贷款的条件、额度和发放手续由俄罗斯联邦政府决定。

第十四章　教育领域的国际合作

第一百零五条　教育领域国际合作的形式和方向

1.开展教育领域国际合作有以下目的：

（1）增加俄罗斯联邦公民、外国公民和无国籍人士接受教育的可能性；

（2）协调俄罗斯联邦与外国和国际组织在发展教育方面的合作；

（3）改善国际和国内教育发展机制。

2.俄罗斯联邦促进俄罗斯与外国教育组织的合作发展，推进受教育者、教师、科学工作者和其他教育体系中的工作者的国际学术流动，吸引外国公民到俄罗斯教育组织中从事教学工作，保障教育程度和（或）教育资格的相互承认，按照俄罗斯联邦的国际条约参与各种国际组织在教育领域的活动。俄罗斯联邦权力执行机关和俄罗斯联邦各主体国家权力机关在其职权范围内，按照俄罗斯联邦法律规定的方式，开展与国际组织、外国国家机关以及外国非政府组织在教育领域内的合作。

3.教育体系中的组织直接参与教育领域的国际合作，应按照俄罗斯联邦法律，以现有联邦法律和俄罗斯联邦其他规范性法令规定的其他形式与外国组织和公民签订教育协议，特别是在以下方向：

（1）与国际组织或外国组织合作制定和实施教育领域的教育大纲和科学大纲；

（2）开展教育活动的俄罗斯组织内的受教育者、教育工作者和科学工作者进入外国教育组织的进修（工作）方向，为受教育者提供留学特殊奖学金，招收外国学生、教育工作者和科学工作者进入开展教育活动的俄罗斯组织，进行教学、提高技能和完成科学教育的活动以及开展国际学术交流；

（3）共同开展学术研究和创新活动，如实施教育领域的基础和应用学术研究；

（4）参与实施网络形式的教育大纲；

（5）参与国际组织的活动，开展国际教育、科学研究和科学技术相关的项目、代表大会、研讨会、学术会议、专题讨论会或独立开展上述活动，以及就教育科学文献进行双边和多边交流活动。

第一百零六条　认证教育和(或)资格证书

有关在俄罗斯联邦领土之外的俄罗斯官方文件上加盖居住国要求的印章的规定，请参见2015年11月28日联邦法第330-ФЗ号。

1. 认证俄罗斯开展教育活动的组织所提供的教育和(或)资格证书，以确保该证书在国外的法律效力。依据俄罗斯联邦的国际条约和(或)俄罗斯联邦的监管法律文件来认证教育和(或)资格证书。

2. 俄罗斯联邦各主体执行机关通过在文件上加盖符合居住国要求的印章的方式认证教育和(或)资格证书。俄罗斯联邦各主体权力执行机关由俄罗斯联邦授权认证教育和(或)资格证书，依据书面或电子文件的形式(使用公用的信息远程通讯网络，包括单一国家和地方门户网站在内的因特网)对公民提交的申请进行认证。

3. 认证教育和(或)资格证书的程序由俄罗斯联邦政府确定。

4. 按照俄罗斯联邦有关税收的法律规定，由国家税金支付在教育和(或)资格证书加盖符合居住国规定的印章时产生的费用。按照本条第2款规定的以电子文件的形式提交批准教育或资格证书的申请时，需提交一份证明，即证明由国家税金支付在申请教育或资格证书申请时产生的费用，此证明可以以电子文件的形式(使用公用的信息远程通讯网络，包括单一国家和地方门户网站在内的因特网)提交。

第一百零七条　承认在国外接受的教育或技能水平

1. 承认在俄罗斯联邦以外的国家接受的教育和(或)技能(以下简称外国教育或技能)，依据规定承认和建立与外国教育和(或)技能对等(以下简称国际互认协定)的俄罗斯联邦国际条约以及俄罗斯联邦法律。

2. 在本联邦法律中，关于承认俄罗斯联邦的外国教育和(或)技能，是指官方批准在外国接受的教育和(或)技能的水准(水平)，以此确保该类型受教育者能参与到俄罗斯联邦的教育和(或)职业活动中，授予他们学术、职业和(或)其他由国际互认协定以及俄罗斯联邦法律规定的权利。被俄罗斯联邦承认的接受外国教育和(或)技能的人享有与在俄罗斯联邦接受教育和(或)技能的人相同的学术和(或)职业权利，国际互认协定另有规定的除外。

3. 在俄罗斯联邦，承认外国教育和(或)技能受到国际互认协定的影响，在外国取得的教育和(或)技能相对应的在俄罗斯联邦取得的教育和(或)技能目录应由俄罗斯联邦政府制定。列入指定的外国教育组织目录的标准和程序由俄罗斯联邦政府制定。

4. 如果外国教育和(或)技能不符合本条第3款规定的条件，则外国教育和(或)技能应由在教育领域执行控制和监督职能的联邦权力执行机关予以承认，并依据书面或电子文件的形式(使用公用的信息远程通讯网络，包括单一国家和地方门户网站在内的因特网)对提交的公民申请进行认证、审查，进行教育和(或)技能水平的评估，以确定是否授予接受外国教育和(或)技能的受教育者与在俄罗斯联邦接受教育和(或)技能的受教育者具有相同的学术和(或)职业权利。

5. 依据审查结果，在教育领域行使管理和监督职能的联邦权力执行机关应采取以下措施：

(1)承认外国教育和(或)技能，包括将外国教育阶段视为依据一定水平的教育大纲制定的教育阶段，并有权继续接受俄罗斯联邦教育大纲的教育；

(2)拒绝承认外国教育和(或)技能。

6. 如果在教育领域执行控制和监督职能的联邦权力执行机关承认外国教育和(或)技能，则受教育者应获得承认外国教育和(或)技能的证书。

7. 按照俄罗斯联邦关于税费方面的法律规定的额度和方式用俄罗斯税收支付颁发外国教育和(或)技能的承认证书以及证书副本产生的费用。

8. 当申请人以本条第 4 款规定的电子文件形式申请承认外国教育和(或)技能时，应发送给申请人一份关于国家税收支付用于签发承认外国教育和(或)技能的证书的费用的证明文件，该文件应以电子文件的形式(使用公用的信息远程通讯网络，包括包含单一国家和地方门户网站在内的因特网)发送。

9. 申请人以本条第 4 款规定的电子文件的形式申请承认外国教育和(或)技能，收到外国教育和(或)技能的原始证书时，所有文件的原件均交由申请人或按照民法规定的委托人。

10. 申请承认外国教育和(或)技能的文件目录，审查外国教育和(或)技能的程序和期限，以及承认外国教育和(或)技能的证书的格式和技术要求均由行使履行国家政策和教育领域的规范和法律监管的职能的联邦权力执行机关确定。

11. 本联邦法第 11 条第 10 款所规定的高等教育组织，有权按照其制定程序，自主承认尚不符合本条第 3 款规定条件的外国教育和(或)技能，旨在准许其进入该组织接受教育，以及允许拥有外国教育和(或)技能的人员从事职业活动。上述高等教育组织向本条第 14 款规定的国家信息中心提交关于承认外国教育和(或)技能的程序的信息。

12. 在俄罗斯联邦获承认外国教育和(或)技能的人必须遵守俄罗斯联邦法律规定的进入教育组织或参加工作的所有要求。

2014 年 5 月 5 日的联邦法第 84-ФЗ 号规定，依据 2014 年 3 月 21 日的联邦宪法第 6-ФКЗ 号第 4 条第 1 款，俄罗斯联邦公民以及拥有教育、学位和学位职称的人，乌克兰内阁批准其可以凭证免于遵守此要求。

13. 除非俄罗斯联邦的国际条约另有规定，俄罗斯联邦承认的外国教育和(或)技能文件必须依据俄罗斯联邦法律合法化并翻译成俄文。

14. 对俄罗斯联邦承认外国教育和(或)技能的信息保障由国家信息中心执行，其职能由俄罗斯联邦政府授权的组织执行。

15. 依据俄罗斯联邦的国际条约和俄罗斯联邦立法，联邦国家新闻中心：

(1)为公民和组织提供有关承认外国教育和(或)技能的免费咨询；

(2)在互联网官方网站上传以下信息：

①发布俄罗斯联邦确定的教育类型、教育水平、职业清单、专业和培训方向的说明，以及相关职业、专业和技能培训方向的说明；

②依据俄罗斯联邦、苏维埃俄国或苏联颁布或发布的关于教育和(或)技能的范本文件说明;

③关于国际互认协定的信息,其中包括俄罗斯联邦承认的关于外国教育和(或)技能的文件目录和范本;

④依据本条第3款规定制定外国教育组织目录,以及发送给外国教育组织俄罗斯联邦承认的外国教育和(或)技能的文件目录和范本;

⑤按照本联邦法律第十一条第10款的规定,关于承认高等教育组织授予的外国教育和(或)技能的程序信息。

第十五章　结　语

第一百零八条　结语

1. 在本联邦法律生效之日前,俄罗斯联邦规定的教育水平(学历)与本联邦法规定的以下教育水平等同:

(1)中等(完全)普通教育等同于中等普通教育;

(2)初等职业教育等同于依据劳动者(雇员)技能培训大纲开展的中等职业教育;

(3)中等职业教育等同于依据中等水平专业人员培训大纲开展的中等职业教育;

(4)高等职业教育学士学位等同于高等教育学士学位;

(5)培养专业人员或硕士的高等职业教育等同于培养专业人员或硕士的高等教育;

(6)研究生班(高等军事学校研究生班)的大学后职业教育等同于依据研究生班(高等军事学校研究生班)科学和教育人才培养大纲开展的培养高素质人才的高等教育;

(7)临床医学研究生院的大学后职业教育等同于依据临床医师教育大纲培养高素质人才的高等教育;

(8)以从事实习助理形式开展的大学后职业教育等同于依据实习助理教育大纲培养高素质人才的高等教育。

2. 在本联邦法生效之日前,在俄罗斯联邦实施的教育大纲与本联邦法规定的部分教育大纲的名称相同:

(1)学前教育的基础普通教育大纲等同于学前教育大纲;

(2)初等普通教育的基础普通教育大纲等同于初等普通教育大纲;

(3)基础普通教育的基础普通教育大纲等同于基础普通教育大纲;

(4)中等(完全)普通教育的基础普通教育大纲等同于中等普通教育大纲;

(5)初等职业教育的基础职业教育大纲等同于培养技术人员(雇员)大纲;

(6)中等职业教育的基础职业教育大纲等同于培养中等水平专业人员大纲;

(7)高等职业教育的基础职业教育大纲(学士学位培养大纲)等同于学士学位培养大纲;

(8)高等职业教育的基础职业教育大纲(专业人员培养大纲)等同于专业人员培养大纲;

(9)高等职业教育的基础职业教育大纲(硕士学位培养大纲)等同于硕士学位培养大纲;

(10)研究生班(高等军事学校研究生班)的大学后职业教育的基础职业教育大纲等同于研究生班(高等军事学校研究生班)科学和教育人才培养大纲;

(11)临床医学研究生院的大学后职业教育的基础职业教育大纲等同于临床医师培养大纲;

(12)以从事实习助理形式开展的大学后职业教育的基础职业教育大纲等同于实习助理培养大纲;

(13)职业培训教育大纲等同于工人、雇员等职业的职业培训大纲;

(14)补充普通教育大纲等同于补充普通教育大纲;

(15)艺术方面的补充职业前普通教育大纲等同于艺术方面的补充职业前普通教育大纲;

(16)补充职业教育大纲等同于补充职业教育大纲。

3. 在本联邦法生效之日前,依据本联邦法律规定之外的教育大纲接受教育的学生(除了临床实习中的研究生医学和药学教育的基础职业教育大纲外)按照本条第 2 款的规定,视为接受了本联邦法律规定的教育大纲的教育。上述学生与接受本联邦法规定的相关教育大纲的学生享有同等的权利和义务。

4. 依据 2011 年 11 月 21 日联邦法律第 323-ФЗ 号“关于保护俄罗斯联邦公民健康的基本准则”实施的临床研究生医学和药学基础职业教育大纲,在规定学制中的学生接受此类教育。自 2016 年 9 月 1 日起,“依据临床实习中大学后医学和药学教育大纲,进入教育和科学组织接受教育”条款已被废除。

5. 教育组织的名称和章程应依据以下内容,并按照本联邦法,在 2016 年 7 月 1 日之前做出调整:

(2015 年 12 月 30 日第 458-FZ 号联邦法修正案)

(1)针对有身心障碍的学生的特殊(康复)学生教育组织应更名为普通教育组织;

(2)初等职业教育组织和中等职业教育组织应更名为职业教育组织;

(3)高等职业教育组织应更名为高等教育组织;

(4)儿童补充教育组织应更名为补充教育组织;

(5)培养专业人员的补充职业教育组织(提高技能)应更名为补充职业教育组织;

(6)针对有偏常行为(偏离常规、危害社会)的儿童和青少年实施普通教育大纲的特殊学习教育组织,应更名为有特殊命名的普通教育组织“针对有偏常行为(危害社会)的受教育者的特殊学习教育组织”;

(7)针对有偏常行为(偏离常规、危害社会)的儿童和青少年实施的普通教育大纲和初等职业教育大纲的特殊学习教育组织,应更名为有特殊命名的职业教育组织“针对有偏常行为(危害社会)的受教育者的特殊学习教育组织”。

6. 重新命名教育组织时,应依据相应的法律组织形式指明其类型。

7. 开展教育活动的组织应当在拥有本联邦法生效之日前颁布的教育活动许可证和国家认证证书(除了拥有国家认证的补充职业教育大纲的许可证)的基础上开展教育活动。

8. 包括国家认证的补充职业教育大纲许可证在内的国家认证证书自本联邦法生效之日起不再有效。

9. 为开展教育活动,此前按照本联邦法颁发的教育活动许可证和国家认证证书将于 2017 年 1 月 1 日前重新办理。

(2015 年 7 月 13 日联邦法修正案第 238-ФЗ 号)

9.1. 此前颁发给经过重组的教育组织的临时国家认证证书,在国家认证证书有效期期满之前重新颁发国家认证证书。

(第 9.1 款引自 2015 年 7 月 13 日联邦法修正案第 238-ФЗ 号)

10. 个体企业家在教育工作者的参与下开展的教育活动必须在 2014 年 1 月 1 日前取得开展教育活动的许可证。如果个体企业家在规定期限期满前未收到许可证,必须停止在教育工作者的参与下开展的教育活动。

11. 自本联邦法生效之日起,本联邦法律生效之日前实行的按照学位职务要求的学位和职位津贴的数额包含在高等教育组织的科学和教育工作者的薪金(职务薪金)之中。本联邦法生效之日起,在 2012 年 12 月 31 日以前固定提供的书籍和期刊的每月现金补偿包含在教职工的薪金(职务薪金)之中。

12. 本联邦法第 88 条第 3 款的规定不适用于本联邦法生效日期之前产生的教育关系。

13. 2014 年 1 月 1 日前:

(1)俄罗斯联邦主体在教育领域的国家权力机关执行:

①将补助金下发至地方预算,为公民获得普及的免费学前教育、初级普通教育、基础普通教育、中等普通教育以及普通教育组织提供的补充教育普通教育的权利提供国家保障。为实施基础普通教育大纲,按照俄罗斯联邦各主体法律规定的标准,财政补贴用于支付普通教育组织的员工劳务费用、教科书和教学支出、视觉教学的支出、教学技术工具支出、消耗品和经济需求支出(建筑物和公用事业的维护支出除外,这类费用由地方预算支付);

②为公民进入基础普通教育大纲国家认证的私立普通教育组织获得学前教育、初等普通教育、基础普通教育、中等普通教育提供财政保障。为实施基础普通教育大纲,财政补贴按照俄罗斯联邦各主体的国家教育组织和地方教育组织的教育活动财政保障标准支付教学人员的劳务费用、教科书和教育支出、视觉教学的支出、教学技术设备支出、比赛支出、教具支出、消耗品支出。

(2)在解决教育领域地方重要性问题的框架内,地方区域和城市周边地区自治机关实施:

①依据基础普通教育大纲提供普及的免费学前教育、初级普通教育、基础普通教

育、中等普通教育的组织，除了为本款第1项规定的教育财政保障授权之外，权力归俄罗斯联邦各主体国家权力机关；

②为私立学前教育组织的儿童提供用于执行学前教育基本普通教育大纲的财政保障，包括教学人员的劳务费用、视觉教学的支出、教学技术工具支出、比赛支出、教具支出、消耗品支出，按照为地方教育组织制定的规范进行。

14.在2019年1月1日之前，依据本联邦法第71条规定，在既定配额范围内，通过入学考试后有权接受学士学位课程大纲和专科大纲的学习。此规定同样适用于孤儿和无父母照顾的儿童、符合此类情况的人，以及符合在1995年1月12日联邦法律第5-ФЗ号“关于退役军人”的第3条第1款第①～④项中指出的部分退伍军人。

（第14款由2014年3月2日联邦法第11-ФЗ号引入，2014年12月31日联邦法修正案第N500-ФЗ号、2016年3月2日联邦法修正案第46-ФЗ号、2016年6月2日联邦法修正案第165-ФЗ号）

15.受过高等职业教育水平的教育并经资格认定为“毕业生”的人，有权通过竞争选拔接受硕士大纲教育，但此阶段的教育不视为二次或继续高等教育。

（第15款引自2014年2月3日联邦法第11-ФЗ号）

16.自俄罗斯联邦新主体——克里米亚共和国和塞瓦斯托波尔（联邦重要城市）加入之日起，俄罗斯联邦设立法律“关于俄罗斯联邦对克里米亚共和国的接纳”和“俄罗斯联邦在俄罗斯联邦组建的新主体——克里米亚共和国和塞瓦斯托波尔（联邦重要城市）”，以及对俄罗斯联邦法律“俄罗斯联邦教育”作出修订。

（第16款引自2014年5月5日联邦法第84-ФЗ号）

第一百零九条　关于苏联的若干法令在俄罗斯联邦领土无效的说明

以下法令在俄罗斯领土上视为无效：

(1)1973年7月19日的苏联法第4536-8号“关于批准苏联及加盟共和国国民教育立法的基本原则”（苏联最高苏维埃宪法，1973年，第30号，第392条）；

(2)1973年12月17日苏联最高苏维埃主席团法令第5200-8号“关于颁布苏联及加盟共和国国民教育立法规定”（苏联最高苏维埃宪法，1973年，第51号，第726条）；

(3)1979年8月14日苏联最高苏维埃主席团条例第577-10号“关于对苏联及加盟共和国国民教育立法基本原则的修改和增补”（苏联最高苏维埃宪法，1979年，第34号，第554条）；

(4)1979年11月30日苏联法第1166-10号“关于批准苏联最高苏维埃主席团法令关于苏联和加盟共和国卫生保健、教育、心理健康、婚姻和家庭的立法基本原则的修改和增补”，以及“苏联和加盟共和国林业立法和民事诉讼立法的基本原则的修改和增补”（苏联最高苏维埃宪法，1979年，第49号，第847条），以及1979年8月14日苏联最高苏维埃主席团法令批准“关于修改和增补苏联和加盟共和国国民教育立法基本原则”的部分；

(5)1984 年 4 月 12 日苏联最高苏维埃主席团条例第 13－11 号“关于普通教育和职业学校改革的主要方向”(苏联最高苏维埃宪法，1984 年，第 16 条，第 237 条)；

(6)1985 年 11 月 27 日苏联法第 3661－11 号“关于修订苏联和加盟共和国关于普通教育和职业学校改革主要方向的公共教育立法基本原则”(苏联最高苏维埃宪法，1985 年，第 48 号，第 918 条)；

(7)1985 年 11 月 27 日苏联法第 3662－11 号“苏联关于修订与普通教育和职业学校改革基本方向有关的若干法令，以及新版批准苏联和加盟共和国国民教育立法”(苏联最高苏维埃宪法，1985 年，第 48 号，第 919 条)；

(8)1985 年 12 月 3 日苏联最高苏维埃主席团条例第 3706－11 号“关于苏联和加盟共和国立法关于国民教育规定的第 19、21 和 25 条”(苏联最高苏维埃宪法，1985 年，第 49 号，第 967 条)；

(9)1986 年 5 月 7 日苏联最高苏维埃主席团法令第 4615－11 号第 3 点“关于修订苏联的若干法令”(苏联最高苏维埃宪法，1986 年，第 20 号，第 344 条)；

(10)1991 年 4 月 16 日苏联法第 2114－1 号“关于苏联国家青少年管理的一般原则”(苏联人民代表大会宪法和苏联最高苏维埃宪法，1991 年，第 19 号，第 533 条)；

(11)1991 年 4 月 16 日苏联最高苏维埃主席团条例第 2115－1 号“关于颁布苏联法律‘关于苏联国家青少年管理的一般原则’”(苏联人民代表大会宪法和苏联最高苏维埃宪法，1991 年，第 19 号，第 534 条)。

第一百一十条　对俄罗斯苏维埃联邦社会主义共和国和俄罗斯联邦的若干法令(法令条款)无效的说明

以下法令丧失法律效力：

(1)1974 年 8 月 2 日俄罗斯苏维埃联邦社会主义共和国法“关于国民教育”(苏俄最高苏维埃宪法，1974 年，第 32 号，第 850 条)；

(2)1974 年 8 月 2 日苏俄最高苏维埃条例“关于颁布苏俄国民教育法”(苏俄最高苏维埃宪法，1974 年，第 32 号，第 851 条)；

(3)1974 年 9 月 19 日苏俄最高苏维埃主席团法令“关于颁布公共教育苏维埃社会主义共和国法的规定”(苏联最高苏维埃宪法，1974 年，第 39 号，第 1033 条)；

(4)1979 年 10 月 8 日苏俄最高苏维埃主席团法令“关于对苏俄国民教育法律的修改和增补”(苏联最高苏维埃宪法，1979 年，第 41 号，第 1029 条)；

(5)1987 年 7 月 7 日苏俄法“关于修订和增补苏俄法‘关于国民教育’”(苏联最高苏维埃宪法，1987 年，第 29 号，第 1059 条)；

(6)1987 年 7 月 7 日苏俄法“关于苏俄若干法令的修改和增补”(苏联最高苏维埃宪法，1987 年，第 29 号，第 1060 条)；

(7)1987 年 7 月 30 日苏俄最高苏维埃主席团法令第 2 点“关于修改苏俄的若干法令”(苏联最高苏维埃宪法，1987 年，第 32 号，第 1145 条)；

(8)1987 年 7 月 30 日苏俄最高苏维埃主席团法令“关于苏俄法第 30、32、34 和 41 条‘关于国民教育’的条例”(苏联最高苏维埃宪法,1987 年,N 第 32 号,第 1146 条);

(9)1992 年 7 月 10 日俄罗斯联邦法第 3266－1 号“关于教育”(俄罗斯联邦人民代表大会和俄罗斯联邦最高委员会宪法,1992 年,第 30 号,第 1797 条);

1996 年 1 月 13 日第 12-ФЗ 号联邦法律已认定 1992 年 7 月 10 日俄罗斯联邦最高委员会条例第 3267－1 号失效。

(10)1992 年 7 月 10 日俄罗斯联邦最高委员会条例第 3267－1 号“关于颁布俄罗斯联邦法‘关于教育’的规定”(俄罗斯联邦人民代表大会和俄罗斯联邦最高委员会宪法,1992 年,第 30 号,第 1798 条);

(11)1992 年 10 月 9 日俄罗斯联邦最高委员会条例第 3614－1 号“关于修改俄罗斯联邦最高委员会条例第 5 点关于颁布俄罗斯联邦法‘关于教育’的规定”(俄罗斯联邦人民代表大会和俄罗斯联邦最高委员会宪法,1992 年,第 43 号,第 2412 条);

(12)1993 年 2 月 25 日俄罗斯联邦法第 4547－1 号“关于联邦高等教育管理机关的重组”(俄罗斯联邦人民代表大会和俄罗斯联邦最高委员会宪法,1993 年,第 10 号,第 369 条);

(13)1993 年 3 月 3 日俄罗斯联邦最高委员会共和国委员会条例第 4605－1 号“关于修改俄罗斯联邦最高委员会”“关于颁布俄罗斯联邦法律”“关于教育”的规定(俄罗斯联邦人民代表大会和俄罗斯联邦最高委员会宪法,1993 年,第 12 号,第 444 条);

(14)1993 年 3 月 3 日俄罗斯联邦最高委员会条例第 4606－1 号“关于修改俄罗斯联邦最高委员会关于颁布俄罗斯联邦法律‘关于教育’的规定”(俄罗斯联邦人民代表大会和俄罗斯联邦最高委员会宪法,1993 年,第 13 号,第 460 条);

(15)1996 年 1 月 13 日颁布的联邦法律第 12-ФЗ 号“关于对俄罗斯联邦法律‘关于教育’的修改和增补”(俄罗斯联邦法律汇编,1996 年,第 3 号,第 150 条);

(16)1996 年 8 月 22 日颁布的联邦法律第 125-ФЗ 号“关于高等教育和大学后职业教育”(俄罗斯联邦法律汇编,1996 年,第 35 号,第 4135 条);

(17)1997 年 11 月 16 日联邦法第 144-ФЗ 号第 1 条第 8 款“关于依据联邦宪法通过的‘关于俄罗斯联邦仲裁法庭’和‘俄罗斯联邦诉讼法典’修改和增补联邦法和其余联邦法令”(俄罗斯联邦法律汇编,1997 年,第 47 号,第 5341 条);

2010 年 11 月 8 日联邦法律第 293-ФЗ 号已认定 2000 年 7 月 10 日联邦法第 92-ФЗ 号失效。

(18)2000 年 7 月 10 日联邦法第 92-ФЗ 号“关于对联邦法‘关于高等和大学后职业教育’的修改和增补”(俄罗斯联邦法律汇编 2000 年,第 29 号,第 3001 条);

(19)2000 年 7 月 20 日联邦法第 102-ФЗ“关于对俄罗斯联邦法第 16 条‘关于教育’的修改和增补”(俄罗斯联邦法律汇编,2000 年,第 30 号,第 3120 条);

(20)2000 年 8 月 7 日联邦法第 122-ФЗ 号第 4 条第 5 款和 16 款“关于确定俄罗斯

联邦奖学金和社会福利金额的规定”(俄罗斯联邦法律汇编,2000 年,第 33 号,第 3348 条);

(21)2002 年 6 月 25 日联邦法第 71-ФЗ 号“关于修改和增补俄罗斯联邦法‘关于教育’和‘关于高等和研究生职业教育的联邦法’”(俄罗斯联邦法律汇编,2002 年,第 26 号,第 2517 条);

(22)2002 年 7 月 25 日联邦法第 112-ФЗ 号第 1 条第 8 款“关于依据联邦法通过的‘关于反对极端主义活动’的法律对俄罗斯联邦法令的修改和增补”(俄罗斯联邦法律汇编,2002 年,第 30 号,第 3029 条);

(23)2003 年 1 月 10 日联邦法第 11-ФЗ 号“关于对修改和增补俄罗斯联邦法律‘关于教育’以及联邦法‘关于高等和大学后职业教育’”(俄罗斯联邦法律汇编,2003 年,第 2 号,第 163 条);

(24)2003 年 4 月 5 日联邦法第 41-ФЗ 号“关于修改联邦法第 30 条‘关于高等和大学后职业教育’”(俄罗斯联邦法律汇编,2003 年,第 14 号,第 1254 条);

(25)2003 年 7 月 7 日联邦法第 119-ФЗ 号第 2 条“关于修改俄罗斯联邦法‘关于劳动报酬最低限额’和联邦法‘关于高等和大学后职业教育’”(俄罗斯联邦法律汇编,2003 年,第 28 号,第 2888 条);

(26)2003 年 7 月 7 日联邦法第 123-ФЗ 号第 1 条第 1 款“关于俄罗斯联邦‘关于普通教育组织融资’的若干法令的修改和增补”(俄罗斯联邦法律汇编,2003 年,第 28 号,第 2892 条);

(27)2003 年 12 月 8 日联邦法第 169-ФЗ 号第 10 条“关于修改俄罗斯联邦的若干法令以及苏俄法令丧失法律效力的说明”(俄罗斯联邦法律汇编,2003 年,第 50 号,第 4855 条);

(28)2004 年 3 月 5 日联邦法第 9-ФЗ 号“关于修改俄罗斯联邦法第 16 条‘关于教育’”(俄罗斯联邦法律汇编,2004 年第 10 号,第 835 条);

(29)2004 年 6 月 30 日联邦法第 61-ФЗ 号“关于修改俄罗斯联邦法第 32 条‘关于教育’”(俄罗斯联邦法律汇编,2004 年,第 27 号,第 2714 条);

(30)2004 年 8 月 22 日联邦法第 122-ФЗ 第 16 条和第 78 条“关于修改俄罗斯联邦的若干法令和承认俄罗斯联邦若干法令无效,依据俄罗斯联邦通过的联邦法‘关于组织俄罗斯联邦各主体国家权力的立法(代表)机关和执行机关的一般原则’和‘关于组织地方自治的一般原则’”。(俄罗斯联邦法律汇编,2004 年,第 35 号,第 3607 条);

(31)2004 年 12 月 29 日联邦法第 199-ФЗ 号第 17 条第 4 款和 19 款“关于修改俄罗斯联邦法令‘关于扩大俄罗斯联邦主体在俄罗斯联邦和俄罗斯联邦主体共同控制权范围内的国家权力执行机关的职权’以及‘扩大地方教育重要性的问题清单’”(俄罗斯联邦法律汇编,2005 年第 1 号,第 25 条);

(32)2005 年 4 月 21 日联邦法第 35-ФЗ 号“关于修改俄罗斯联邦法律‘高等和大学后职业教育’”(俄罗斯联邦法律汇编,2005 年,第 17 号,第 1481 条);

(33)2005 年 5 月 9 日联邦法第 45-Φ3 号第 3 条“关于修改俄罗斯联邦关于行政违规和俄罗斯联邦其他法令,以及关于俄罗斯联邦某些法令条例无效的说明”(俄罗斯联邦法律汇编,2005 年,第 19 号,第 1752 条);

(34)2005 年 7 月 18 日联邦法第 92-Φ3 号“关于修改俄罗斯联邦法‘关于教育’”(俄罗斯联邦法律汇编,2005 年,第 30 号,第 3103 条);

(35)2005 年 7 月 21 日联邦法第 100-Φ3 号第 2 条“关于修改联邦法‘关于军事职务和兵役’以及俄罗斯联邦法第 14 条‘关于教育’”(俄罗斯联邦法律汇编,2005 年,第 30 号,第 3111 条);

(36)2005 年 12 月 31 日联邦法第 199-Φ3 号第 2 条和第 12 条“关于修改俄罗斯联邦有关改进权力分配的个别法令”(俄罗斯联邦法律汇编,2006 年,第 1 号,第 10 条);

(37)2006 年 3 月 16 日第 42-Φ3 号联邦法“关于修改俄罗斯联邦法第 19 条‘关于教育’”(俄罗斯联邦法律汇编,2006 年,第 12 号,第 1235 条);

(38)2006 年 7 月 18 日联邦法第 113-Φ3 号“关于修改联邦法第 12 条和第 20 条‘关于高等和大学后职业教育’”(俄罗斯联邦法律汇编,2006 年,第 30 号,第 3289 条);

(39)2006 年 10 月 16 日联邦法第 161-Φ3 号“关于修改联邦法第 30 条‘关于高等和大学后职业教育’”(俄罗斯联邦法律汇编,2006 年,第 43 号,第 4413 条);

(40)2006 年 11 月 3 日联邦法第 175-Φ3 号第 1 条“关于修改俄罗斯联邦法令依据联邦法律通过的‘关于自治机构’,以及确定国家和地方机构的职权”(俄罗斯联邦法律汇编,2006 年,第 45 号,第 4627 条);

(41)2006 年 12 月 5 日联邦法第 207-Φ3 号第 3 条“关于修改俄罗斯联邦法‘关于国家支持公民养育子女的若干法令’”(俄罗斯联邦法律汇编,2006 年,第 50 号,第 5285 条);

(42)2006 年 12 月 28 日联邦法第 242-Φ3 号“关于修改俄罗斯联邦法第 31 条‘关于教育’”(俄罗斯联邦法律汇编,2007 年,第 1 号,第 5 条);

(43)2006 年 12 月 29 日联邦法第 258-Φ3 号第 2 条和第 12 条“关于修改俄罗斯联邦法‘关于改善权力分配’的若干法令”(俄罗斯联邦法律汇编,2007 年,第 1 条,第 21 条);

(44)2007 年 1 月 6 日联邦法第 1-Φ3 号第 1 条、第 2 条和第 44 条“关于修改俄罗斯联邦‘关于确保服完兵役的军人(公民)获得中等职业教育和高等职业教育’的若干法令(俄罗斯联邦法律汇编,2007 年,第 2 期,第 360 项);

(45)2007 年 2 月 5 日联邦法第 13-Φ3 号第 9 条“关于在原子能领域开展活动的组织的财产和股份分配和管理特点,以及修改个别俄罗斯联邦法令”(俄罗斯联邦法律汇编,2007 年,第 7 号,第 834 条);

(46)2007 年 2 月 9 日联邦法第 17-Φ3 号“关于修改俄罗斯联邦法‘关于教育’以及联邦法律‘高等和大学后职业教育中实行国家统一考试’”(俄罗斯联邦法律汇编,2007 年,第 7 条,第 838 条);

(47)2007年4月20日联邦法第56-ФЗ号"关于修改俄罗斯联邦法'关于教育'、联邦法'关于高等和大学后职业教育法'",以及联邦法第2条"关于修改俄罗斯联邦若干法令中关于改善权力分配的问题"(俄罗斯联邦法律汇编,2007年,第17号,第1932条);

(48)2007年6月26日联邦法第118-ФЗ号第5条"关于俄罗斯联邦法'关于遵守俄罗斯联邦土地法典的立法'"(俄罗斯联邦法律汇编,2007年,第27号,第3213条);

(49)2007年6月30日联邦法第120-ФЗ号第1条"关于修改俄罗斯联邦法'关于有身心障碍的公民问题的若干法令'"(俄罗斯联邦法律汇编,2007年,第27号,第3215条);

(50)2007年7月13日联邦法第131-ФЗ号第2条"关于修改俄罗斯联邦法第3条'关于最低工资'和联邦法第16条'关于高等和大学后职业教育'"(俄罗斯联邦法律汇编,2007年,第29号,第3484条);

(51)2007年7月21日联邦法第131-ФЗ号第1条"关于修改俄罗斯联邦的若干法令'关于确立普通教育义务'"(俄罗斯联邦法律汇编,2007年,第29号,第3808条);

(52)2007年10月18日联邦法第230-ФЗ号第2条"关于修改俄罗斯联邦法'关于改进权力划定的若干法令'"(俄罗斯联邦法律汇编,2007年,第43号,第5084条);

(53)2007年10月24日联邦法第232-ФЗ号第1条和第2条"关于修改俄罗斯联邦的若干法令'关于设置高等职业教育等级'"(俄罗斯联邦法律汇编,2007年,第44号,第5280号);

(54)2007年12月1日联邦法第307-ФЗ号第1条和第2条"关于修改俄罗斯联邦若干法令,以使企业主有权参与制定和实施职业教育领域国家政策"(俄罗斯联邦法律汇编,2007年,第49号,第6068条);

(55)2007年12月1日联邦法第308-ФЗ号"关于修改俄罗斯联邦法,关于教育和科学整合的若干法令"(俄罗斯联邦法律汇编,2007年,第49号,第6069条);

(56)2007年12月1日联邦法第309-ФЗ号第1、5、14、15条"关于修改俄罗斯联邦法关于国家教育标准概念和结构变化的若干法令"(俄罗斯联邦法律汇编,2007年,第49号,第6070条);

(57)2007年12月1日联邦法律第313-ФЗ号第1条和第2条"关于修改俄罗斯联邦若干法令"(俄罗斯联邦法律汇编,2007年,第49号,第6074条);

(58)2008年2月28日联邦法第14-ФЗ号第1条"关于修改俄罗斯联邦关于职业宗教教育组织(精神教育组织)许可和认证的若干法令"(俄罗斯联邦法律汇编,2008年,第9号,第813项);

(59)2008年4月24日联邦法第50-ФЗ号"关于修改俄罗斯联邦法律第53条'关于教育'和联邦法第20条'关于高等和大学后职业教育'"(俄罗斯联邦法律汇编,2008年,第17号,第1757条);

(60)2008年7月15日联邦法第119-ФЗ号第2条"关于修改俄罗斯联邦法第3条

‘关于最低工资’以及联邦法第 16 条‘关于高等和大学后职业教育’(俄罗斯联邦法律汇编,2008 年,第 29 号,第 3419 条);

(61)2008 年 7 月 23 日联邦法第 160-ФЗ 号第 7 条和第 41 条“关于修改俄罗斯联邦有关改进俄罗斯联邦政府权力运行的若干法令”(俄罗斯联邦法律汇编,2008 年,第 30 号,第 3616 条);

(62)2008 年 10 月 27 日联邦法第 160-ФЗ 号“关于修改俄罗斯联邦法第 26 条‘关于教育’(俄罗斯联邦法律汇编,2008 年,第 44 号,第 4986 条);

(63)2008 年 12 月 25 日联邦法第 281-ФЗ 号第 3 条和第 10 条“关于修改俄罗斯联邦的若干法令”(俄罗斯联邦法律汇编,2008 年,第 52 号,第 6236 条);

(64)2008 年 12 月 25 日联邦法第 286-ФЗ 号“关于修改俄罗斯联邦法律第 39 条‘关于教育’和联邦法第 27 条‘关于高等和大学后职业教育’”(俄罗斯联邦法律汇编,2008 年,第 52 号,第 6241 条);

(65)2009 年 2 月 10 日联邦法第 286-ФЗ 号第 1、2 和 5 条“关于修改俄罗斯联邦有关联邦大学活动的若干法令”(俄罗斯联邦法律汇编,2009 年,第 7 条,第 786 条);

(66)2009 年 2 月 13 日联邦法第 19-ФЗ 号“关于修改俄罗斯联邦法律第 16 条‘关于教育’和联邦法第 11 条‘关于高等和大学后职业教育’”(俄罗斯联邦法律汇编,2009 年,第 7 号,项目 78(7);

(67)2009 年 7 月 17 日联邦法第 148-ФЗ 号“关于修改俄罗斯联邦法‘关于教育’”(俄罗斯联邦法律汇编,2009 年,第 29 号,第 3585 条);

(68)2009 年 7 月 18 日联邦法第 184-ФЗ 号“关于修改俄罗斯联邦有关发放助学金和教育组织中开展教育活动的若干法令”(俄罗斯联邦法律汇编,2009 年,第 29 号,第 3621 条);

(69)2009 年 8 月 2 日联邦法第 217-ФЗ 号第 2 条“关于修改俄罗斯联邦有关科学和教育组织为实践应用(运用)智力成果的经济活动预算”(俄罗斯联邦法律汇编,2009 年,第 31 号,第 3923 条);

(70)2009 年 11 月 10 日联邦法第 260-ФЗ 号第 1、2、6 条和第 8 条第 2 款“关于修改俄罗斯联邦通过的关于莫斯科国立罗蒙诺索夫大学和圣彼得堡国立大学的若干法令”(俄罗斯联邦法律汇编,2009 年,第 46 号,第 5419 条);

(71)2009 年 12 月 17 日联邦法第 321-ФЗ 号“关于修改俄罗斯联邦法律第 39 条‘关于教育’和联邦法第 27 条‘高等和大学后职业教育’”(俄罗斯联邦法律汇编,2009 年,第 51 号,第 6158 条);

(72)2009 年 12 月 21 日联邦法第 329-ФЗ 号“关于修改俄罗斯联邦法第 50 条‘关于教育’和联邦法第 16 条‘高等和大学后职业教育’”(俄罗斯联邦法律汇编,2009 年,第 52 号,第 6405 条);

(73)2009 年 12 月 21 日联邦法第 333-ФЗ 号“关于修改联邦法第 8 条和第 24 条‘关于高等和大学后职业教育’”(俄罗斯联邦法律汇编,2009 年,第 52 号,第 6409 条);

(74)2009 年 12 月 27 日联邦法第 365-ФЗ 号第 2 条“关于修改俄罗斯联邦法关于改进俄罗斯联邦各主体国家权力机关和地方自治机关活动的若干法令”(俄罗斯联邦法律汇编,2009 年,第 52 号,第 6441 条);

(75)2010 年 5 月 8 日联邦法第 83-ФЗ 号第 3 条和第 10 条“关于修改俄罗斯联邦有关改善州(市)机构法律地位的若干法令”(俄罗斯联邦法律汇编,2010 年,第 19 号,第 2291 条);

(76)2010 年 6 月 17 日联邦法第 121-ФЗ 号“关于修改俄罗斯联邦法第 29 条‘关于教育’”(俄罗斯联邦法律汇编,2010 年,第 25 号,第 3072 条);

(77)2010 年 7 月 27 日联邦法第 198-ФЗ 号第 1 条“关于修改联邦法‘关于高等和大学后职业教育’和联邦法‘关于科学和国家科学技术政策’”(俄罗斯联邦法律汇编,2010 年,第 31 号,第 4167 条);

(78)2010 年 7 月 27 日联邦法第 215-ФЗ 号“关于修改俄罗斯联邦法第 55 条‘关于教育’”(俄罗斯联邦法律汇编,2010 年,第 31 号,第 4184 条);

(79)2010 年 9 月 28 日联邦法第 243-ФЗ 号第 1 条“关于修改俄罗斯联邦有关采用联邦法关于‘斯科尔科沃’创新中心的若干法令”(俄罗斯联邦法律汇编,2010 年,第 40 号,第 4969 号);

(80)2010 年 11 月 8 日联邦法第 293-ФЗ 号第 1 条和第 3 条“关于修改俄罗斯联邦关于完善控制和监督职能以及改善教育领域公共服务的俄罗斯联邦的若干立法”(俄罗斯联邦法律汇编,2010 年,第 46 号,第 5918 条);

(81)2010 年 12 月 8 日联邦法第 337-ФЗ 号“关于修改俄罗斯联邦法第 41 条‘关于教育’”(俄罗斯联邦法律汇编,2010 年,第 50 号,第 6595 条);

(82)2010 年 12 月 28 日联邦法第 426-ФЗ 号“关于修改联邦法第 11 条‘关于高等和大学后职业教育’”(俄罗斯联邦法律汇编,2011 年,第 1 号,第 38 条);

(83)2010 年 12 月 28 日联邦法第 428-ФЗ 号第 1 条“关于修改俄罗斯联邦有关发展学生团体活动的若干法令”(俄罗斯联邦法律汇编,2011 年,第 1 号,第 40 条);

(84)2010 年 12 月 29 日联邦法第 439-ФЗ 号第 1 条和第 3 条“关于修改俄罗斯联邦法第 52.2 条和第 55 条‘关于教育’”(俄罗斯联邦法律汇编,2011 年,第 1 号,第 51 条);

(85)2011 年 2 月 2 日联邦法第 2-ФЗ 号“关于修改俄罗斯联邦法律‘关于教育’”以及联邦法第 11 条和第 24 条“关于高等和大学后职业教育‘有关改革统一国家考试’”(俄罗斯联邦法律汇编,2011 年,第 6 号,第 793 条);

(86)2011 年 6 月 3 日联邦法第 121-ФЗ 号“关于修改俄罗斯联邦法‘关于教育’”(俄罗斯联邦法律汇编,2011 年,第 23 号,第 3261 条);

(87)2011 年 6 月 16 日联邦法第 144-ФЗ 号“关于修改俄罗斯联邦法‘关于教育’和‘关于高等和研究生职业教育的联邦法’”(俄罗斯联邦法律汇编,2011 年,第 25 条,第 3537 条);

(88)2011 年 6 月 17 日联邦法第 145-ФЗ 号“关于修改俄罗斯联邦法‘关于教育’”(俄罗斯联邦法律汇编,2011 年,第 25 号,第 3538 条);

(89)2011 年 6 月 27 日联邦法第 160-ФЗ 号“关于修改俄罗斯联邦法‘关于教育’”(俄罗斯联邦法律汇编,2011 年,第 27 号,第 3871 条);

(90)2011 年 7 月 1 日联邦法第 169-ФЗ 号第 5 条“关于修改俄罗斯联邦的若干法令”(俄罗斯联邦法律汇编,2011 年,第 27 号,第 3880 条);

(91)2011 年 7 月 18 日联邦法第 242-ФЗ 号第 3 条和 19 条“关于修改俄罗斯联邦有关实施国家管理(监督)和地方管理的若干法令”(俄罗斯联邦法律汇编,2011 年,第 30 号,第 4590 条);

(92)2011 年 10 月 6 日联邦法第 271-ФЗ 号“关于修改联邦法第 18 条‘关于高等和大学后职业教育’”(俄罗斯联邦法律汇编,2011 年,第 41 号,第 5636 条);

(93)2011 年 11 月 6 日联邦法第 290-ФЗ 号“关于修改联邦法第 12 条‘关于高等和大学后职业教育’中的高等职业教育组织董事会活动的部分内容”(俄罗斯联邦法律汇编,2011 年,第 45 号,第 6320 条);

(94)2011 年 11 月 8 日联邦法第 310-ФЗ 号“关于修改俄罗斯联邦法第 16 条和第 31 条‘关于教育’中关于确保地方教育组织无地区限制的部分内容”(俄罗斯联邦法律汇编,2011 年,第 46 号,第 6408 条);

(95)2011 年 11 月 16 日联邦法第 318-ФЗ 号“关于修改俄罗斯联邦有关建立国家认可的中等专业和高等职业教育组织限制入学人数的机制,用俄罗斯联邦预算系统中的相关预算支付教育费用的若干法令”(俄罗斯联邦法律汇编,2011 年,第 47 号,第 6608 条);

(96)2011 年 11 月 21 日联邦法第 326-ФЗ 号第 3 条“关于修改俄罗斯联邦法有关采用联邦法的‘关于俄罗斯联邦免费法律援助’的若干法令”(俄罗斯联邦法律汇编,2011 年,第 48 号,第 6727 条);

(97)2011 年 12 月 3 日联邦法第 383-ФЗ 号第 1 条“关于修改俄罗斯联邦的若干法令”(俄罗斯联邦法律汇编,2011 年,第 49 号,第 7061 条);

(98)2011 年 12 月 3 日联邦法第 384-ФЗ 号第 2 条“关于修改俄罗斯联邦法‘有关体育运动’和联邦法第 16 条‘关于高等和大学后职业教育’”(俄罗斯联邦法律汇编,2011 年,第 49 号,第 7062 条);

(99)2011 年 12 月 3 日联邦法第 385-ФЗ 号第 1 条和第 2 条“关于修正俄罗斯联邦有关完善教育、学位和学术文件认定程序的若干法令”(俄罗斯联邦法律汇编,2011 年,第 49 号,第 7063 条);

(100)2012 年 2 月 28 日联邦法第 10-ФЗ 号第 1 条“关于修改俄罗斯联邦法‘关于教育’和联邦法第 26.3 条‘关于立法(代表)组织的一般原则和俄罗斯联邦各主体的国家权力执行机关’”(俄罗斯联邦法律汇编,2012 年,第 10 号,第 1158 条);

(101)2012 年 2 月 28 日联邦法第 11-ФЗ 号“关于俄罗斯联邦法‘关于教育’有关电

子学习和远程教育技术的应用方面”(俄罗斯联邦法律汇编,2012 年,10 号,第 1159 条);

(102)2012 年 4 月 1 日联邦法第 25-ФЗ 号第 1 条“关于修改俄罗斯联邦的若干法令”(俄罗斯联邦法律汇编,2012 年,第 14 号,第 1551 条);

(103)2012 年 7 月 10 日联邦法第 111-ФЗ 号“关于修改俄罗斯联邦法‘关于教育’”(俄罗斯联邦法律汇编,2012 年,第 29 号,第 3991 条);

(104)2012 年 11 月 12 日联邦法第 185-ФЗ 号第 2 条“关于修改联邦法第 13.1 条‘关于外国公民在俄罗斯联邦的法律地位’和俄罗斯联邦法第 27.2 条‘关于教育’”(俄罗斯联邦法律汇编,2012 年,第 47 号,第 6396 条)。

第一百一十一条　本联邦法生效程序

1.本联邦法自 2013 年 9 月 1 日起生效,但本条内的条款所规定的其余生效日期除外。

2.本联邦法第 8 条第 1 款第(3)项和第(6)项以及第 9 条第 1 款第(1)项自 2014 年 1 月 1 日起生效。

3.本联邦法第 108 条第 6 款自本联邦法正式公布之日起生效。

4.自本联邦法正式公布之日起,除非本条款另有规定,否则依据中等职业教育大纲进行的入学教育实行普及化。依据履行国家教育政策研制和国家教育法规调控职能的联邦权力执行机关制定的入学程序进行中等职业教育职业和专业方面的入学考试,要求入学者需要具备一定的创造性能力、身体素质和心理素质。如果入学人数超过联邦预算拨款、俄罗斯联邦各主体预算、地方预算支持的人数,教育组织基于学生掌握基础普通和中等普通教育大纲成果,按照中等职业教育大纲专业方向接受学生入学。入学者需提交教育文件。

5.自本联邦法生效之日起,俄罗斯联邦总统、俄罗斯联邦政府、联邦各权力执行机关、俄罗斯联邦各主体国家权力机关、地方政府的规范教育领域关系的规范性法律条文只限于此种情况下适用,即其不得与本联邦法或依据本联邦法颁布的俄罗斯联邦的其他规范性法律条文相矛盾。

6.本联邦法生效之日前,俄罗斯联邦总统、俄罗斯联邦政府发布的与本联邦法相关问题的规范性法律条文调整只能由联邦法进行,并在相关联邦法律生效之前一直有效。

俄罗斯联邦总统
弗拉基米尔·普京
莫斯科,克里姆林宫
2012 年 12 月 29 日
第 273-ФЗ 号

俄罗斯高等教育和博洛尼亚进程

一、前言

俄联邦教育部正努力构建高等教育体系和大学后职业教育体系。由教育部颁布的教育体系战略发展纲要，现已纳入俄罗斯联邦法律《高等教育及大学后职业教育法》(1996 年颁布)、俄罗斯各项法律章程以及《2010 年前俄罗斯教育现代化构想》(以下简称《构想》)。

《构想》制定了俄罗斯教育发展的主要目标："在保留俄罗斯教育特点的基础之上提供现代化教育，以满足个人、社会、国家的发展需要"。

为实现俄罗斯教育体系的可持续发展，需要完成下面几项主要任务：

建立与博洛尼亚进程相适应的现代高等教育体系。

该体系中制订的主要目标有：

- 国家保障公民的受教育权；
- 实现学前教育、普通教育以及职业教育现代化；
- 在教育体系中形成法律和财政管理机制以筹集和使用预算外资金；
- 提高教育工作者的社会地位和专业水平，加大政府和社会对教育的支持力度；
- 把发展教育作为一项开放性的国家社会制度来实行。

高等职业教育体系的发展包含了一些长远的目标。这些目标在许多法律文件中均有体现。部分目标如下：

- 保留并加强高等教育的基础性和人道主义特色；
- 提高高等教育体系的效率，降低辍学率，缩短学时；
- 通过教育质量管理机制，使俄罗斯高等教育体系与欧洲的教育发展趋势相适应；
- 在培养学生掌握知识、发展智力的同时，注重培养学生个性，开展相关课程以满足国家和市场需要；完善跨学科类教育项目，创造技术时代的新岗位；
- 完善劳动市场所需实践技能的应用学科概念。

培养学生在教育过程中形成密切的伙伴关系。

教育发展更进一步的目标为：

- 为国家的民主发展做贡献；
- 为国家经济复苏提供支持；
- 宣传欧洲一体化的价值观；
- 采取更加积极的措施促进欧洲教育一体化进程，即博洛尼亚进程。

俄罗斯联邦为实现既定目标，开展了一系列行动。这些行动主要分为两类：

- 研究欧洲国家高等教育的发展史；
- 分析目前俄罗斯高等教育体系的状况，并依此制订发展目标。

二、一项关于欧洲高等教育发展措施的调查(2002—2003)

俄罗斯教育部正积极研究博洛尼亚进程的相关材料，同时也对欧洲的社会、市场经济和民主政治进行了研究。AAEN 已被有关欧洲高等教育机构所认可，并负责监督博洛尼亚进程的初始阶段。之后，教育部在 2002 年和 2003 年举行了大量相关会议和研讨会，就博洛尼亚进程的各个不同方面进行了讨论。大部分会议主要致力于提高高等教育质量、构建多级专业学位体制、探讨高等教育体系中的学分制度。会议和研讨会的大量成果被汇编成手册，受到大众媒体的广泛关注。

2002 年 12 月，俄罗斯教育部在欧洲理事会的国际专家、联合国教育科学文化组织及其他国际组织、高等教育机构的协助下，举行了一次国际研讨会，此次会议的主题为"博洛尼亚进程与俄罗斯高等教育：朝着共同的方向迈进"。有 200 多人参加了此次会议，其中包括俄罗斯联邦立法和执政部门代表、学者、专家、高校校长以及机构组织代表，他们称俄罗斯高等职业教育体系已具备加入博洛尼亚进程的条件。俄罗斯的现行法律为实行多级高等教育体系提供了保障。许多高等教育机构已引入一些具备基本教育方案的多级教育体系。目前，依据国家高等职业教育标准，建立了一系列教育方案来培养学士、文凭专家或硕士，在三种不同的培养方案年限内，教授学生专门的学习课程。培养过程是以博洛尼亚进程中各国高等教育机构中已实行的学分制为基础。随着远程学习的发展和学生自主学习意识的提高，学分制被引入教育培养中。俄罗斯正逐步完善国家高等职业教育质量评估体系，同时也在高等教育机构中构建教育质量内部管理机制。索邦宣言(1998)、博洛尼亚宣言(1999)、布拉格公告(2001)等一系列文件旨在使欧洲各国高等教育体系互相兼容。随后在俄罗斯举行的会议中，对上述文件的基本内容展开了更为深入的讨论。

最后，俄罗斯联邦教育部决定采取一系列行动，推动俄罗斯高等职业教育在 2010 年之前加入欧洲高等教育区。

与欧洲高等教育区标准相关的多数文件中曾多次提到俄罗斯教育，也正因如此，俄罗斯教育才能有机会受到关注和讨论。

三、俄罗斯高等教育体系分析

高中后教育和大学教育由俄罗斯联邦法律《高等教育及大学后职业教育法》所规定。该项法律规定着俄罗斯过去八年高等教育机构教学的方方面面。私立院校(俄罗斯于 20 世纪 90 年代早期引入)也按该法律实施教育活动。因此，大学的管理结构、规章制度及培养架构、高校类型、名称和结构以及学校的学分结构、教师规模、教师职位和提拔制度、学生的权利义务在全国范围内一致。一般来说，教育机构拥有教育自主权，在严密的机构框架内实行自己的决定。公立院校和私立院校之间的不同点是资金来源和所有权。附录Ⅱ是关于俄罗斯高等教育体系近况的简单总结。

四、俄罗斯联邦法律《高等教育及大学后职业教育法》

目前，该法律的制定基于以下几点：在保留和发展俄罗斯高等教育机构的传统特色及优势的基础之上，使俄罗斯的高等教育及大学后职业教育体系与世界高等教育体系相融合；国家大力支持发展大学后职业教育；进一步增加俄罗斯公民接受高等教育的机会；不缩减公费生数目；为公民能接受高等教育及大学后职业教育创造公平的机会；对私立高等院校的建立和运行提供帮助；在国家考试中取得优异成绩的俄罗斯公民，可以得到免费接受高等教育和大学后职业教育的机会。高等院校自主聘用教师，依据法律和院校自身情况，实施教学、科研等其他各类活动。法律保障高等院校的教师、科研专家和学生的学术自由。

该法律阐述了俄罗斯高等教育和大学后职业教育的体系、结构和国家标准。这些标准是为了保证高等教育和大学后职业教育的教学质量，能够对高等教育机构进行有效的评估，与国外高校形成学历文凭互认，实现俄罗斯在教育领域全国上下保持一致。

俄罗斯现已建立多级高等职业教育体系：学士（学制不少于四年）、文凭专家（学制不少于五年）、硕士（学制不少于五年）；此外俄罗斯高等教育院校有以下几种类型：综合大学、专科大学和专科学院。综合大学开展高等职业及大学后职业教育，其专业涉及多个学科领域，在多个学科领域开展科学研究并居于领先水平；专科大学开展高等职业及大学后职业教育，其专业涉及某类学科领域，在某类学科领域开展科学研究并居于领先水平；专科学院开展高等职业及大学后职业教育，其专业涉及某学科的具体专业活动，并开展科研项目。

（一）关于学位

俄罗斯现已设立博士和副博士学位。

由国家认证服务处对高等教育机构实施认证，对成立教育机构的申请或教育机构的性质进行资格认证。认证的目的和实质是为了使综合大学、专科大学、专科学院毕业生的教育水平和质量符合国家对高等教育和大学后职业教育某一特定教育领域的教育标准。国家认证服务处对高等教育机构进行认证的标准和程序由俄罗斯联邦政府规定。

国家对综合大学、专科大学、专科学院实施的认证，是基于俄罗斯联邦政府逐步确立起来的资格认证规定。通过国家认定来确立高等教育机构的地位，并授予高校开办教育的资格。高等教育机构接受来自社会公众的评估认定。社会公众可以对符合公共组织标准的高校活动项目进行认证。公众认证不涉及国家层面的财政和学校各项责任义务问题。

国家认证服务处和管理高等职业教育的政府机构共同负责监管俄罗斯高等教育和大学后职业教育的质量。无论是公立还是私立的高等教育机构，在通过国家教育资格认证后，都要定期（至少每五年一次）接受国家认证服务处的评估。

(二)高等教育和大学后职业教育的管理

俄罗斯联邦会议通过并修订了教育法,批准了对教育的财政预算,通过了一系列国际条约和教育发展项目。

俄罗斯联邦政府参与实施国家教育政策、起草教育法律、制定并完善教育标准、对高等教育机构进行资格认证、制定教育专业培养方向、分配国家教育财政资金。在高等院校成立后,俄罗斯联邦教育管理部门获得行使学校权力的资格。俄罗斯联邦主体在有关高等教育和大学后教育的一般性问题中行使最高权力。

联邦高级政府的教育管理机构拥有一般性问题的决定权,这些一般性问题有:制订和实施俄罗斯联邦教育发展项目、落实国家教育标准的组成部分、对教育机构实施资格认证、建立国家教育资格认证模式以及解决高等教育机构的财政问题等。

五、为实现博洛尼亚进程的目标做准备

经过俄罗斯联邦教育部举办的一系列会议讨论后,俄罗斯决定开始筹备博洛尼亚进程的部署工作。

俄罗斯开展了多项行动计划,这些行动计划被认为是俄罗斯高等教育改革战略的重中之重。这些决策的制定由多种因素决定。

第一,为给现行高等教育机构将来的评估奠定基础,十分有必要建立一套明确的评估程序。同时为了符合现有的教育标准,十分有必要给教育机构一些重组的时间。因此,首先要从负责认证高等教育机构的部门入手。另外,建立的认证方法在认定非公立院校申请教育资格时十分重要。

第二,在 20 世纪 90 年代早期,俄罗斯着手引进两级高等教育体制,即引入"学士"和"硕士"。俄罗斯联邦法律《高等教育及大学后职业教育法》(1996 年颁布)除保留传统的专家文凭学位外,还将学士和硕士引入俄罗斯高等职业教育体系中。

第三,俄罗斯联邦法律扩大了高等院校的教育自主权,允许引入欧洲学分转换系统(ECTS)。ECTS 作为合理的学分体系,支持俄罗斯师生的大规模流动。在 20 世纪 90 年代的最后三年,俄罗斯许多高等教育机构和欧洲大学共同推行了一系列项目,目的是在俄罗斯高等院校中推广使用欧洲学分制度。比如萨拉托夫国立科技大学和英国利兹大学曾共同推行过这类项目。

2002 年,俄罗斯联邦教育部开始对高等教育中引入的欧洲学分制进行大规模的试验研究,并记录了当时试点高校的相关情况。同年,俄罗斯制定了高等教育的学分计算方法,并将其推广到俄罗斯所有的高等院校中。该学分计算方法具有俄罗斯教育体系的特色,它作为与 ETCS 相兼容的学分计算方式被加进了俄罗斯高等教育体系。各高校自愿作为研究试点,截至 2003 年 5 月,超过 30 所高等教育机构运用了讨论中的(全部或部分)学分计算体系。应用该学分系统的院校数目正在大幅度增长。

第四,在其他引入毕业证附件的机制中,俄罗斯教育部正考虑批准建立与欧洲等国家相互认可、可进行比较的教育体系。除国家形式的强制毕业证补充外,俄罗斯联邦法

律《高等教育及大学后职业教育法》允许高等院校颁布额外的毕业证附件作为文凭补充。这样一来，许多俄罗斯高等院校可以给本校毕业生提供毕业证附件对文凭进行补充说明，例如车里雅宾斯克国立大学可以用欧洲大学的形式给毕业生颁发西班牙语书写的毕业证附件。

目前，俄罗斯教育部考虑采用毕业证附件作为文凭补充的方法，并将其推广至俄罗斯全国。

第五，俄罗斯联邦法律《高等教育及大学后职业教育法》为学生和教师的流动提供法律支持。由于高等教育机构享有充分的自治权，高等院校可以为学生和教师制订修学访问和安排考察俄罗斯或其他国家院校的项目。俄罗斯教育部确立了一系列体制以增加师生的教育流动性，为数百名俄罗斯学生提供留学机会。

第六，俄罗斯致力于提高高等教育质量，完善可与欧洲进行对比的教育标准和质量评估方法。目前，教育部正按照欧洲大学和俄罗斯高等教育机构的要求开展协调性工作。教育部大力支持以下项目：

• 对毕业于欧洲、俄罗斯大学的文学类学生来说，国家对他们的一般和专业能力的要求与哥廷根大学(因乔治二世而命名)的标准保持一致；

• 在托木斯克理工大学和塔甘罗格国立无线电技术大学开展理工项目的国际资格认证考试；

• 在加里宁格勒国立大学设立欧式教育机构，培养律师和经济学家。

负责评估俄罗斯教育质量的监察部门，正计划建立一系列与欧洲教育体系相兼容的教育评估与管理体系、机制和标准。到 2010 年，俄罗斯国家教育监察部门期望建立一套与世界教育质量评估程序相兼容的高等职业教育质量保障体系。

最后，尤其是在发展完善教学计划，促进机构间的相互合作，增加师生流动，联合发展教育规划，推动实践培养计划和科研等方面，俄罗斯大力提倡欧洲教育观念。

六、财政

公立高等教育机构的财政资金来源：

• 公共资金(国家财政资金)；

• 国家财政外资金。

按学生总人数分配总资金(教师与学生的分配比为 1∶10)。

尽管教师人数有理想的数目，但是教育机构有自主用人的权力。这就意味着师资容易出现冗余或短缺的问题。

一般而言，教育机构的实力排名决定了他们所获得资金的数额。

国家财政外资金来自学生学费、研究项目和与企业、公共部门的合作。

教师和教授可以有教学外的薪水收入。按照机构政策，该部分比重可占总收入的 5%～50%。随着经济下滑，在学费方面的财政外收入有所减少。这一情况表明，教育机构必然要扩大招生增加学生数量，尽管这一过程会以降低教育标准作为代价。

显然，教育机构的财政外资金收入差距较大。这是由学生的兴趣爱好（择校意愿）和市场对专业的需求造成的。

七、政策实行

俄罗斯实现高等教育的发展目标将会经历若干年。下表呈现了过去几年的发展过程。俄罗斯将实行博洛尼亚进程的日期定为2002年的第二学年，但目前还不能确定博洛尼亚进程是否能在指定日期内实行。不管俄罗斯博洛尼亚进程开始的日期是何时，其进程如下表所示。在博洛尼亚进程框架内进行的高等职业教育改革将很快开展起来。

计划行动	时期
为向ECTS标准转换，在20所高校中开展ECTS试验	2002—2004
发展建议，依据学分制进行改革（为5个学科制定了试点标准），推动转变国家高等职业教育的标准	2004
为适应多层次高等职业教育体系，构建新的法律体系（修改法律和政府决议等）	2005
提供与所有欧洲国家毕业证附件相兼容的高等职业教育文凭补充说明	2005
俄罗斯教育培训项目需要通过国家资格认定程序认证；制定教育评价的标准和方法	2003—2005
依照国家（俄罗斯）和国际标准，引入、发展对高等教育机构和培养项目进行资格认证的两级机制	2008
在高等职业教育中制定一系列与欧洲各国培养项目相兼容的培养课程科目	2008
形成高等职业教育质量管理体系，与国际教育质量管理体系（教育评价和监督）相兼容	2010
建立一套与世界教育质量评估程序相兼容的高等职业教育质量保障体系	2010

俄罗斯全民教育行动框架

一、介绍

和世界教育论坛(2000 年 4 月 26—28 日,达喀尔,塞内加尔)的其他参加者一样,俄罗斯对“达喀尔行动框架,全民教育:实现我们集体的承诺”表示赞同,对国际社会在 90 年代末基于保障人权所肩负的责任表示支持。

俄罗斯支持由国际社会承认的与基本教育有关的会议,尤其是以下几个世界论坛:

- 环境与发展会议(1992 年)
- 世界人权大会(1993 年)
- 为机会有限的群体提供教育的世界大会:入学和质量(1994 年)
- 人口与发展国际大会(1994 年)
- 社会发展世界高峰会(1995 年)
- 第四届女性地位世界大会(1995 年)
- 全民教育国际咨询论坛十年中期结果评估大会(1996 年)
- 第五届成人教育国际大会(1997 年)
- 解决童工问题国际会议(1997 年)

“达喀尔行动框架”详细阐述了所有儿童、青年和成年人获得终身制基础教育的需求,和对已获得的教育水平后续维持的需求。俄罗斯承诺支持该框架。

二、过去十年间评估报告信息来源

国家全民教育计划内容尽量涵盖了各个方面,包括一份完整的结果评估、经验教训和十年间六项主要的全民教育目标评估以及十二项重要战略。

早期有大量关于多个社会领域状况的文件,如《俄罗斯联邦儿童状况年度政府报告》《1994—1998 年俄罗斯联邦人口状况》《国家报告:俄罗斯联邦在实现儿童问题世界峰会宣言和行动计划目标方面取得的进展》《车臣共和国教育:现状与发展评估报告》《联邦关于“俄罗斯儿童”目标为导向的文件》《俄罗斯 2010 年教育现代化构想》《教育法》《高等教育及大学后继续教育》等。在参考了以上文件的基础上,结合国家统计结果和研究结果,对全民教育国家行动计划进行详细规划。

报告中大量提及家庭和教育机构、俄罗斯儿童基金会、人口社会和经济机构、俄罗斯青年福利中心这四个机构的文件,并涉及俄罗斯家庭政策监管社会中心,有儿童的家庭、遗弃儿童、残疾儿童的医疗和社会康复,以及他们对社会的重新融入,家庭成员较多的儿童情况,以及家庭成员较少的儿童情况和被收养的儿童情况。

研究的结果发布在以下出版刊物中:《俄罗斯家庭》《社会保护》《社会安全》《社会保险》《社会学研究杂志》,以及《家庭》《教师文件》《九月一号报》这三份报纸和一些会议、研讨会文件中。

三、过去十年(1990—2000)全民教育的成就、目标和经验

1. 对社会经济、政治和社会变革的总体回顾

自全民教育世界教育大会(1990 年 3 月 5—9 日,泰国,中天海滩)召开已经过去十年,俄罗斯经历了大范围的政治和经济变革,对社会生活产生了重大的影响。过去十年,基于民主原则、自由原则、市场关系原则和尊重人权的原则,社会和经济有了新面貌。

毫无疑问,社会生活方面取得了进展,大范围的历史性改革为俄罗斯带来了新挑战,主要涉及维持良好的生活水准所需的条件,详细讨论和开展了青少年所面临的新挑战的应对机制,这些挑战包括遗弃儿童、社会孤儿的成长、沉迷毒品和虐待儿童等方面。

20 世纪 80 年代末 90 年代初的政治和社会经济改革在很大程度上影响了俄罗斯的教育,引入高等教育机构的学术自主权成为可能,各种各样的教育机构和课程得以设立,俄罗斯跨国学校和非政府教育部门得以发展。在《俄罗斯联邦教育法》和《联邦高等和研究生专业教育法》中,反映和确定了这些发展。然而,90 年代的社会经济危机大大减缓了积极的发展趋势。事实上,整个国家在教育方面倒退,教育自生自灭,没有满足国家的迫切需要。

学校教学大纲的过时和过重,难以为中学毕业生提供基础知识,而基础知识中最重要的是数学、信息学(包括信息搜索和信息选择的技巧)、俄语、外语和基本的社会和人文学科(经济学、历史和法律)。职业培训也远不能解决"技能缺乏"问题,达到新技能的要求。与此同时,在现代经济中,许多职业学校毕业生无法找到合适的工作。在社会解体的条件下,由于家庭收入的不同,接受高质量教育的机会越来越不平等。

2. 社会经济、政治和社会变革的总回顾

2.1 政府对教育的支持

作为苏联的继任者,20 世纪 90 年代的俄罗斯,开始实施在全球全民教育世界教育大会(泰国,中天海滩)上做出的国际承诺。

俄罗斯联邦意识到,要克服政治、经济和社会困难,成功的关键因素在于公民的教育水平,第一部《俄罗斯联邦教育法》于 1992 年开始实行。

《俄罗斯联邦宪法》(1993 年 12 月 12 日颁布第 4 条)规定,宪法保障全体公民的受教育权。国家保障公民在政府和地方机构平等地接受免费学前教育、普通(基本全面的)初级和中级职业教育的权利。普通中学教育属于义务教育。父母及监护人有义务为儿童提供中学教育。每个人都有权在政府或地方的高等教育机构中接受中等职业教育和高等教育。任何人都不会因收入而无法享受该权利。俄罗斯联邦制定了联邦政府的教育标准,支持各种形式的学习和自学。

1994 年，俄罗斯联邦政府批准了《联邦教育发展计划》。

1996 年，《高等教育和研究生教育法》正式颁布。

1998 年，俄罗斯联邦法律修正了有关“教育”和“高等教育及研究生专业教育”的内容。此项立法工作由国家学术界以及国际专家和俄罗斯的专家（欧洲委员会）共同完成。

这些文件的颁布表明俄罗斯在国内政策的重点倾向于教育。

2.2 学前培训和教育

尽管在过渡时期存在一定的经济困难，俄罗斯还是保留了学前教育制度。儿童能够轻松地进入学前教育机构，很大程度上是由于一项适宜的决定，即父母不需要再为婴儿发展项目付费。学前教育机构中儿童的数量有所下降（由 1990 年的 66％下降到 1999 年的 55％）是由一系列原因造成的，主要是由于，自 1990 年起女性（或自行选择父母中的任何一方）可以获得假期，在家照顾婴儿直至婴儿三岁。通常，父母会选择让这一年龄段的婴儿在家。

学前教育机构达到了 5.39 万所，囊括了多种类型：单个或小班制婴儿抚养所（2300 所）；补偿性抚养所（1600 所）；医疗卫生保护所（1300 所）；复合型抚养所（8500 所）；婴儿抚养中心（500 所）。

2.3 普通教育

在普通教育学校中，最受欢迎的是那些教学水平高的学校。他们占学校总数的 15％，莱姆学院占 2％，普通中等学校占 3％。

与此同时，教育资源主要是财政资金的减少，对教学质量产生了重要影响，师资力量短缺，校舍陈旧，甚至缺少新教材。

儿童教育方面的区域差异更加明显，特别是在接受补贴的地区、农村地区、极地地区，教学水平止步不前，十分低下。

2.4 专业(职业)培训(初级教育、中级教育、高级教育)

初级职业学校办学情况良好，设立了先进的最具职业特色的莱姆学院，来培训技术熟练的工人，这些学校占培训机构总数的 23.9％。

在改革中等职业教育体制过程中，出现了一批新型的培训机构，高校在这类院校中所占的比重在 40％左右。高等院校培养高技术人才以满足高科技的需要和其他需要高智商人才的社会领域。

在高等教育机构中，大学占国家教育机构总数的 50％，学院占 30％左右。

不同类型的职业教育机构，它们摒弃死板的以学科为导向的教学目标，随着经济结构的变化和区域劳动力市场的发展，逐渐适应新的社会需求。

职业教育机构系统大幅扩展。进入莱姆学院、中等技术学校、学院、高等教育机构及其相关机构学习更加容易，对我国偏远地区人民来说亦是如此。开放（远程）学习系统也在逐渐发展。

革新职业教育的一个重要成果，是根据职业、技能、特殊学习方法的不同，对培训结构进行了大幅度调整。这些发展的产生是由于以获取技能和专业技能为目标的个人教育越来越多，劳动力市场对人文、服务、信息技术的雇佣需求也越来越多。许多技能融入到较大的专业中，以前的1200项劳动技能已经融合到293项综合的专业中。在中等职业教育领域，职业技能的数量由于整合下降了12%。与此同时，在高等教育中，35项技能（约占总数的10%）被融合进职业培训指导框架中。

2.5　选择性教育的发展、课程和机会

教育活动的一个重要改变就是教学大纲和课程设置的发展，学习者根据市场需求，选择适合的教育水平和教育种类。

可选择式课程设置的发展，增加了教育出版物的种类，作者和出版机构之间产生竞争，最终只有最好的图书才能得到印刷。

有偿教育服务对教育发展产生了重要影响。一方面，有偿教育服务增加了学习者在教育水平和教育内容上的选择机会；另一方面，在财政预算有限的情况下，这一政策可以为教育机构的发展增加资金。实践证明，即便处于最复杂的社会经济条件中，人们仍然愿意对教育投资。因此，2000年，自费进入国家大学学习的学生占学生总数的40%。

在获取理想的教育方面，非政府高等教育机构的地位日益凸显。到目前为止，此类教育机构约700家，覆盖了50万名学生，学生数量占全国学生总数的10%。

因此，在国家高等教育机构中的学生总数约为480万人，即每1万名学生中在国家高等教育机构就读的学生数量为327人。

随着预算外个人大宗现金流的增多，越来越多的人开始进入教育体系。同时，也导致了多渠道的教育融资，使教育机构能够在一定程度上弥补预算缺口。

2.6　教育数据系统

教育数据反映了现阶段教育所发生的变化，数据包含当下各个方面的整体信息以及这些变化的数量状况和质量状况，与国际标准接轨的数据将逐渐补充这些统计数据。

然而，现在的数据主要涉及教育数量方面和教学活动，而对这些活动和活动效率的评估进程十分缓慢。在教育管理、教育组织、教育资金方面的深刻变革还未从这些数据上得到反映。

2.7　教育信息技术

过去十年，发生在社会生活各个方面的全球信息化进程影响着整个世界。信息技术的进步和发展速度对经济、生活水平、国家安全和我国的国际社会地位产生了重大影响。

全球早已达成共识，远程学习是开放式教育的一个重要组成部分。在这一国际背景下，俄罗斯学校的信息化发展不足。

1985—1992 年，学校配备的多数计算机只是初级计算机。在过去的七八年里，没有集中供应计算机设备。

虽然在一些当地社区、大城市和工业中心，情况有所改善。但这些改变远远不够，无法对整个国家的学校产生实质性的影响。目前，500 名学生中只有一位拥有最新界面的计算机。不到 2％的教育机构配备有能联网的计算机，而仅仅 1.5％的教育机构能连接世界网络。

不到 20％的学校的教职员工中有信息专家。在普通教育学校，信息技术和互联网设备的使用有限，并且与教学过程的联系不大。这是由于设备的老旧，缺乏将教学信息转化为普通学校学习过程的俄语网络，教师对信息技术的使用不熟练。

在建设面向农村的联合教育环境网络方面，形势更加严峻。按照目前的标准，到 2000 年底，只有 5％的农村学校可配备计算机。在许多没有电话通信的村庄，学校发一封普通的电子邮件都难以实现，而电子邮件是最简单的通信方式。以上现状给农村学校提高教育质量、获得平等的教育机会造成了更多阻碍。

2.8 结论

有鉴于此，考虑到青年教育应符合国际标准是俄罗斯成功融入世界经济的主要条件之一，在未来十年，俄罗斯联邦政府将教育作为优先发展项目，并对这一目标适当拨款。

3. 针对社会发展和居民合法权益保护的十年战略

要实现全民教育目标，不能只依靠政府部门。这一目标要实现，必须依靠行政部门的通力合作，取得政府和社会的支持，并针对国家社会状况进行整体分析。

3.1 政府对社会和法律方面的支持

在过去的十年里，为适应新的社会经济条件，建立了一套全新的儿童法律保护体系。自 1992 年以来，包括联邦法律、俄罗斯联邦总统法令和俄罗斯联邦政府决策在内的 200 多项法律，以加强家庭和儿童的社会保护为主要目的，影响了家庭和儿童生活的诸多重要方面。其中最重要的是 1998 年联邦法律《关于俄罗斯联邦儿童权利的主要保障》，该法律规定了儿童权益的主要法律保障，并制定了适当的条例保障俄罗斯联邦的儿童权利。

1992 年 6 月 1 日的俄罗斯联邦总统法令中关于“实现关于儿童生存、保护和发展的世界宣言的即时措施”，命令俄罗斯联邦政府和行政机关主体遵循这一原则：起草各级教育预算，供应物质资源，对土木工程项目和其他活动进行投资。与此同时，上述法令为实现下列目标奠定了基础，目标包括：为解决儿童问题提供过渡措施；通过目标型计划实现改善儿童状况的长期目标（例如：属于联邦计划的“俄罗斯儿童”计划和关于儿童福利的类似的区域规划等）；详细列举了在“母亲—儿童”保护计划下的国家保障性义务免费服务清单；建立和强化新型地方机构，给予家庭和儿童社会支持；涉及儿童问题的部门和专家组成人员管理体系（俄罗斯联邦部门和机构）。

通过立法赋予的权利，俄罗斯联邦各级政府通过了多个保护儿童福利的法律，在许多的案例中起到了积极影响。一些地方当局还颁布了多项法律，对母亲与儿童的额外津贴、社会援助的其他来源、无父母儿童的抚养形式和家庭教育做出了规定。

现在，儿童福利改善的最紧迫问题主要通过实现目标型规划进行解决。这种做法有助于对配给资源实现更紧密的管理协作、整合和充分利用。

1993 年，“俄罗斯儿童”计划开始实施，该计划规定了需要特殊社会保护和特殊学习条件的儿童（残疾儿童、孤儿、难民、生活在北极地区的儿童和受切尔诺贝利核电站影响的儿童）的全国方法和综合方法，以及保护儿童健康的措施；遗弃儿童和青少年犯罪预防；针对儿童的社会服务体系的发展，提供暑假等。1994 年，“俄罗斯儿童”计划纳入总统计划体系。经济增长的新趋势为 1999—2000 年的“俄罗斯儿童”计划提供资金支持。

3.2 政府对家庭的支持

在家庭支持政策方面，俄罗斯联邦遵循的原则是：家庭是社会最重要的组成部分，是儿童成长的自然环境，也是最好的环境，能为儿童提供最全面的发展、教育和保护。20 世纪 90 年代，为支持有儿童的家庭适应新的社会经济形态，政府制定了一系列的措施。在参考国家家庭政策的主要方向后，一个新的俄罗斯联邦家庭法典开始实施。

儿童政策中一个最重要、最有效的因素是，1993 年创建的全新的主要以个人为导向的大规模母亲—儿童社会护理机构。它的主要目标是解决家庭问题，致力于帮助在人生重要阶段的家庭成员和儿童，帮助有行为缺陷的儿童、残疾儿童和孤儿，使他们重返社会，适应家庭和社会生活。负责解决这些问题的机构从 1993 年的 107 所，增加到 2000 年初的 2240 所。1999 年，负责处理各种母亲－儿童问题的社会机构，帮助了 200 万户家庭和 25 万名儿童。

在 2000 年的俄罗斯联邦税务修订中，将有儿童家庭的税率问题纳入考虑，降低了有儿童家庭的税率（提高了父母个人收入中的免税比重）。降税也同样适用于在教育和医疗上的支出。

3.3 政府采取的改善儿童状况的措施

人口实际收入的减少导致儿童严重的营养不良，尤其发生在家庭收入在生活线以下的家庭，这也是最近几年温饱问题变得越来越重要的原因。

在执行俄罗斯联邦政府“提高俄罗斯联邦儿童状况的及时行动”（1992 年）和“定期为 1～2 岁婴儿提供人工喂养特殊奶产品”（1997 年）的决定中采取的措施，为俄罗斯 1～2 岁婴儿，特别是来自低收入家庭的 1 岁儿童，优先提供了奶制品。母乳喂养十分重要，这一措施受到了广泛的欢迎和热烈的支持。

同时，在普通儿童机构（如幼儿园和学校等）也会提供营养餐。例如，学龄前儿童在各自的抚养机构中，可以得到全天喂养。在学校，即使在财政预算紧张的情况下，每天会至少为来自社会困难家庭（家庭人口众多，无行为能力家庭或贫穷家庭）的儿童提供一顿热餐。

持续的政策和国家拨款（包括联邦预算的资金和俄罗斯联邦项目预算）的增加，非政府组织的参与，可以克服在儿童夏季假期（“俄罗斯儿童”计划中的“儿童暑假”计划）资金和设备的暂时短缺。2000年夏天，有大约900万儿童参加了有组织的假日健康卫生营。对儿童健康和康复项目的投资不仅对全民健康有利，还可以促进儿童的创造性发展，在对抗遗弃儿童和遗弃青少年方面也有了实质性的影响。

儿童权益优先的一个证据是，尽管保险费率被削减，以保障儿童健康和康复为目的的社会保险基金的资金仍然保持不变。

3.4 孤儿问题及其解决方案

尽管如此，社会经济形态和意识形态的转变造成了“社会孤儿”的现象，尽管他们的父母还活着，事实上，这些儿童是无家可归的。孤儿数量的增长同时也导致了工作年龄段人口死亡率上升。

在过去的十年里，孤儿和无父母抚养的儿童的数量增长了1.5倍，达到了63.69万人。在过去五年里，每年有超过10万人成为孤儿或者无父母抚养的儿童。尽管如此，法律的颁布和实施只能确保四分之一的孤儿在寄宿学校接受教育和培训。俄罗斯联邦认为这是最重要和最紧迫的问题之一。

通过收养和监护，463万孤儿可以在家庭环境中生活成长。

为了提高获得监护的孤儿的数量，对没有父母监护的留守儿童进行了细致的查找。因此，家庭法典制定了收养家庭制度；在由赞助人、社会和康复中心的社区儿童看护队，以及为儿童和青少年提供的社会孤儿收容所组成的家庭环境中，进行了实验性调查。将儿童送至领养家庭时携带儿童初步医疗康复和社会康复证明，并为家庭儿童收养或监护做准备，是一套全面的方法。这些方法都是现代类型的机构所提供的，诸如无父母监护的儿童援助中心。在俄罗斯的一些地区，这一领域取得了重大进展。

传统上，俄罗斯一直都有完备的孤儿制度体系。目前，寄宿制孤儿机构短缺且短期内无法解决。因此，当前的做法是将儿童之家和寄宿学校精细化，改善这类孩子的生活、成长和学习环境。新型军校、有实质性突破的大规模寄宿学校和基于儿童之家的市政托管中心，最近也开始出现。

在1997年至2000年期间，获得普通（中等）教育和职业培训的孤儿数量有所增加，主要是由于寄宿学校的年龄限制（不超过19岁）的提高，学生在寄宿后更易适应，对孤儿进入小学、中学和高等职业教育机构提供额外的社会津贴保障。

最近，社会越来越关注寄宿学校孤儿的培训和教育情况。一个实例是详细地规定了对儿童权利保护的独立监护，包括在政府机构的教育权利，目前还包括在非政府机构、研究所和地区儿童权利委员会的教育权利。

3.5 遗弃儿童问题及解决方案

在过去的十年里，俄罗斯面临着一个新的挑战是遗弃儿童问题。俄罗斯联邦总统和政府将消除这一社会恶行纳入重点工作。解决遗弃儿童问题的关键是必须采取人道主义方法，从消极措施（在封闭型的改革中减少被遗弃的青少年）转向社会措施和预防措施，以尽可能地减少遗弃现象，使这些受遗弃的青年人能重返社会，重新融入家庭和社会。

自1993年以来，根据总统法令，为需要重返社会康复的儿童建立专门的机构体系（未成年人社会康复中心；儿童和青少年社会庇护所；无父母监护儿童救助中心），来代替未成年犯人的临时监禁中心（这项工作一直在进行中）。这些机构从1993年的30所增加到2000年初的700所。据收容所和上述中心统计，仅在1999年就有16.7万人接受了援助，包括9.2万未成年人和4.1万户家庭，他们接受了工作人员的服务。儿童和家庭社会救助中心采取的措施，有助于公民的心理发展和教育发展，进一步减少和抑制了遗弃儿童的现象。这个新建立的系统的效率得到了统计数据的证实：仅在1999年，就有6.99万儿童通过社会救助机构回到了家人身边；2700名儿童被收养或受到监护。

在政府组织开展资助活动后，教会和非政府组织也参与到为遗弃儿童设立孤儿院的行动中。

俄罗斯认为，同遗弃儿童问题做斗争是一个重要的国家问题，只有通过所有涉及儿童保护的机构的共同努力才能解决该问题。在此背景下，俄罗斯联邦政府于1999年批准了1999年至2000年联邦行政当局为防止遗弃儿童而开展的所有活动。细化了对无家可归儿童的披露、登记、体检和安置过程，并将这些儿童送入学校。

自1997年以来，当局一直在实施“预防遗弃儿童和遗弃青少年犯罪”这一目标型项目，这是“俄罗斯儿童”总统计划的一部分，其中阐述了旨在对遗弃儿童进行社会改造的方法；针对需要社会康复的未成年人的专门机构的支持；一般性质的预防措施；发展儿童在闲暇时间参加有益活动的积极兴趣。该计划的目标还包括对社会工作者进行提高和再培训。

1999年颁布的联邦法律“遗弃儿童和青少年犯罪预防的基本原则”，为各级政府和不同部门的相互合作奠定了法律基础，这些部门涉及遗弃儿童防范规划、儿童的社会康复、重回家庭和重回正常的日常生活。

3.6 难民及强制移民问题及解决方案

俄罗斯最早的有记录的难民和强制移民始于1992年。到2000年初，共有88.04万强制移民和7.99万难民登记在册，其中包括29.22万18岁以下的青少年难民。根据联邦法律关于“难民”和“强制移民”的条款，联邦移民计划框架和联邦“难民和强制移民儿童”目标型计划，这些儿童处于社会保护之中。

据官方统计，现在有97.84万的难民或强制移民。儿童占登记在册的难民和强制移民总数的30%。几乎每五个孩子中就有一个来自人口众多的家庭或不完整的家庭。

自联邦“难民或强制移民家庭的儿童”目标型项目开展以来，短时间内，77个俄罗斯联邦项目为超过6万来自难民或强制移民家庭的儿童提供物质援助。职业培训机构为来自难民或强制移民困难家庭的1.6万儿童额外提供免费早午餐。超过1.7万学龄儿童在学年初收到了补助,超过 1000 名住在临时住所中心的儿童,有钱购买课本、衣服、鞋子和运动服。为消除感染和寄生性疾病采取了多种措施。无父母监护的儿童将接受医学检查,在必要时接受合适的治疗。针对难民和强制移民的社会心理康复机构的工作正在全面展开。超过 6000 名儿童可以参加夏令营和康复治疗。尽管如此,难民和强制移民儿童的境况也只是获得了部分改善。

难民及强制移民儿童的社会心理康复问题依然严峻,尤其是在他们被领养的初期。心理教育和医疗救助机构为难民和强制移民儿童提供临时住所,开展全面的康复活动,提供必备的设备和工具。对于难民、强制移民及其儿童的医疗服务条款仍存在问题,他们如何申请相应服务还在研究之中。

在难民和强制移民集中的地方,接收难民和强制移民儿童的教育、医疗和社会服务机构,往往缺乏医疗、教学和体育设备。

3.7 车臣共和国

重建车臣卫生和教育系统的工作仍在继续。

一旦居民区从恐怖分子的基地中解救出来,居住在那里的儿童就有权获得国家津贴。到 2000 年 11 月 1 日,超过了 37 万儿童获得补助,资金均来自联邦预算。在 2000 年的夏天,约 2.3 万名车臣共和国的儿童,在俄罗斯联邦邻近地区的度假区度过暑假,并获得治疗。

2000 年 9 月 1 日起教育系统全面启动。车臣共和国的 452 所学校中,有 389 所继续开展教育工作,共接收了 15.9 万名儿童。3 所高等教育机构、8 所中等职业培训机构、11 所初级职业培训和 16 所学前教育机构也恢复了教学。

车臣共和国儿童回归正常生活,是一个长期的问题。现阶段的车臣共和国重建计划和不久后的联邦计划中,应对为达成这一目标而采取的措施有所规定。

3.8 北境地区问题(北极领土)

俄罗斯的特色是拥有广阔的北部领土,人口构成中约有 300 万儿童,其中有 6 万名儿童是北方的土著居民。这一地区的问题是,极端的生活条件、恶劣的气候导致儿童难以获得教育、休息和医疗。俄罗斯在减免该地区儿童在教育机构、医疗机构、康复的费用上,做了法律上特殊的倾斜。

自 1993 年以来,“北方儿童”目标型项目,成为“俄罗斯儿童”总统项目的一部分。该计划的主要目标是确保全体儿童在偏远地区、极端气候和自然环境下都能获得基本的社会权益。尤其是引进了最新的教育和医疗护理技术,以适应北方的具体情况,其中包括建立一个远程医疗网络,为儿童发展远程教育。

3.9 残疾儿童的康复和社会教育适应

过去十年,登记在册的残疾儿童数量增加了两倍,在 2000 年初达到了 59.2 万人。这是因为儿童健康状况的恶化,也是因为儿童残疾认证规则的放宽。在过去的两年里,残疾儿童的数量没有增加。

在过去的十年里，联邦政府法律已经对残疾儿童护理和抚养残疾儿童的家庭成员的权利、保护健康的首要权利、社会维护和医疗康复等各个方面做出规定。现阶段有一系列的社会保障和福利可以补偿残疾儿童因健康不适而遭受的某些限制，确保最大化的机会均等。

参考国际标准，1999 年的法律将残疾儿童法定成人年龄从 16 岁提高到 18 岁。

为解决儿童残疾问题而做的努力主要集中在预防措施上；对新生儿进行大规模检查，以发现婴儿发育早期可能出现的缺陷，并采取必要的医疗康复措施；为残疾儿童提供康复所需的仪器；帮助家庭抚养残疾儿童，主要方法是在家庭环境中对残疾儿童进行全面的康复治疗。实现这一目标的有效措施在于，为机会有限的儿童和青少年建立新型的专门的社会康复中心。2000 年初，共有 182 所康复中心和 206 所康复机构在儿童和家庭社会服务机构进行了登记。1999 年，他们帮助了 11.6 万儿童和约 4.1 万户有残疾儿童的家庭。

自 1998 年以来，残疾儿童的康复活动通过一些独立项目一直在进行着，这些项目包括医疗、专业救助、社会康复和教育援助等。仅在 1999 年，医疗社会检查机构就为 4.62 万残疾儿童制订了个人康复计划。

1993 年，"残疾儿童"目标型项目在"俄罗斯儿童"总统项目的框架内启动，目标是建立一个有效的残疾儿童预防和康复系统。该计划是为盲人、弱视、聋哑和半聋儿童提供个人和集体使用的技术工具，为机会有限的儿童和青少年建立康复中心，改善残疾儿童的寄宿住房条件。

所有的俄罗斯联邦机构都在开展类似的项目。

绝大多数的残疾儿童是在家庭中长大的，只有 5%的残疾儿童生活在寄宿学校。在 2000 年初，总共有 155 所寄宿学校登记在册，其中居住着 2.96 万名儿童，一半是孤儿。

3.10 对抗艾滋病项目

从 1993 年开始，通过执行"俄罗斯联邦预防艾滋病传播 1993—1995 年计划"目标型项目和"在俄罗斯联邦预防由 HIV 病毒引起的疾病的传播联邦计划（1996—1997 年，至 2000 年）"项目，开展了艾滋病预防活动。

3.11 结论

2000 年，俄罗斯联邦政府批准了 10 项联邦儿童环境保护计划，其中包括 2001 年至 2002 年的 10 项联邦儿童发展计划，这说明了采取综合方法的重要性及其成效。政府向俄罗斯联邦总统申请了这些项目，按照惯例，将这些项目纳入"俄罗斯儿童"总统项目中。在 2001—2002 年的项目中投入了更多的资金。2001 年的联邦预算规定，"俄罗斯儿童"项目的支出增加 23.4%，其中"家庭和儿童社会服务的发展"项目增加 41.6%；"残疾儿童"项目增加 28.8%；"预防儿童和青少年犯罪"项目增加 26%；"孤儿"项目增加 20.2%。

遵照"俄罗斯联邦政府长期社会经济政策的基本原则"，此项工作在俄罗斯即将接近尾声。"俄罗斯联邦政府长期社会经济政策的基本原则"的主要目标是改善经济状况，首先支持社会弱势群体，其次是对促进人类发展的项目进行投资，主要是教育。毫无疑问，只有在教育、公共卫生、科学和文化等方面增加投资，经济增长才能实现。这一长期发展战略将有助于加强儿童护理、发展和保护的社会服务；但世界教育论坛（2000年4月，达喀尔）所提出的目标近期难以实现。

四、为2015年前实现全民教育目标而采取的国家行动和策略框架

1. 俄罗斯的教育和世界发展趋势

俄罗斯的教育策略，反映了国家利益，结合世界趋势，对教育系统做了深刻的变革，例如：

——加快社会发展速度；扩大政治和社会选择机会，这需要个人的积极努力；

——社会转向后工业信息社会；标志着跨文化合作的扩张，在这种合作中人与人之间的和谐关系是最重要的；

——全球性问题的出现和增加，要解决这些问题只能靠国际合作和年轻一代的创新；

——稳定的经济增长；竞争加剧；无技能和半技能劳动力的减少，就业领域的深层结构发生变化，这符合专业重新培训和升级的需求和劳动力流动性的增长。

——人类的资本增加，集中在70%～80%的发达国家。反过来，这促进了当地青年和成年人教育的快速发展。

国内的教育体系对俄罗斯重返世界一流大国地位，实现高水平文化、科学和教育的国际形象十分重要。

其中最重要的是在独联体实现了成果丰硕的合作，维持共同的教育空间，海外同胞支持国内教育的发展。

总体上，学校将成为人类社会经济关系中最重要的部分，并为个体建立新生活的准则。一个正在发展的社会需要受过教育的、有道德的、有商业头脑的公民，他们可以在变化的情况下自主做出负责任的决定，预测可能的后果，他们彬彬有礼，处理问题迅速积极，心系国家的未来。

当今俄罗斯教育的发展与科学紧密联系在一起，成为经济增长的主要动力，提高了教育自身的效率和竞争力，教育是影响国家安全、福利和每个公民的福祉的重要因素之一。教育潜力必须充分运用在整合社会、维护国家统一的社会文化空间、以人权优先原则为基础消除种族摩擦和社会冲突、实现社会文化的平等、消除社会冲突上。

俄罗斯的跨国学校应该发挥其在巩固和发展俄语和本土语言方面的重要性，从而形成俄罗斯民族意识和民族性。教育改革应在维护国家发展、延续民族传承、保障俄罗斯社会的持续动态发展方面发挥关键作用，以保障俄罗斯有较高的社会生活水平，公民文明守法、职业素养高、举止得体。

无论家庭收入、居住地、国籍和健康状况如何，都必须确保年轻人能够平等地获得高质量的教育，接受符合他们的兴趣和个人意愿的教育。必须竭尽全力对无父母监护

的儿童和青少年进行社会保护。另一个重要的目标是组建一个专业的精英团队，吸收最有天赋的孩子和年轻人，对其提供支持。

2. 俄罗斯联邦社会经济发展中期项目

2001 年 6 月，俄罗斯联邦通过了“俄罗斯联邦社会经济发展中期计划（2002—2004 年）”，目的在于实现包含远至 2010 年的俄罗斯社会经济发展方针的长期目标，例如保证人民生活水平的持续增长，缩短与经济最发达国家之间的差距。为达到这一目标，只有建立持久的、法制的、动态发展的市场经济，减少对世界格局的依赖，最大限度地参与到国家经济生活中，加强对公共安全、社会标准、经济自由、财政稳定和有效的基础设施的保障作用。

2.1 社会政策方针

社会政策的主要目标是人民生活水平的持续提高，社会不平等现象减少，使全体人民共享社会发展的成果，最重要的是提供高水平的教育、医疗和社会服务。

更多有力的举措将会被采用，以解决一些重要的社会问题，例如：

——贫困率高，人民之间的贫富差距较大；

——不利的人口条件因素，主要体现在低出生率和怀孕率，导致人口老龄化和人口的自然下降；

——大量的津贴措施和补偿性付款没有考虑接收人的实际需求；

——社会文化方面的财政短缺。

鉴于以上几点，俄罗斯联邦政府将集中解决以下几个问题：

增加人民的收入，通过提高工资来改善收入不均，增加国民生产总值（GNP）中工资的比重，在养老金改革过程中提高养老金的实际价值，对人民进行更直接的社会支持，社会支出的再分配，减少向生活条件良好的家庭提供社会津贴；向最困难的人发放补贴和补偿。

——社会和经济贫困大幅度减少，首先减少居住在人口最密集地区的极度困难人数，为收入最容易减少人群和变成贫困人口的人群提供强有力的保护；

——提供覆盖全面、质量良好的重点社会项目，其中最重要的是医疗、社会服务和普通教育；

——毫无争议，人民在投资时会优先考虑教育和公众健康，这是使一个国家在世界经济中保持国家竞争力必不可少的因素。这就是为什么在社会发展中，与其他部门的公共支出相比，对社会发展的拨款增长更为优先；

——全力保护社会弱势群体，他们无法解决自己的社会问题，需要政府的支持；

——增加因危害健康、事故或职业疾病等退休的人的社会保护保险；

——允许有经济条件的劳动阶层自费获得更高的社会消费标准，例如舒适的住房，更好的教育，良好的健康条件，更高的生活水准；

——为提高人口就业率创造条件；通过提高劳动力的质量和竞争力，确保劳动力供给与需求之间的平衡，发展劳动移民；

——农村地区的社会发展；

——通过减少人口死亡率，为稳定出生率提供必要条件，以改善人口状况；

——改革劳动法，使其适应市场经济需要。

2.2 人口措施

中期规划的人口政策目标是减少人口死亡率，为稳定出生率创造条件。在人口政策中与政府首要目标相关联的政策包含以下几点：

——结合俄罗斯社会经济增长前景和人口发展的区域因素，制订人口政策的长期计划；

——详细规划儿童出生后对家庭提供支持的方式方法，包括在儿童1岁半以前按月交付护理津贴，增加儿童出生津贴；

——提高医疗护理质量，发展对社会有重大意义的疾病防护、诊断和治疗；

——细化工作场所分类，查找影响劳动者健康的不利因素，对改善劳动条件和实施保护的雇主实施奖励激励措施；

——制定和实施预防犯罪、酗酒和吸毒的措施；

——由于生活环境因素导致一些人(刑满释放人员、无家可归的人、流浪的人、失业的人)没有收入来源，简化这些人进入社会康复系统进行改造的程序。

关于国家人口更完整准确的信息和人口调整政策研究，需要进行大规模的人口普查和一个新的国家人口登记普查获得。

2.3 根据2010年前俄罗斯教育现代化方针制定教育策略的主要方向、阶段和实施方式

俄罗斯联邦政府在其2000年宣言中批准“俄罗斯联邦教育国家文件(截至2005年)”。根据这份基础文件，国家教育政策策略和主要发展过程应优先考虑教育问题。

文件制订了抚养目标和教育目标，在教育领域根据国家政策提出有关教育和抚养问题的解决方法，以及2025年教育体系发展目标。文件的主要条例有：普通教育的准入性和免费原则，对俄罗斯整体教育空间的保障；教育分类及后续分流(学前班、小学、中学、大学和研究生)。

2001年，俄罗斯联邦政府颁布了至2010年的俄罗斯教育现代化法令。

法令的主要目标是保证教育的时代性，保留教育的基本属性，坚持从个人、社会和国家对教育的当前需求和长远需求出发。

教育改革是一项全国政治目标，因此它不能也不应该被当作是某一部门的项目。社会和国家的教育利益也许不总是符合整个教育部门的构想，这也是为什么对改革进程的预测和教育的进一步发展不应该只局限于教育机构和教育部门之中。

问题的关键在于所有的俄罗斯公民、家庭、地方儿童和家庭团体、联邦和区域国家机构、市政府、专业学术机构、研究机构、文化机构、商业机构、公共机构应该成为整个教育政策的积极参与者。

教育机构改革的目标是为自身的持续发展建立一种机制。

改革目标(相互影响)的优先顺序如下:

——国家保障初级教育的入学和平等机会;

——实现最新型的学前教育、普通教育和职业教育;

——详细规划涉及和使用额外预算来源的法律和经济机制;

——提高教育工作人员的地位和专业技能,提高国家和社会对他们的支持;

——将教育作为一个开放的国家和公共体系来发展,教育政策制定者要对这一体系负责,同时增加所有教育进程参与者如学生、教师、家长和教育机构的责任感。

现代国家教育政策的基础是其社会定位和对社会利益的平衡。教育改革的战略目标只能在教育系统与国家经济、科学、文化、公共健康等所有机构和相关的公共组织的长期互动中实现,在家长和教育工作人员的互动中实现。

教育改革对每一个俄罗斯家庭产生实质性影响。因此需随时掌握改革的情况、目标和方法,民意调查的结果必须由教育管理机构和行政机构全面监管,并且纳入整个教育改革活动中考虑。

第一阶段(2001—2003 年)面临教育领域中国家责任的全面更新。国家开展了教育改革的进程,为全社会广泛参与到这一进程提供必要条件。这一阶段的教育系统改革与进程的稳定性密切相关,解决的是预算分配和社会性难题。

本阶段教育政策的主要方向和近期步骤如下:

1. 将普通教育工作者的工资提高到俄罗斯联邦项目水平,将教学过程提高到俄罗斯联邦目标水平,省级普通教育机构享有国家教育机构同等的地位,同时,为逐步转变到学前教育机构费用的共同承担采取行动,将财政功能和学前教育计划的实施交给俄罗斯联邦项目当局负责:

——俄罗斯联邦项目、省级当局包括“学校—幼儿园”中心在内,应共同规划建立教育机构法律基础。

2. 革新教育内容,提升教育质量管理体系:

——采用普通教育国家标准;

——实验性地开展普通教育的新内容;减轻负担,符合个人需要和国家新阶段的需要;

——在普通教育的各个阶段,为专业级培训提供条件;

——建立独立于教育管理部门的国家认证和质量监管系统;

——实验性引入多种形式的国家统一考试。

3. 改善教育结构,增加财政预算:

——将教育预算作为优先项目。每年增加预算资金,重点关注联邦计划项目下促进教育发展的预算,首先要关注设备和信息来源的供应、教育者再培训、资金投资、实验性创新资金;

——设立教育机构资金分配标准,要在采用实验性教育模式和其他有效使用教育分配资金的经济手段后设立;

——清偿因预算负债执行和使用公共设备不足的财政付款造成的教育机构贷款。

4.增强社会型教育系统：

——详细规划和实施直接针对遗弃儿童、行为异常儿童和无父母抚养儿童的措施；

——对来自低收入家庭的学生、残疾儿童、孤儿和父母被剥夺抚养权儿童的社会支持；

——建立国家教育信贷系统，增加低收入家庭儿童接受中等和高等专业教育的机会；

——详细规划和实施联邦"俄罗斯儿童"项目子项目"俄罗斯联邦(2002—2005年)儿童、青少年和青年的体育教育和健康"计划。

5.全面支持农村和城郊学校，给予它们在信息技术和教学设备上的优先权，简化教学过程，提供援助和教具。

6.基于国家和当地劳动力市场对职业培训进行结构和机构改革：

——优先考虑国家资助的主要高等教育机构、科学和创新学校，整合学术机构和学科领域；

——精简初级和中级职业培训机构的结构，发展职业大学系统，根据当地劳动力市场更新职业培训内容，提升职业培训质量；

——发展成人教育和继续职业培训，在初级和中级职业培训机构集中培训刑满释放人员和失业人员；

——引进国家资助的职业培训(国家项目，后备补助)；

——设立一个体系，预测各职业和专业所需的技能型劳动力，满足国家对职业培训机构的需求。

7.经济独立条款和多种教育机构(组织)，通过修订俄罗斯联邦法律和其他法案来预测教育体系投资利率，由此法人和公民可以参与到教育投资中，或者为教育提供公益援助。

8.提高教育从业人员的社会地位和专业水平，增加政府的支持：

——为从事高等教学工作和教育机构中的资深员工提供额外津贴，同时为激励年轻教育工作者，为他们提供额外的津贴；

——根据修订后的工资待遇和从属教育机构差别，对教育工作者的工资进行调整；

——提高各种教育工作者的养老金水平、医疗保险和社会保险；

——为年轻的专家和教师缩短现役军役时间，使他们有时间在普通教育机构中任职，包括儿童家庭、寄宿学校和有国家认证的初级职业培训机构中的专家和教师；

——在联邦教育发展计划框架下，对高水平的"俄罗斯教师"项目进行细化和实施；

——在预算内，对教师和行政人员进行提升和再培训。

9.对教育系统进行一次全面革新，使之科学化、制度化；重建教育科学；缩小教育与时代需求和教育实践前沿之间的差距；提高支持、设计、创新教育研究的力度。

10.使教育法律基础符合教育创新目标。

在第二阶段，例如2004—2005年提出的所有活动都将全面实现，尤其是那些经过第一阶段实验检验，并在之后评估中得到认可的结论。新的教育内容模式、教育内容管理和资金模式也要付诸实施。所有这一切都要建立在对地区经验和当地特色的详细分析上，并为实现教育改革的主要目标提供可能。教育改革的首要目标和最重要部分是教育的现代化和教育的可获得性。

最近的实验有望帮助我们了解新形式的社会风险，并制定适当的缓冲补救措施。第二阶段将包括稳步扩大来自各级预算的教育供给。

在这一阶段最为重要的是，要对管理创新过程的方式进行细化，在教育中提出新模式。新模式的设计和发布将考虑地方特色。

与此同时，在这个阶段，一个更重要的角色将由社会、企业、家庭、市政当局、社会组织扮演。这是由于两个因素：首先，家庭和企业的收入（直接依赖于当地的预算）将促进教育的商业需求。首要考虑职业培训，并在预算资助和资助人的资助下扩大对教育组织的支持。其次，建立一个透明的教育管理制度和相应机构，这将有助于形成各种形式的公共支持和管理效率。

总之，教育将越来越多地面向劳动力市场和国家的社会经济增长需求。与最终消费者签订的合同，将在一定程度上打乱国家教育顺序（特别是在初级和中等职业教育领域），有助于降低预算融资职业培训的费用。同时，地区预算和地方预算的财政预算将保持高速增长，直至本十年计划结束。

预计在十年内（2001—2010）教育改革的第一项成果将得以凸显。

——有效的资金流动导致材料供给的增长（因此，用于教育的私人资金可能会从占国民生产总值的 1.3%上升到 2.5%）；

——中等职业教育和职业学校质量的提高，达到普通学校标准和国际职业学校标准。由此，俄罗斯的教育服务出口可能达到 2～30 亿美元；

——社会矛盾、社会问题以及遗弃儿童和犯罪的温床减少；

——提高教育工作者的工资将有助于提高教育者的社会地位，提高教学界的标准（尤其是年轻教师）；

——基础和中等职业培训条件和技术的进步和创新使职业培训的竞争力和投资吸引力增加，职业培训开始适应劳动力市场。

根据以上理念，俄罗斯联邦政府认为，在接下来几个月里，当有必要完成新的教育政策的详细制定，更新整个教育体系，所有国家机构和公共机构必须坚决贯彻执行，在 2020 年实现俄罗斯教育现代化。

2.4 2003—2006 年联邦“俄罗斯儿童”目标型项目

“俄罗斯儿童”项目的便利性和必要性体现在：在联邦目标计划框架下改善儿童状况获取的经验，对相关目标的结果进行评估，揭示出仍存在的问题，以及国家与地区的社会经济和人口状况。

2003 年至 2006 年的“俄罗斯儿童”联邦计划的实施，根据 2002 年 3 月 13 日俄罗斯联邦政府的决定,N292-p。“俄罗斯儿童”联邦计划包括五个子项目,分别是:“健康儿童”“天才儿童”“预防儿童遗弃和青少年犯罪”“孤儿”和“残疾儿童”。

该计划的主要目标是建立一个有效的全面的国家儿童支持系统,包括诊断、预防和康复措施,为那些生活困难的儿童提供最适宜的生活环境。改善儿童状况措施的持续实施,有望改善俄国的人口状况,挖掘国家智力潜力。

3. 全民教育的目标和实现

以下的国家行动框架有望使所有人获得教育,使其为社会的发展做出贡献。

3.1 儿童(尤其是最不幸的儿童和弱势儿童)护理及其培训的综合方法的扩展和优化

俄罗斯坚持达喀尔行动框架,在达喀尔行动框架中婴儿可以在安全的受人照顾的环境中成长起来,他们会成长为健康聪明的人,有学习能力的人。

为了实现这一目标,俄罗斯为有孩子的家庭提供全面的社会支持政策。

“俄罗斯儿童”计划的一个子项目是“健康儿童”,其首要目标是为儿童出生提供有利条件,减少孕产妇和儿童尤其是婴儿的死亡率,保护和加强儿童各个阶段的健康。

为实现这一目标,制定了下列保护措施:

——优化母亲—儿童保护法;

——提高产科和儿科的服务;

——增加针对母亲和儿童开展的疾病预防医学机构的设备和技术基础;

——增加最新健康保健医疗、教育和社会技术在健康、教育和社会保护机构中的运用;

——防止疾病和残疾早龄化;

——发展母亲—儿童保护领域的信息技术;

——优化医学、教育和社会工作人员的培训、再培训和提升。

俄罗斯联邦教育部继续实施为两个月到 7 岁的儿童提供学前教育的计划,并促进该计划的现代化。

2002—2004 年俄罗斯联邦教育部的行动框架旨在实现俄罗斯教育的创新概念,使学前教育的入学更加容易;保障政府资助的学前教育的教育服务;创始人应为支持和发展物质基础付款;对儿童的资助将发放到父母的账户上,同时对低收入家庭进行援助。以下是为实现这一目标采取的行动:

1. 为俄罗斯联邦政府起草恰当的决议;

2. 在考虑地区特性、入学学生的类型、类别和形式的情况下,详细归纳学前教育机构的联合办学和联资的立法文书和经济文书;

3. 在诺夫哥罗德省、萨马拉省和莫斯科省,对学前教育机构的股票融资进行实验性引进;

4. 详细阐述了总体教育项目方针中的抚养、教育和根据联邦学前教育培训标准的各部分要求培养儿童和青少年的总体教育计划。

这些行动的预期效果如下：

——建立一个资助学前教育的机构，同时为低收入家庭提供有针对性支持的共享的系统；

——关于学前教育管理质量的官方文件和研究方法。

另一项联邦法律草案“学前教育”目前正在进行中，其目标是保护学前教育系统，保护其免遭破坏，保持其固有的价值和独立性。

教育学家们继续在全国范围内进行实验，采取科学的方法，为短期参加学前教育的幼儿园的孩子们制定法律和经济条款。

目前，根据种类和类别的不同，针对学前教育机构的更多财政措施正在研究之中。目标是：

——对一般类型的学前教育机构的预算融资联邦利率进行详细说明；

——基于国家批准的标准，在学前教育机构开展实验性审查，并引进资金资助。

学前教育机构的主要目标如下：

——保护儿童的智力、个性和身体成长；

——保护儿童生命安全和健康；

——纠正儿童行为偏差；

——使儿童树立价值观；

——与家庭合作共同实现儿童的全面发展。

当前的学前教育制度是相关机构共同组成的，灵活且涉及的机构广泛。它们分别为：

——幼儿园（普通）；

——注重儿童个性发展的幼儿园（智力、艺术、审美、体育等）；

——补偿性幼儿园，对身体或精神上的偏离进行及时的矫正；

——保健和卫生幼儿园，注重卫生和体育措施及康复；

——综合型幼儿园（包括上述各个种类，形成各种各样的组合）；

——儿童发展中心，旨在促进所有入学儿童身体或精神发育，注重健康矫正和卫生设施。

短时间幼儿园（每天1～5、6个小时）也将发挥作用。在该领域，人们做了很多努力来记录从幼儿园辍学的儿童状况，而且通过与父母达成的协议，短时间幼儿园分别开设在早晨、下午、晚上和节假日，也分为提供一餐类型的和不提供餐食类型的。

此外，还为发展当地的幼儿园系统进行拨款，授课将采取地方方言，同时将国家标准语言作为一门课程开设。

特别要注意的是学前教育的系统性规定。目前正在进行的教学大纲和教学技术考虑了当地的条件和需求。教学大纲的选择使教育工作者可以根据儿童个性和自己的倾向选择适合的教育内容。同时，根据国家设立的学前教育标准，将重点强调学前教育的质量，目前正在详细阐述招标条件。在这个标准批准之前，学前教育处于条理性指导下，即“在正常学习系统下的儿童卫生标准和最大负载量”。

我们还将采取更多的措施，消除儿童在学前教育机构与学校学习内容的重复率。针对这一问题，俄罗斯联邦教育部“关于学前教育和小学教学大纲”的通知将发挥重要作用，在大众媒体上发表的持续学习（学前和初级阶段）的概念草案也将发挥作用。这些文件将连续性定义为教育内容的一系列连续的目的、任务和目标，还概述了儿童发展过程中最有效的心理条件和教育条件。

为了保护儿童免受低质量游戏产品的负面影响，当局详细制定并实施了一项实验性程序，来检查桌游、电脑游戏和其他游戏、玩具和儿童娱乐用品。草案正在进行中，为俄罗斯联邦政府“关于桌游、电脑游戏和其他游戏、玩具和儿童娱乐用品的专业技术”的决议奠定基础。俄罗斯联邦教育部下属的“知识产业部”设立了“玩具”部，目的是检查玩具和娱乐用品对心理和教育产生的影响。

学前教育的保障和进一步发展将在很大程度上依赖新的更完善的“学前教育”联邦法律，该法律确定了学前教育的国家标准，基于适当标准引进和实验性采取针对学前教育机构的额外资助，详细制定完善了学前教育机构中对儿童提供资助的措施。

3.2　关于儿童（尤其是女童、来自复杂环境的儿童和少数民族儿童）在2015年以前有平等接受高水平的免费义务初级教育的权利，并完成高水平的免费义务初级教育的条例

俄罗斯已经准备好承担起责任，为每个人提供在学校获得高质量教育的权利，或者在被认为是“基本”水平的可选方案框架下获得高质量的教育。

俄罗斯联邦宪法保障公民受教育的权利。俄罗斯联邦政府将把这一规定付诸实施，为提供国家标准的免费义务中等教育创造法律条件和经济条件，为所有俄罗斯公民提供平等接受教育的机会，不论其居住地、家庭收入和性别如何。

获得高质量教育（包括小学）同时意味着国家对下列设施的保障：

——学习用品和物质基础，采取最新的培训、实验设备和教科书；

——每位学生在学习过程中的人权、精神健康和心理健康受到保护；

——对家庭的社会教育和心理教育援助；

——学生可以免费借阅国家、省级机构图书馆的藏书。

这一计划还受到“防止遗弃儿童和青少年犯罪”“残疾儿童”和“失孤儿童”项目的支持，这些均是联邦“俄罗斯儿童”目标型项目的子项目。上述子项目的目标是将家庭作为社会的主要机构，保证家庭的稳定，对家庭进行支持，提高儿童教育中父母的责任，完善预防措施，以避免出现家庭问题和社会孤儿。

现阶段学校教育显示出大量的积极趋势，例如：

——小学的教育工作者明显开始自愿参加培训；

——教学人员在采取创新型措施上有更大的自由；一些学校尊重教师的权威；学校更多采纳国际教学经验；

——家长可以自由选择教育系统；家长的自我意识正在觉醒；

——教育越来越关注儿童的个性化，为儿童建立个性化教育之路。

然而，从全国来看，这些转变仍然局限于为数不多的学校中。

小学教育的消极趋势归纳如下：

——儿童的健康和幸福感不够(对学校的适应普遍存在问题)；

——儿童并未建立起内心的信任感，未能敞开心扉地接受周围的世界并进行积极的自我欣赏，儿童经常容易感到沮丧；

——小学的生活方式会损害儿童纯真健康的好奇心和创造性潜力；儿童的自主权没有激发出来；

——儿童的个性被磨平；

——变得简单刻板，不利于儿童的个人学习和发展；

——教学质量正在下降(部分是由于教育工作者的声望和薪资水平的下降)。

俄罗斯教育将会吸取前人的经验，保留成熟严谨的国内传统教育。

在快速发展和变化的现代社会，教育发展的成功在于培养出自立的、有责任心和有思考能力的人。如果按照下列原则，教育可以完成上述目标：

1. 坚持人权主张，尊重每一位儿童，善待每一位儿童，消除对儿童的人格侮辱和人格侵犯。

2. 每一年龄段的个人价值原则，包括：

——全面实现各个年龄段儿童的机会；

——目标是优先发展每一个儿童的基本能力；

——将前一个发展阶段的成就作为儿童成功转向下一个教育阶段的前提条件。

3. 个性教育原则，为每一位儿童实现自己原创性和创新潜力提供机会。

4. 教育社会文化开放原则中秉持社会文化原则，例如：

——尊重各个文化的风俗传统，适应变化的世界；

——支持所有教育领域的所有参与者(家长、学生、教师等)享有教育主动权；

——扩展学校的教育任务(使学校成为当地文化的中心)。

以下原则决定了小学的学习目标：

(1)保护和增强学生的身体健康和心理健康，保障儿童的心理健康。

(2)在与人和与世界的关系中发展儿童，目的是：

——支持和促进儿童在各个活动中的自主性；

——教会儿童处理人际关系的技巧和合作；

——保持乐观的自我欣赏和自我肯定；

——扩展个人选择；

——保证学习自主性。

(3)保留和支持儿童的个性。

当前改革的主要目标是小学教育思路的改变。对学科的学习从目标转变为儿童情感、社会和智力发展的手段，这有助于将学习从教学转变为自我学习。小学不能只是一所"习惯学校",而是孩子在教育领域的第一次体验,是展示他的个人潜力的试验场地和空间,是孩子成长的土壤。

在小学教育框架中有利于缩短差距的目标有:

——只采用对儿童身心发展和健康有利的教育技术;

——共同探索活动、合作和理解的新方式,建立一个由学习者和教师组成的学校社团;在学生学习过程中的探索与执行之间获得平衡,制订出学校活动的集体方案和个人方案;

——在学习过程中将游戏和知识适当结合,将学习任务融入课外儿童活动(艺术、劳动、体育、游戏),展现出儿童在之前的学前教育中的最佳成绩和经验;

——鼓励孩子对进一步学习的渴望,帮助他们掌握持续自我学习的能力(评估自己的成就和困难的能力,通过求助他人(包括成人、男孩和同龄女孩)以拓展能力;

——为儿童的个性发展提供教育支持;

——在所有可能的活动中为儿童创造性活动设立先决条件。

3.3 创造条件,通过合适的课程表和获得日常技能的方式,满足所有年轻人和成年人的教育需求

俄罗斯联邦政府意识到,除非占大部分人口的劳动力获得完整的中等教育,或者所有的年轻人和成年人有机会获取知识,发展对价值观、社会目标和专业技能的理解,否则国家将无法实现新型开放化经济。

青年在生活中面临着挑战和威胁,这些挑战和威胁限制了其学习能力,给教育系统带来了严重的问题。这些挑战包括:失业、斗殴、沉迷毒品、在学期间怀孕和感染艾滋病。

为了克服这些威胁,联邦政府采取"反滥用毒品和毒品非法流通""俄罗斯儿童""预防由艾滋病感染引起的疾病"这些目标型项目。

截至2000年底,共有761名年龄在15岁以下的儿童受艾滋病病毒感染,并在医疗系统中登记。在过去几年中,感染艾滋病病毒的儿童人数急剧上升,原因是15～20岁的青少年注射毒品人数增加,到2000年初,这一人数达到了4023人。10～15岁的儿童因注射毒品而感染艾滋病的现象引起了极大的社会恐慌。

对艾滋病感染儿童和青年的医疗救助由感染临床医院(圣彼得堡)、临床传染病医院(莫斯科),艾滋病地方中心和家庭医疗机构共同提供。已为孕妇和儿童设立了研究、预防和艾滋病病毒治疗中心。

各种医疗服务免费救助艾滋儿童,对感染儿童和父母一方或随同成人参加国家级医疗机构治疗和医疗会诊的旅行费用,由地方艾滋病预防中心和俄罗斯临床中心负担。

根据"防止由艾滋病病毒引起的疾病在俄罗斯传播"和"在俄罗斯联邦对残疾人的社会保护"等联邦法律,对未成年艾滋病病毒携带者进行社会保护。不得侵害艾滋病病毒感染者的权利,特别是不得拒绝其参加教育机构。所有有关艾滋病病毒检测结果的信息必须保密。

政府、各部门和公共组织的重点还是避孕措施、疾病预防和对健康生活方式的宣传。

“计划生育”和“母婴安全”联邦计划的目的是，对信息化和教育的发展应致力于为未成年人和青少年生殖健康提供保护。为达到这种效果，持续性的活动有助于实现生殖行为的变化。计划扩大青年中心机构，目的是宣传健康的生活方式和保护青少年生殖健康。

与联合国儿童基金会(UNICEF)2003—2005 年俄罗斯计划共同开展的计划，其目的是帮助残疾人、艾滋病病毒感染者、无家可归者和弱智儿童。还在继续开展的有“母乳喂养”项目、“需要特殊监护的儿童”项目和“青年：健康与发展”项目。

为鼓励青年学习开展了更多社会项目。2001 年 1 月 1 日颁布了一部联邦法律，规定了“在俄罗斯联邦发放奖学金和社会支付的程序”。

一套在各个阶段保证教育入学的社会经济保障措施将得到详细制定，这套措施在实施中不会因住址和家庭收入的不同而产生差别。这些措施包括：

——联邦、俄罗斯联邦目标和当地政府之间的权利和责任的分配；

——将对教师工资和津贴的发放从根据市级普通教育学校教学过程条例转移到根据俄罗斯联邦项目上，这样教师可享有国家教育机构的职称；

——向低收入者介绍有针对性津贴和目标型津贴，并为那些需要特殊社会保护的人建立其他城市和区域儿童支持政策，为他们在教育机构采用先进的课程设置，提供更多教育和学习机会；

——建立一个国家教育信用体系，采用多种形式的信贷和还款方式资助低收入家庭的儿童，为他们获得更多的中等和高等职业教育提供机会；对学生进行国家经济社会发展有重要需求的技能培训上，同时允许使用国家助学信贷和补贴；

——对无预算的费用及其在教育领域的使用进行法律监管；保护付费教育用户的权利；

——稳步增加学校和社会奖学金的总数额，使学生可达到最低生活标准；

——增加学生的兼职工作机会。

为了向所有公民提供平等获得中等和高等职业培训的机会，有人提议应制定一项法律，针对中等普通教育学校以及中等或高等职业培训机构的毕业生给予适当的延期，使他们能够行使个人权利，根据个人情况选择进入中等或高等职业教育机构。

对引进国家统一考试(CSE)结果的评估须考虑的重要因素有：职业培训的入学、学校毕业生选拔制度的完善和普通教育质量的提高。俄罗斯教育部计划在 2002 至 2004 年间实施措施的目标是到 2010 年时实现俄罗斯教育改革，其中与国家统一考试原则有关的措施如下：

——俄罗斯联邦政府关于实验进程的年度报告；

——实验性初级职业培训和中级职业培训引入到国家统一考试中；

——起草关于实验结果的俄罗斯联邦政府决议。

一项重要的教育改革措施是为学龄儿童更新现代注册技术，建立国家公共体系保障体系，监测基本普通教育实施。

为确保农村学校儿童平等接受高等普通教育，必须采取进一步措施，支持农村学校进行结构调整。例如，俄罗斯联邦 2002—2004 年行动计划在 2010 年框架内，建立文化教育机构和普通教育机构、工农业职业发展中心、医疗保健中心等（特别是在农村地区）。计划中列出如下步骤：

——上述中心的实验性启动及其功能；

——起草关于上述中心建立和运作的法律模式。

预期结果扩展为儿童发展、职业型和健康矫正的全面性活动。

下面是关于在农村促进学校配备计算机的理念。在农村，尤其是入学率低的学校学习，信息的缺乏对教学用具的使用和实验室设备的使用产生一定制约。同时，花在农村学校每名学生身上的预算费用比普通学校高出两到三倍。计算机的使用为农村学校讲授信息课提供便利，减少小城镇和农村学校孩子的信息不对等，从而解决社会问题。为达到这一效果，需要安装远程计算机设备网络，提供切换到本地网络的通信，并且最重要的是，通过本单位的网络或当地的高等教育机构或大学的代理服务器连接全球的计算机网络。因此，硬件和配套软件的供应是个问题。硬件和配套软件必须包含学校所有科目，只有这样才能弥补学习设备、教具的不足。通常来说，农村地区缺少会计算机保养与维护的人员，这意味着所有提供的设备必须耐用，使用物美价廉的材料以减少维护。

应给健康状况不佳的儿童提供医学心理学的监测和特殊的学习条件，尤其当地普通教育学校中被确诊患有疾病的儿童，可参加特殊的寄宿学校。俄罗斯联邦教育部 2002—2004 年行动框架作为在 2010 年前实施俄罗斯教育改革理念的方法，对健康状况不佳的儿童采取特别教育措施。另外，制定和颁布一项特殊教育的国家标准正在筹备中，这将成为特殊教育的法律基础。

有社会问题的儿童，应当实行强制性个人心理监督和教育监督。

俄罗斯联邦政府正计划采取综合性措施，防止儿童、青少年和社会孤儿的反社会行为。以下是采取的一些措施：

——建立一个类似于苏联沃洛夫和纳西莫夫特别军事教育中级学校；建立军校生、哥萨克人游牧社群、飞行、航海、河流蒸汽船、工业、农业和其他技术型机构；

——建立专门的青少年咨询中心，解决青少年的心理教育和社会问题；

——完善儿童收养法；促进收养家庭和有儿童家庭的发展；

——扩大特殊人员（如社会教育学家和心理学家）培训体系，照顾社会孤儿和来自危险环境的儿童；

——培训和再培训教育员工和家长，避免滥用药物和酗酒问题；

——引进国家和地方特殊儿童权利检查员。

儿童和青少年不良行为增长的一个原因是空闲时间和假期没有完善的活动组织，

而遗弃儿童的假期活动问题最为突出。各级政府和地方行政部门应该参与到加强夏季露营、休闲、体育等儿童教育方面的社会计划中。

3.4 到2015年成人识字率增加50%(尤其是女性识字率),为所有成年人提供平等的接受基本教育和继续教育的机会

据官方统计,在20世纪90年代末俄罗斯成人识字率达到99.9%。基础教育和继续教育的普及和入学仍然是国家政策的主要目标之一。

国家工作重心重新回归教育,普通教育机构和职业教育机构(无论其法律归属如何)都是提供高质量教育服务的机构。

职业培训内容和结构的现代化,使之能够满足基础产业、服务业、文化、军队、公共服务等行业的需求。

职业教育、社会发展、科技进步、联邦和地区劳动力市场及其长期需求是影响职业教育改革的关键因素。这需要建立一个对劳动力市场包括国际趋势在内的各种技能的当前需求和预期需求进行日常监测的系统。满足这些需求需要建立一个有效的职业培训体系,特别是一个多层次的高等教育体系。劳动需求的预测以及职业培训机构的评级,必须通过大众传媒传播给大众。

一套有效的毕业生就业制度的建立工作正在筹备当中,该制度包括合同制培训的发展,并保障所有高等教育、特殊和职业培训机构的毕业生能够自主选择就业,或者开办私营企业。

发展职业培训的一项十分重要的策略,是加强和改善物质和技术基础以及教育基础设施,并将其发布到世界网络和当地信息网络上,为高等教育机构配备最新的工具、器具、辅助设施和材料,以提高学校学习和学术研究的水平。

对俄罗斯学校的研究和设计活动的重点关注,将对俄罗斯经济发展所需的技能和技术水平产生巨大影响。

与此同时,对未来几年内为提高职业培训水平而采取的措施也进行了规划。例如:

——重新认证经济、法律和管理领域的课程;

——再次认证,如有需要,可颁发高等院校附属机构的许可证以及由非政府高等教育机构颁发的国家标准文凭。这些发展将涉及俄罗斯主要的高等教育机构、著名的文件制定研究所和俄罗斯联邦学科教育管理办公室。

由于目前的经济需要,越来越多工业基础环节和二级环节需要熟练工人,这就要求大力发展初等和中等职业教育。这一阶段的职业培训内容和质量必须在实质上有所提高,并达到国际质量标准,实现更快的技能整合,使初级和中级职业教育符合当地劳动力市场的需求。应寻求额外的资金来源,特别是要建立最新的教育教学基础、系统基础和信息基础,扩大研究活动,为各阶段的教育出版教科书。同时,要在初级和中级职业培训机构中制定和实施中等教育优化理念,把课程设置与学习者的垂直流动性相结合。

重大改革需要进行职业培训管理。在各级职业培训和进一步发展的问题上,地区和联邦中心之间的关系需要进行大幅调整。为了提高初级和中级职业培训机构的效率，职业培训机构将被分为两级——联邦等级和地方等级，为实现国家放权给市级政府的可能做好准备。

通过采取以下步骤，可以实现更高质量的职业培训：

——预测劳动力市场需求，建立职业培训机构、招聘和信息机构、就业服务的合作网络；

——消除一揽子职业培训，这种职业培训会造成没有必要的垄断，消费者获得的信息不充分，在员工培训方面的失调和过度重复；

——更新技能清单和工作人员培训登记册；

——职业培训的结构和体制创新、机构的完善、小学和中学、中等和高等职业培训一体化等各种模式的拟订；提供多层次的高等教育；建设大学校园；

——大力改进职业培训机构的材料和技术基础；

——教育信息化，精简教学方法，积极利用开放性教育技术；

——完善高中一体化和学科课程与突破性高科技的联系；

——提高高中的科学声誉，这是高水平技能培训、发展社会生产力和不断创新职业培训内容的关键因素之一；

——大学、学术机构和分支机构一体化；

——在联邦教育发展方案框架内制定"俄罗斯大学"子项目；

——通过详细制定扶持的方式和手段，向国家最重要的科学院和研究学院提供国家支持；

——为教育人员的技能不断提升创造条件，在这个过程中，涉及俄罗斯科学院主要的研究所；职业教育水平的连续发展，建立进一步职业训练的有效制度，当人们改变行业或升职时，对他们进行心理咨询；

——实行优胜劣汰原则，并在现存的就业中心内，对初级和中级职业培训机构内领救济的人员和失业人员进行再培训。

——邀请雇主和其他社会成员共同参与解决职业培训问题，包括详细制定教育标准使其符合最新的资格要求（专业标准），制定技能训练的顺序和符合俄罗斯联邦学科水平的合同制教工和整体人才政策；

——批准工程文件和社会经济文件，制定人员配置，将高级和中级教育机构运用到军官训练中，建立校际军事学院的预备役军官训练。

通过加大包括竞赛基地拨款在内的国家财政支持，促进教师的研究活动。

职业教育的终极目标是培养具有熟练专业知识的人才，能适应劳动力市场的竞争，有能力、负责任，能胜任自己的专业领域，了解与之相关的其他行业，紧跟不断变化的世界水平的专业趋势和专业进程，把握社会和商业的变化。满足个人对获得紧跟时代的知识的需要。

国家杜马委员会针对生育、家庭和青年问题，起草了一项立法活动，以保障男女享有平等权利和平等机会。这在一定程度上规定男女获得教育和技能再培训上的平等，并将在职业指导、培训和再培训方案中加以规定。

一般来说，女性的学习成绩高于男性，但她们的专业选择有限。到目前为止，女性总是从事“女性职业”，这可以减少家庭开支，减轻家庭负担。

性别隔离在劳动领域仍很普遍，在某些专业领域愈加明显。进一步讲，在获得教育的职业培训系统和法律中，有一系列禁止女性参加艰苦的、商业型的危险工种和劳动环境恶劣的工作的限制。女性无法获得必要的知识进入上述行业。然而，根据联邦法律“同一个教育”中第五条的规定，任何限制公民职业培训的法定权利只能由法律规定，各类部门文件禁止对此进行规定。

这就是为什么要更多地关注，以为女性在军事专业、民用航空专业、海洋专业、电力工程自动化控制系统专业和钢铁工业专业等专业局限性上有所突破。

在教育和再培训上享有平等机会的规定，要求女性的专业方向应该更加注重目标，考虑劳动力市场的发展和受过培训的年轻女性的利益和需求之间的平衡。这将在人口就业方案，特别是关于“女性就业”的项目，以及旨在建立和保障工作场所的方案中做出规定。

将职业培训制度、人员再培训的大力提升与基础和应用科学的发展联系起来，对国家的未来发展至关重要，需要学术界、教学界、政府和企业的共同努力。

3.5 到2005年消除小学和中学教育中男孩和女孩之间的差距，到2015年在教育方面实现男女平等，重点关注女孩的基本教育入学和毕业

尽管俄罗斯是一个多民族多文化国家(在许多国家和文化中女孩受教育的机会更容易被削弱，因为在大多数情况下，女孩在社会中主要负责生育和抚养，而女孩的结婚年龄和获得基础教育的年龄一致)，但俄罗斯教育中的性别差异和性别不平等从未如此尖锐。

涉及男性和女性教育的法律保障体现在《俄罗斯宪法》中。尽管如此，俄罗斯联邦也存在一些关注性别问题的机构。因此，劳动和社会发展部设立了妇幼和妇女问题部。此外，还有一个总统行政级别的关于生育、家庭和人口问题的常设委员会，以及国家杜马下属的产科、家庭和青年委员会。性别研究的经费由政府通过俄罗斯联邦学院的科学教育社会经济问题机构和莫斯科大学教学部的性别研究实验室承担。

为完成联合国成员国的政府和教育机构设定的目标，俄罗斯联邦政府制定了下列措施：

——保证女孩的入学率，完成相应的教学大纲；

——通过下午制学校，为怀孕女孩和年轻母亲继续提供教育，使其获得基本教育；

——动员包括家长、政府和非政府组织在内的社会各界，支持教育政策，提高社会性别意识；

——为学校工作人员、家长和所有教学从业人员开办特别课程，使其关注性别教育；

——对教科书和教具进行探讨，来提高女性的自我价值，积极评价她们的个人价值，修订培训书籍和教具，增加女性在包括政策、发展、文化、历史、体育和其他社会、政治文化活动等社会生活中的参与度；

——在政府教育机构工作的教学行政人员需了解性别问题，特别是要关注来自本地和农村人口的女孩，精心制作符合她们需要的教具；

——满足来自艰苦环境的女孩的特殊需求，艰苦环境包括难民和强制移徙家庭、少数民族、孤儿和残疾女童以及需要特殊教育方法的其他年轻女性，筹集资金满足她们的要求；

——为女孩的领导能力培训提供机会，使她们有能力参与教育活动并平息冲突的局面；

——关注家庭环境中的女孩和男孩的无偿劳动，研究和收集有关性别差异的信息，特别是农村社区；调查女孩的家务劳动对她们平等地接受基础教育和职业教育的影响，同时也要避免不平衡和歧视现象。

俄罗斯承诺将采取一套修正社会目的、道德价值观和行为模式的全面措施，消除性别歧视，培养男孩和女孩之间、男性和女性之间的相互尊重。

3.6 提高教育的各个方面，提供一个公平的学校学习标准，使所有人获得知识和学习的评估结果，尤其在识字、算术和日常的基本技能方面

教育的基本环节是普通学校，对普通学校的改进意味着教育不仅是学习者要获得知识，同时要发展学习者的性格取向、感知能力和创新能力。普通学校有助于形成学生全面性知识、技能和实践的一个完整系统，塑造了学习者的独创性和责任感，以上是当代教育的重要标准。凭借历史悠久的俄罗斯和苏联学校的经验，有望实现对家庭自然科学、数学、人文科学和艺术教学等优秀传统的保障。

儿童保育和教育是教育优先发展的方面，是教育活动不可分割的组成部分，符合人类教育和发展的普遍过程。教育的最高目标是使学生了解民事责任，遵纪守法，有能力获得精神价值和文化意识，使学生成长为上进、自信、宽容、善于交际、能积极适应劳动力市场的人才。重要的是在实现这些目标时，学校应该与儿童继续教育机构合作，这一直是，而且仍然是实现儿童艺术天分和激发儿童技能发展倾向，发展他们的社会情感和天赋的有效手段。

在儿童成长和教育中尤为重要的是家庭。

为实现普通教育的现代化，拟在下一时期采取如下措施：

——根据实验的结果，修订普通教育的结构和内容，包括每一教育阶段的时间（根据实验结果，在 2006—2007 年之前无法解决的是对 11～12 年教育的引进）；

——详细规划并实施普通教育国家教育标准，制定可选性基本课程表，学生可以考虑地区的特性和普通教育机构的潜力；

——为学生制定适宜身心发展的学习目标，为在校学生提供保障和促进其身心健康的学习条件，可采取如下措施：

a)减轻整体课业负担；

b)采取高效教学方法；

c)强调体育教育，提高体育教育水平；

d)检查儿童和青少年健康；

e)提高教育机构饭菜质量；

f)有效运用学生和青少年的空闲时间、假期和暑假；

——提供可选择的个人教育，根据教育机构和课程多样化达到政府教育标准；

——大范围运用艺术的道德潜力培养和支持学生道德准则和个人精神成长原则；

——在小学计划和开展教育文件的可行性系统，包括与初级、中级和高等职业教育结构合作；

——推动发展社会化学科：经济、历史、法律、俄罗斯语、地方语言、外语；提高技能型和职业型培训；提供全面的计算机培训；

——为学生提供至少一门外语培训，使中学生在毕业时外语水平可达到日常交流水平；

——在中学课程安排中引入强制性外语测试，在基础学校的课程中引入强制性信息技术考试；

——为青年人在职业环境下提供心理支持，帮助他们激发职业兴趣、职业倾向，提高个人能力，掌握所选职业；

——2002 年至 2003 年，在农村地区开展基础教育和初级阶段教育实验性改革(同时维持和支持低入学率学校，为学前教育和小学教育项目在任一社区的开展创造条件)；

——建立校车体系；

——在“2001—2005 年共同教育环境发展”联邦目标型项目下重点强调远程教育制度；

——为新型普通教育机构(包括学习中心和相关配套设施以及无父母监护儿童机构在内)的发展制定详细的适宜的法律；

——为天才型儿童学校提供国家援助；

——为专业人士建立有效的国家和公共系统，监督教学著作的质量，促进新生代课本作者之间的竞争；

——促进国家对教育机构开展创新活动的支持，将其作为教育改革的研究试点；

——建立独立于教育部的教育质量评估国家体系，使其成为提高教育效率的有效和可信赖的手段。

俄罗斯联邦教育部 2002—2004 年行动框架旨在实现俄罗斯 2010 年前的教育改革概念大纲目标、行动和预期结果，以提高普通教育和职业教育的质量。它们的内容如下：

1. 引进独立于教育管理体系的国家和公共教育质量评估体系。

行动：

——起草俄罗斯联邦政府决定中关于认证体系和教育质量控制体系的内容；

——在俄罗斯联邦课题内建立国家和地区认证中心；

——提供国家和公共认证服务，该服务包括认证和教育质量管理部门独立中心系统；

——在评估职业教育质量上制定公众可参与的机制；

预期结果：

——更好地保护公民获得高等教育的权利；

——建立公共管理机构监管职业培训机构的行为。

2. 设立普通教育的国家标准。对质量的维护保障了普通教育，保障了俄罗斯教育空间，接受道德、文化、尤其是人民的制约。法律对普通教育时间进行了规定。提高学科的重要性，帮助学生通过经济、历史、法律、俄罗斯语、地方语言、外语、提高技术知识和劳动知识，提供全面的计算机培训，更适应社会需求。

中学毕业生应至少掌握一门外语。

行动：

——起草在联邦监管下的普通教育国家水平和相应的俄罗斯联邦政府决议；

——详细阐述了提高 2002—2006 年普通教育结构和内容的实验性项目；

——出台第一代和第二代普通教育国家教育标准条款；

——详细制定联邦监管下的课程表，详细制定监管国家教育实施水平的检查、监督和计量策略；

——针对提高普通教育结构和内容的实验，对其进程拟订俄罗斯联邦政府年度报告；

——举办编写关于俄罗斯当代历史的教科书和其他教学工具的竞赛；

——立法支持普通教育机构多样性的发展；

——在考虑社会、文化、经济和地理条件的情况下，详细制定和实施重新调整农村普通教育机构结构的区域项目；

——根据区域信息中心建立教科书出版的信息监测系统；

——向普通教育机构开放俄罗斯图书馆；

——建立对带有俄罗斯教育部标志的教学用书推荐的透明的国家和公共系统；

预期结果：

——出台针对上述标准的组织性和规范性条款；

——出台相应的实验性、概念性和组织性条款；

——更新普通教育内容。更新 9～11 年级的教科书。

——制定关于教学培训复合中心和教育中心水平标准的条例；

——建立良好的农村学校网络，提高农村学校的员工和教具的使用效率；

——提高农村在校儿童的入学率和教育质量；
——增加教育机构的教学和教学方法类图书的藏书量；
——制定学校图书馆藏书条例；
——制定统一的联邦教学和教学方法文献。
行动：
——制定学校简况概念；
——开展合理实验；
——起草相应的俄罗斯联邦政府决议；
——修正基本的课程表；
——详细制定新课程表；
——为简况学校编订教科书。
预期效果：
——高等普通教育学校的法律条款和内容；
——创造系统的教具和新一代教科书。
3.提高学生健康状况的环境。
行动：
——实行“俄罗斯联邦儿童、青少年和青年的体育训练和运动”子项目；
——制定学前教育体能训练的要求，实行学前教育体能训练；
——制定家庭中学前阶段儿童的身体发展要求；
——满足学前教育机构发展条件；
——推荐普通学校学生每周至少进行 6 小时的体能活动，并实现这一要求；
——提高运动设施效率，尤其是那些在教育机构的设施，提高儿童身体发展；
——召开俄罗斯联邦教育部、卫生部、国家体育委员会、俄罗斯联邦科学院主席团联席会议，讨论俄罗斯联邦教育机构的体育培训情况；
——编订与教育机构相关的全面联邦“健康”计划。
预期结果：
——为提高儿童和青少年健康创造条件；建立符合当今需求的法律基础；为儿童和青少年发展这一主题提供详细方案和实施建议；
——概述旨在改善儿童和青少年体育锻炼和体育活动的联合管理活动的主要方法。

值得注意的是，任何成功的教育计划都是多因素共同作用的结果，2010 年以前的俄罗斯教育改革和俄罗斯联邦 2002—2004 年教育行动框架公开宣布俄罗斯将实现下列目标：

——保护受教育者健康，激发他们接受教育的热情；
——教师接受先进的教学方法的培训，并将先进的教学方法付诸实践；
——提供学习条件、学习设备和教学工具；

——创造无性别歧视的对全体学习者有利的条件；

——对教学结果（包含知识、技能、社会交往和社会价值等）进行准确的评估和清晰的定义；

——尊重地方社会和地方文化。

五、结论

俄罗斯全民教育行动框架是关于俄罗斯联邦总体发展、关于经济发展重点、关于教育中长期发展的计划，通过详细规划这份国家行动框架，俄罗斯正朝着创建“学习型社会”而努力，表明了在实现国家行动框架上的决心和一致性。

蒙　古

蒙古，位于中华人民共和国以北、俄罗斯联邦以南，是一个地处亚洲的内陆国家。蒙古地处亚洲中部的蒙古高原，东、南、西三面与中国接壤，北面同俄罗斯的西伯利亚为邻，边境线总长 8 219.8 公里，其中中蒙边境线长 4 676.8 公里，蒙俄边境线长 3 543 公里。蒙古国东西最长处 2 368 公里，南北最宽处 1 260 公里，幅员面积 156.65 万平方公里。

蒙古实行总统议会制。总统是国家元首兼武装力量总司令，任期 4 年，最多可连任一届。国家大呼拉尔（议会）是国家最高权力机构，拥有立法权。1949 年 10 月 16 日，蒙古国与中国正式建立外交关系。

蒙古是一个地广人稀的草原之国，现有人口 330 万人（2020 年 5 月）。其中，喀尔喀蒙古族约占全国人口的 80%。此外还有哈萨克、杜尔伯特、巴雅特、布里亚特等 15 个少数民族。根据《国家与寺庙关系法》的规定，喇嘛教为国教。居民主要信奉喇嘛教。

首都乌兰巴托，常住人口约 150 万（2019 年）。除首都外，全国划有 21 个省。

蒙古货币为图格里克，各主要货币，包括人民币可在蒙古自由兑换，汇率随市场供求而浮动。

注：以上资料数据参考依据为中国外交部官方网站蒙古国家概况（2020 年 5 月更新）。

蒙古教育法

第一章　总　则

第一条　法规制定目的

1.法律制定的目的是决定各党派的权利与义务，权利与义务的对象为教育关系、教育的基本原则、教育体系、教育内容、教育机构的领导班子和组织关系。法律还规定个人能获得学习权利的一般相关事宜。

第二条　教育法规

1.教育法规涵盖了蒙古宪法、通用法、学前教育法、初等和中等教育法、高等教育法、职业教育法、培训法以及国家制定的其他符合国情的法规。

（2008 年 3 月 23 日修订）

2.如果蒙古参与签署的国际条约，规定了一些蒙古教育法中没有制定的条款，那么国际条约中的条款也同样适用。

第三条　定义

1.法规制定目的详述

（1）“义务教育”指持续十二年的学校教育。

（2006 年 12 月 8 日修订）

（2）“基础教育”指持续九年的学校教育。

（3）“教育内容”指所学知识、能力和实践三项内容。

（4）“教育水平”指根据学前教育、初级教育、中级教育、高等教育标准，学生应该掌握的知识。

（5）“教育组织”指贯彻多个水平教育内容的法人实体。

（6）“正式教育”指官方组织规划的有组织活动，目的在于增加人们对于某等级教育的需求。

（7）“非正式教育”指官方教育体系外为人们提供教育的有组织活动。

（8）“学时”是测量教育内容多少的单位。

（9）“残疾学生”指智力残障的、患有先天或遗传疾病的学生。

（10）“学习环境”指贯彻教育标准所需的物质条件，是学习与授课质量的依存条件。

（11）“构成”包括学生的培养与信仰两项内容。

(12)“社会工作者”指防止学生受到不良社会影响的专家，他们的工作内容是直接为组织和个人提供专业意见，评估学生、父母和教师的社会性问题，同时支持其构成与协作。

[第(9)(10)(11)(12)款于2006年12月8日修订]

第四条　教育目的

蒙古教育的目的是对学生进行德育、智育和体育，培养学生人道主义意识，自主学习、工作和生活的能力。

第五条　教育的基本原则

1.发展教育，把教育定为蒙古发展的支柱，根据国家法规对教育进行监管，让更多人接受教育；

2.蒙古的教育体系一直重视人道教育和民主教育，并应以文化遗产为基础，发展传统文化与科学；

3.教育应免费、惠及人民且形式多样，并根据个人、专业发展、教育类型、学习者的需要进行调整；

(2006年12月8日修订)

4.蒙古国所有公民平等地运用母语学习知识，不应因种族、宗教信仰、年龄、社会、经济、工作地位、宗教与主张的差异而受到教育歧视；

(2006年12月8日修订)

5.禁止组织和从事有悖社会、公民、卫生和安全利益的培训；

6.无论教育组织是何种类型，一律为其提供平等的发展机会。

第六条　公民的基本权利与义务

1.蒙古公民有付费或免费获取各种水平的教育的权利以及进行在职学习的权利。

2.根据蒙古宪法规定，基础教育不应收取学费。

3.蒙古公民必须接受普通教育。

4.公民必须参加职业培训或自学，从而掌握自己的命运。

(2006年12月8日修订)

第七条　教育体系

1.蒙古教育体系由正式与非正式教育组成，包括学前教育、初级教育、中级教育、高等教育。

2.正式教育的标准和内容应符合法律规定，教育内容开放。

第八条　接受教育的种类和方法

1.公民通过正式和非正式教育获取知识。正式教育包括全日制课程和校外教师进行的培训。

2. 一定阶段内可以通过等同于初级、中级教育的非正式课程进行学习。课程设置及过程由一名政府官员批准。

(2006 年 12 月 8 日修订)

第九条　教育文件

1. 教育文件以官方形式批准通过教育内容、水平和专业方向。

2. 管理教育事宜的中央行政部门应监管教育文件(证书、身份、学位证书)的注册及其派发程序。

第二章　教育内容与标准

第十条　教育内容

教育内容设置的目的是实现教育目标,教育内容设立的依据是学龄、体能、智力、天分、兴趣、个人与社会需要、国家文化遗产、科学与技术的发展。

第十一条　教育内容的水平与标准

1. 教育内容包括学前教育、初级教育、中级教育、高等教育体系。教育内容的构成基础为学前教育法、初级和中级教育法、高等教育法、职业教育法及培训法,教育内容的细节由国家标准规定。

(2008 年 3 月 23 日修订)

2. 教育标准对学习环境做出基本要求,对适合学生的教育内容水平、学生测评以及教师的专业素质评定做出基本要求。

3. 由管理教育事宜的中央行政部门审核教育标准,教育标准要符合国家标准与评估法才能予以批准,并进行国家登记。

(2006 年 12 月 8 日修订)

4. 各类型幼儿园和学校应符合学前教育和初级教育、中级教育标准。

(2006 年 12 月 8 日修订)

第三章　教育机构

第十二条　教育机构

1. 教育机构指为实现教育目标而开展相关活动的法律实体。

2. 教育机构的种类如下:

(1)非盈利性机构;

(2)盈利性机构。

(2006 年 12 月 8 日修订)

第十三条　教育机构的组织结构

1. 教育机构包括培训机构、研究机构、方法论研究机构及其他机构。

2.教育机构种类多样，机构类别取决于进行研究、开展实验、提供职业培训的环境以及为实现主要目标而进行的教育活动。

（2006年12月8日修订）

第十四条　学前教育、初级教育、中级教育机构

学前教育、初级教育、中级教育机构包括幼儿园、中级教育学校、职业培训中心。

第十五条　高等教育机构

高等教育机构由大学和高等专科院校组成。大学是研究训练类型的院校，高等专科院校属于职业类型的院校。

第十六条　研究机构与方法论研究机构

1.研究机构与方法论研究机构应针对教育发展事宜开展基础性和补充性研究，提供各自研究水平的信息，为各水平学校、幼儿园及个人提供方法论培训指导。

2.省市教育部门以及区教育局应为指定区域的幼儿园和学校提供职业及管理援助。此外，这些部门应支持教育机构的高级职工。教师以及在职业生涯中进行研究工作的公民。

（2003年1月3日修订）

第十七条　非正式教育机构

1.管理教育事宜的中央行政组织应对非正式教育机构及方法论研究机构进行监管。

2.非正式教育中心应独立运行，在组织省、市、区的非正式教育过程中，以及帮助参与者的过程中应接受教育机构的监管。

3.非正式教育机构及方法论研究机构的规定和组织图表由管理教育事宜的中央行政组织予以审批。

第十八条　其他类型的组织

1.通过在社会经济、科学技术、法学、环境、美学、文化、艺术、体育、卫生、家庭等领域开展活动，学校课时外的教育机构及个人可以帮助儿童和成人学习并提升专业技能。

2.面对进行产品和服务贸易的个人，各水平学校、教育机构、组织及个人都可公开提供适应其需要的培训。

3.在教育领域稳定开展活动的独立机构和组织可以在符合法律规定的条件下获得运营资格。

4.《国家与寺庙关系法》对宗教学校的学生和基础教育的关系进行规定。

第十九条　开设教育机构

1.如果教育机构负责人能为该机构购置专用教学楼，配备设备、教材、书籍，雇用教师，那么该机构可以采取任一形式的私人所有制。

2.从接收到国家许可证之日起，教育机构的正式创办才算生效。

第二十条　发放特准的组织

准许创办教育机构的指令应由县、区管理者发放，指令的发放基于掌管教育事宜的中央行政组织做出的决议，该组织要评价大学、职业培训中心、普通教育组织、县区教育部的权威决议，还要根据机构特许法第15.7.1条、第15.7.2条、第15.7.4条、第16.2.4条、第16.3.3条对中等学校、幼儿园进行分析。

（2006年12月8日修订）

第二十一条　特许申请所需文件

1.教育机构创始人应根据机构特许法第11条规定，提前六个月为相关组织提供以下材料：

(1)权威组织对教育机构创办、申请形式、创办规定、创办合同等所做出的决议；

（2006年12月8日修订）

(2)对机构创办的鉴定和创办的基本事项进行介绍；

(3)课程；

(4)教学资源和教学资格研究；

(5)保证提供学习设施，包括教学楼、技术设施、书籍和教材；

(6)资金来源、运行能力和可信赖度；

(7)资产清单（实体资产和现金资产），资产数量和保障；

(8)土地所有权凭证。

2.教育机构收到可以对研究生和博士生进行培训的特许时，需要上交的材料除了机构特许法第11条、第21.1.3条和第21.1.7条规定的文件外，还需要在组织成立前五个月内，提交特许申请、培训和鉴定申请。

3.在官方许可其可以进行新专业领域教育、研究生和博士生学历教育后，额外注册和说明要在特许批准一周内进行标注。

4.第1款的1～7项阐明的要求和代表性问题，由管理教育事宜的政府官员进行审批。

（2006年12月8日修订）

5.教育机构制定的条例要经过管理教育事宜的政府官员的审批。

（2006年12月8日修订）

第二十二条　发放特许和注册

1.应根据以下程序发放特许和注册：

(1)官方授权组织在收到教育机构根据第21.1条的要求上交相关材料后，在21天内针对进一步发放特许做出决议；

(2)在官方组织做出决议后，教育机构创办者为了达成必要条件应组织并协调一些活动；

(3)创办者应将有关资料连带申请表在填写完成后交与官方组织；

(4)官方组织在收到机构创办者提交的申请书后15天内为该机构委派一组专家进行评估。专家评估产生的费用由教育机构创办者承担；

(5)在指派专家组评估后30天内要对其进行评价并立即进行检查；

(6)第20条中的组织应根据对专家组的评价分析做出决策；

(7)在通知获得特许后可进行注册。获得国家许可和特许后15天内，教育机构应进行官方注册。

2.管理教育事宜的中央行政部门应为外商投资和参股的中等学校和幼儿园提供特许。

(2006年12月8日修订)

3.如果机构创办者在协议中对机构创办、机构规定、有效资本和选址等一些事项进行改动，那么其应在14天内给相关组织递交官方通知，并更改国家注册内容。

4.教育机构根据国家法人注册法的第7.1.4条进行注册，并获取许可凭证。

(2006年12月8日修订)

第二十三条　特许和延长有效期

1.依据初级教育、中级教育和高级教育机构的学校学期时长规定特许所用时长。

2.特许学期时长应在官方注册后依据年份、月份进行定制和计算。

3.截止期前三个月内提交学期延长申请。

4.在提出要求后14天内应给予特许，以避免发生第13.1条中所提事项。

第二十四条　取消特许发放

1.发放特许的组织可因以下原由，以及第十四条第1款的情况而取消发放特许。

(1)如果发现教育机构违背条件要求，如被专业检查和标准评估机构查出不符合教育标准，或者未能达成条件和特许的需要。

(2006年12月8日修订)

(2)通过专业检查机构调查发现，教育机构开展的培训活动有损社会和个人利益、健康、安全。

(3)在收到特许或通过国家注册六个月后没有开展教育活动。

(4)法律规定的其他情况。

第二十五条　教育机构清算

1.对机构进行清算应遵循以下要求：

(1)根据权威决议进行；

(2)取消特许；

(3)法庭对机构进行清算的判决公开后。

2.如果教育机构根据第二十条第1款的第(1)、(3)项进行清算，应在五天内向组织领导人注册办公室提交官方通知。

3. 在官方注册信息上撤回机构名称后即表示清算过程结束。

4. 法庭将处理机构清算过程中出现的冲突，即学生损失结算时出现的问题。

5. 应根据民法典规定机构对清算过程中出现的财产问题进行处理。

（2006 年 12 月 8 日修订）

第二十六条　教育认证

1. 认证机构对培训项目实施效果、职业培训中心和高等教育培训机构水平进行公断评价。

2. 由负责教育管理的中央行政部门的官方授权组织和专家进行认证。

3. 认证法规要经过政府部门采纳才能生效。

4. 认证过程根据认证合同开具经费收据，以防上级部门给出错误评价，经费总数和相关费用应由管理教育事宜的政府官员决定。

（2003 年 11 月 13 日修订）

第四章　教育管理

第二十七条　教育管理体系

1. 教育管理体系的组成成分为：管理教育事宜的中央行政组织、当地组织、政府、地方当局、教育机构及其管理团队。

（2006 年 12 月 8 日修订）

2. 管理教育事宜的组织为县、市教育部门以及区教育局。

（2003 年 1 月 3 日添加，2006 年 12 月 8 日修订）

3. 临时委员会应在县、市教育部门下运行工作，目的是为某区域和发展计划中执行的教育政策献计献策。

（2006 年 12 月 8 日修订）

第二十八条　管理教育事宜的中央行政组织的全部权力

1. 管理教育事宜的中央行政组织应行使以下全部权力：

（1）组织进行全国范围的教育法的学习；

（2）对教育发展、规定、法规、概念、指导方针、项目和工程的长短期计划进行审核、通过和执行；

（3）明确职业初等教育、中等教育、高等教育的方向；

（4）审核教育标准、教育准则以及各层次教育的普适目的；

（2002 年 7 月 10 日修订）

（5）提供行政与专业领导班子，协调其他组织的工作以向公民提供正式和非正式教育，提升专业水平；

(6)通过定向、重新培训、提供社会保障将领导人和教师储备问题交与高层组织处理,让其职能得到发挥;

(7)组织各级幼儿园和学校的供应活动,并科学地研究、协调相关组织的教学楼、技术设施、学习物资、书籍、教材等;

(2006年12月8日修订)

(8)为了检测教育标准、教育准则以及各水平教育成果,为大学、高等教育机构、专科院校、职业培训中心以及幼儿园和中级学校的专业领导班子提供证明;

(2006年12月8日修订)

(9)按照法律法规中声明的内容,为非政府形式私办教育机构提供支持与帮助;

(10)与国外和国际组织合作解决教育问题,以取得更佳的效果;

(11)因个人目的或因大学、专科院校和研究组织交流项目而有意愿出国留学的人,要为他们做好中介工作,并提供综合信息数据库的细节内容;

(12)基于选举结果为学校、大学、专科院校、职业培训中心以及中等学校指派董事,根据法律规定遣散董事;

(2006年12月8日修订)

(13)为市县教育机构提供职业和方法论指导;

(2006年12月8日修订)

(14)根据政府审议通过的法规,管理为学生发放优惠贷款的事宜、给予补助以及政府出资的教育补助费用等相关事宜;

(2006年12月8日修订)

(15)设立职业领导班子,让他们监督教育是否服务满足学生需求,是否让学生享有尊严和自由;

(16)根据社区劳动人口的需要确定由国家财政拨款补助学习的学生人数。按省、市统计以上学生人数(按劳动合同程序);

(17)根据条例第28条第1款第1项,指派接受过高等教育并与当地社区合作的教师及教育、文化、研究工作者;

(18)对教育机构的管理团队、教师、学生制定的法规进行审核;

(19)对国立学校、大学、专科院校、职业培训中心的领导人的职业描述进行审议通过并进行职业描述;

(20)组织教育标准册子的印刷及发行;

(2006年12月8日添加了以上第(15)～(20)款项)

(21)其他法律和现行法律中规定的所有权力。

(2006年6月29日和2006年12月8日修订)

2.国立学校、大学、专科院校的领导任职5年,根据任职结果可以延长任期时长。

(2006年12月8日修订)

第二十九条　市县教育机构

1. 市县教育机构应行使以下权力：

(1)在当地社区实施教育法律法规；

(2)针对中级学校和幼儿园特许的发放问题为省长提供建议；

(3)帮助优化教师和学生的社会保障与奖励；

(4)管控教育机构活动，为其颁发证明材料；

(5)根据法律规定，为相关机构准备教育报告、新闻和信息；

(6)明确当地幼儿园，中等学校的生源范围；

(7)组织活动为当地幼儿园和中级学校选任领导和校长；

(8)根据法律为非政府教育机构提供特定援助。

2. 省长应明确区教育部门在对政府成员进行咨询的过程中应履行的职责。

3. 市教育机构应履行第二十九条中第 1 款的区教育局应履行的职责。

(2006 年 12 月 8 日修订)

第三十条　市、县、区公民代表委员会的全部权力

1. 市、县、区公民代表委员会应行使以下教育相关的权力：

(1)对上下级政府领导人的报告进行讨论，提供方向性信息；

(2)通过社区教育机构的发展计划并进行管控；

(2006 年 12 月 8 日修订)

(3)该条例于 2003 年 1 月 3 日宣告无效；

(4)其他法律规定的全部权力。

第三十一条　市、县政府领导人的全部权力

1. 市、县政府领导人应履行以下教育事宜的全部权力：

(1)组织活动实现相关法律法规规定的教育目标；

(2006 年 12 月 8 日宣告无效)

(2)为实现公民的基础教育制订计划，设计课程，进行合格的工作能力培训、再培训以及专业技能培训；

(3)对创办社区教育机构、在评估基础上调整和清算市县教育机构做出决定；

(2006 年 12 月 8 日修订)

(4)为教育机构提供援助，增加其收入，进行组织工作，如为其提供校区和宿舍楼、校园设施、技术设备、书籍和教材；

(2003 年 1 月 3 日修订)

(5)为非政府教育机构提供符合法律法规的援助；

(6)根据该法律和法人特许法为中等学校，幼儿园发放并登记特许；

(2006 年 12 月 8 日修订)

(7)加强教师和学生的社会保障，切实评价其工作，奖励、鼓励并提供其他帮助措施；

(8)为教育机构活动进行行政管控；

(9)根据法律规定，为相关组织提供报告、新闻和信息；

(10)对社区中等学校的董事进行指派和遣散；

[第(7)～(10)于 2006 年 12 月 8 日宣告无效]

(11)通过与管理教育相关事宜的中央行政组织进行协商，指派和遣散市教育部主任；

(2003 年 1 月 3 日修订)

(12)进行组织工作，为少数民族公民在校园环境内学习、继承传统文化和传统习俗、与其他语言文化进行交流创造条件；

(13)解决诸如为幼儿园、学校提供教学楼，为中等学校提供宿舍楼，为宿舍学生提供食品等问题；

[第(12)、(13)于 2006 年 12 月 8 日添加]

(14)法律规定的其他全部权力。

(2006 年 12 月 8 日修订)

第三十二条　som 和区政府领导的全部权力

1. som 和区政府领导人应在处理教育事宜时，行使以下全部权力：

(1)保证教育法规的实施；

(2)在公民接受学前教育、初级教育、中级教育和补充教育，获得基础教育过程的再培训时，为其提供行政性的指导；

(3)与市、县政府领导人讨论社区教育机构的创立和清算问题；

(2006 年 12 月 8 日宣告失效)

(4)根据该法律和法人特许法为中级学校、幼儿园发放并登记特许；

(5)根据市县教育机构选举结果，指派或遣散学校教师、幼儿园领导；

(2006 年 12 月 8 日修订)

(6)明确需要接受社区幼儿园教育和中级学校教育的学生和儿童；

(7)帮助增加收入来源；

(2003 年 1 月 3 日修订)

(8)提供教学楼并进行管理，以优先满足幼儿园需求，为学校提供教学楼和宿舍楼，讨论学生的食品供应问题；

(2006 年 12 月 8 日修订)

(9)根据法律法规为非政府教育机构提供援助；

(10)为教师和学生提供社会保障，切实评价其劳动，奖励并提供其他形式的补助；

(2006 年 12 月 8 日宣告失效)

(11)根据法律法规提供报告、新闻和信息。

(2006 年 12 月 8 日宣告失效)

第三十三条　bag 和卡鲁 Khoroo 政府领导人的全部权力

bag 和卡鲁 Khoroo 政府领导人应行使以下全部权力:

(1)让儿童进入学前班进行学习,接受基础教育培训;

(2)对教育进行研究,将要解决的教育问题交与相关组织处理;

(3)为没有接受基础教育培训的人组织教育培训。

第三十四条　教育机构领导班子

1. 创立者和指派的董事和校长应领导各教育机构的工作。

(2006 年 12 月 8 日修订)

2. 校长和校领导应行使学前教育法、初等教育法、中等教育法、高等教育法和职业培训法规定的权利。

(2008 年 5 月 23 日修订)

3. 校长和校领导应为教育机构的在编职工。

第三十五条　教育机构自行管理

1. 小学、幼儿园、大学、专科院校、职业培训中心董事会对教育机构实行自行管理。依据培训指令、学校和幼儿园所在位置,可以将董事会与理事会建在一起。

(2006 年 12 月 8 日修订)

2. 第 1 款不适用于高等教育、军校和警察学校教育。

3. 学校创办者可以将大学和专科院校成立理事会的权力移交给学校的领导团队。

4. 董事会活动法规应经过管理教育事宜的政府成员通过。

(第 3 和第 4 款在 2006 年 12 月 8 日添加)

第三十六条　学校和幼儿园董事会

1. 学校和幼儿园董事会由教师、工作人员、家长及其他代表组成。由 9～11 人组成的董事会任期为三年。

2. 学校和幼儿园代表(即教师、工作人员、学生及家长)在联合会议上进行任命。

3. 在创办者所提建议的基础上,学校和幼儿园会议任命组织代表。

4. 学校和幼儿园董事会应执行以下指令:

(1)选举实施学校和幼儿园教学政策和课程;

(2)为学校和幼儿园制定规则,设立内部组织;

(3)讨论和评价学校及幼儿园的活动报告;

(4)针对教育公平、儿童抚养、教育保障、教育发展工作的成果提出建议,为学校和幼儿园领导团队和创办者提出建议以提高以上几个方面的工作成果;

(2006 年 12 月 8 日修订)

(5)对教育机构领导和校长的活动进行监管,并给予支持;

(6)保护教师、学生、工作者利益;

(7)设计学生校服。

(2006年12月8日宣告失效)

5.学校和幼儿园董事会有权对领导和校长的指派与遣散提出建议。

(2006年12月8日宣告失效)

6.学校和幼儿园董事会应承认成员的各项权利,通过一系列有关选举、撤销理事会领导职务的规定,通过运行的相关程序。

(2006年12月8日宣告失效)

第三十七条　董事会

1.董事会包括创办者代理人、教师、学生和应届生。职业培训中心董事会的规定应依据职业教育法执行。

2.董事会中有51%～60%的人应为创办方的代理人。创办方的代理人选由创办者决定并转交其权力。

(2006年12月8日修订)

3.董事会通过召开会议选举产生代理人。

4.每三年选举任命一次董事会成员。一年内要更换1/3成员。

5.董事会主要以论坛形式存在。委员会的各项权利中包括召开两次以上会议,整合的法定人数要超过1/3成员人数和主席票数。为针对某个问题进行讨论,董事可以提议组建论坛。

6.董事会决议采取少数服从多数原则。董事长由董事会选举产生。

7.为了让各项活动能够得以顺利进行,委员会可以委任一支队伍或工作组来从事相关支持性工作。

8.委员会代理人应执行委员会的政策和指令。

9.若发现委员会代理人玩忽职守,不遵守法律规定,经其通过的法令将终止生效。

10.若创办者发现委员会及其成员无法胜任其工作,那么他有权召集并通知参加选举工作的团体。

11.委员会应行使以下职责:

(1)根据法律规定,对政策、课程、教育机构发展规划和规定进行批准或做出调整;

(2)规定学校组织结构、员工人数和工资数(员工人数和工资数不应与国立教育机构挂钩);

(2003年1月3日修订)

(3)批准投资和年度资金预算的分派,制定监管规则并监管团体、组织与个人的捐款请求;

(2006年12月8日修订)

(4)制定相应的寝室费和学费收取标准；

(5)对学校的行动报告进行讨论并对其进行评价；

(6)为创办者准备董事会的年度行动计划。

12.董事会任命和遣散董事。

第三十八条　对教育进行职业监管

1.国家检查局和国家检查人员对教育进行职业监管。

2.国家检查局对教育法律法规，初等教育、中等教育和职业教育标准，教育机构的水平及相关准则，规范性和程序进行职业监管。

3.政府对国家监管单位的教育监管程序予以批准。

第五章　教育经济

第三十九条　教育计划与通知

1.管理教育事宜的中央行政组织应针对相关辅助组织的短期和长期教育计划予以审核和执行。

2.在管理教育事宜的中央行政组织所做计划的基础上，省、市、som和区都应做出短期和长期计划。

3.基于准则及普适目的，幼儿园、学校、教育研究和方法论组织应制订目标和计划。

4.在特定时段内，各种形式教育机构应准备好法律法规要求审核的信息，并将其交与上一级教育机构。

第四十条　教育资金

1.国家应投入20%以上的财政收入作为教育资金。

(2003年1月3日修订)

2.教育机构应有其资金来源，如社会捐助，优惠贷款，向个人、组织、国内外实体收取的费用和学费，投资及国家财政预算拨款。

(2003年1月3日修订，2006年12月8日添加)

3.为获得更多的资金来源，提升教师、工作人员和学生的社会保障，教育机构应开展符合法律法规的商业活动。校长和课程管理员有权运用以上条款中提到的资金来从事这些商业活动。

4.依照组织自身收入，禁止限制由国家财政预算拨款产生的资金来源。

(2003年1月3日修订)

5.教育研究组织、方法论研究组织、市县教育中心应接受国家财政预算拨款和研究工作拨款。

(2003年1月3日修订)

6. 国家和当地的财政预算应为人们必须接受的教育给予资金支持，包括以晚课、校外课程和非正式课程形式呈现的初级、基础和补充教育。

（该部分于 2006 年 12 月 8 日修订）

7. 提供助学贷款和教育拨款，支持当地社区工作——包括提供人力资源，培训重要专业人才，辅助学生提高技能，帮助低收入人群和残疾人。由政府批准该条款程序。

（该部分于 2003 年 1 月 3 日修订，2006 年 6 月 29 日和 2006 年 12 月 8 日添加）

8. 允许在市、县、区通过公共项目成立教育发展基金。

9. 禁止将国家财政预算的教育拨款和基金用于本法规定以外的其他用途。

10. 教育机构应当使用创办者提供的或通过商业活动获取的资金，并按照与创办人签订的目标、章程和合同，有效使用资产。

11. 教育机构可以设立学校发展基金，基金有关法规应由管理财政和教育事宜的政府成员予以审批。

（2006 年 12 月 8 日添加）

第四十一条　国立教育机构的资金支持

1. 国立教育机构的固定开支和适宜开支是其资金保障。

2. 各级国立教育机构的固定开支、中级学校的固定开支、职业培训学校宿舍内部的所有开支、幼儿园的食品开支、每名接受正式和非正式教育的学生产生的费用，全部由国家财政预算出资支持。

（2003 年 1 月 3 日，2006 年 12 月 8 日和 2008 年 5 月 23 日修订）

3. 对于每个接受学前教育、初级教育、中级教育和职业培训的学生，每年由政府规定和补充常规的费用调整。

（2006 年 12 月 8 日修订）

4. 教育机构的资金来源如下：

（1）幼儿园支出来源于国家财政预算拨款、家长及监护人支付及其运营所得资金；

（2003 年 1 月 3 日修订）

（2）中级学校的当地预算和学校运营所得收入；

（3）国家财政预算拨款和职业培训学校的运营收入；

（2003 年 1 月 3 日修订）

（4）国家财政预算拨款、学费、高等学校的科研经费与运营收入；

（2003 年 1 月 3 日修订）

（5）由国家提供的军事与警员培训费。

（2003 年 1 月 3 日宣告失效）

5. 每个学生的费用变动与学校地点、类别、专业方向、残疾学生的特殊需求相一致，因此各项费用应根据第四十条第三款中提到的不同机构进行规定，并有效使用该费用。

6.国家为在高等教育机构和职业培训中心学习的学生提供的拨款、贷款、奖学金，每年由政府决定。

7.禁止收取此处未申明的开支及学费。

（第5、6、7款于2006年12月8日添加）

第四十二条　教育机构的培训环境

1.教育机构的教学楼、技术设备应满足教师、工作人员及学生的要求以及残疾学生的特殊需求，同时须符合卫生和安全条件。

（2006年1月8日添加）

2.教育机构应配备设备，以进行教育服务、媒介传播。同时还应配备培训设施，设立附属机构。

3.负责教育和财政事宜的政府官员根据教育标准、相关法律法规，对幼儿园、学校教学楼、培训设施、设备、食品和学生卫生、安全规定和正当的资金使用共同予以审批。

（2006年12月8日修订）

4.为实现教育机构的稳步运行，创办者应承担起相关责任，包括提供教学楼、培训设施、设备、教材和寝室楼。

（2006年12月8日修订）

5.教育机构应拥有特定校区，并符合施工标准以及城市发展规划，而后对学生进行培训。

（2006年12月8日修订）

第四十三条　教育机构相关人员的社会保障

1.应为教师提供的社会保障如下：

（1）工资的领取依据是工种和专业方向，有额外津贴、补助、奖励以及国家规定的其他津贴。

（2）每年退休教师人数由蒙古劳工法规定。依据工作特点，提供给教师额外33天的假期，提供给董事、课程管理员、副董事、培训协调员、社会工作者、方法论学家、实习生、寝室管理员、幼儿园助教15天的假期。以上人事不享有劳工法第79.5条和第79.6条规定的额外假期。

（3）有购置或盖建住房的优惠贷款。

（4）在第（2）项规定的各级学校和幼儿园工作长达25年的员工，可享有相当于一年工资数额的津贴；如果在som、市、县工作十年或以上，应收到相当于18个月工资数额的津贴，所需费用出自学校的资金预算。

（5）依据区域特点和距中心地带的远近为教师提供津贴、额外津贴以及其他形式的资金援助。

［第（4）（5）条于2006年12月8日修订］

(6)如果一直在 som、市、县任校长和董事职务，那么其基本工资每五年上涨一次，其津贴数额由政府决定。

(7)教育机构每五年应为 som、农村和幼儿园教师提供相当于 6 个月基本工资的额外工资。

[第(6)(7)条于 2006 年 12 月 8 日添加]

(8)国家法律规定的其他形式社会保障。

(2006 年 12 月 8 日修订)

2. 为学生提供以下社会保障：

(1)为孤儿、生活水准在贫困线以下的学生、因各种原因无法在其家庭所在地上学的学生提供住宿；

(2)免费入住中级学校和职业培训中心宿舍；

(3)学校行政机关和地方政府办公室应根据家长和监护人要求，为在假期往返于家和学校之间的学生提供交通服务；

(4)应根据政府规定减收在市、县学习的学生的交通税；

(5)依据当地组织，为必须乘坐公共交通工具的学生减收公交费用；

(6)根据政府规定减收医疗、公共饮食、娱乐、住房费用；

(7)国家应为孤儿和生活水准在贫困线以下的学生以及残疾学生提供得以学习的环境，鼓励学生发掘发展自身潜力和技能；

(2006 年 12 月 8 日修订)

(8)根据 som 当地的规定与协议，为在其辖下机构学习的学生和研究生提供贷款和奖学金；

(9)以蒙古总理名义为在学习、运动和艺术方面有突出表现，取得极佳成绩的学生发放奖学金；

(10)根据由政府规定的规模及规则，为在职业培训中心学习的学生提供津贴；

[第(9)(10)条于 2006 年 12 月 8 日添加]

(11)法律规定的其他社会保障。

(2006 年 12 月 8 日修订)

3. 不能因教师和学生身份而区别对待，为其提供同样的津贴、补助、奖学金和奖励。

附　　录

附录一

推动共建丝绸之路经济带
和 21 世纪海上丝绸之路的愿景与行动

国家发展改革委　外交部　商务部

（经国务院授权发布）

2015 年 3 月 28 日

前　言

2000 多年前，亚欧大陆上勤劳勇敢的人民，探索出多条连接亚欧非几大文明的贸易和人文交流通路，后人将其统称为"丝绸之路"。千百年来，"和平合作、开放包容、互学互鉴、互利共赢"的丝绸之路精神薪火相传，推进了人类文明进步，是促进沿线各国繁荣发展的重要纽带，是东西方交流合作的象征，是世界各国共有的历史文化遗产。

进入 21 世纪，在以和平、发展、合作、共赢为主题的新时代，面对复苏乏力的全球经济形势，纷繁复杂的国际和地区局面，传承和弘扬丝绸之路精神更显重要和珍贵。

2013 年 9 月和 10 月，中国国家主席习近平在出访中亚和东南亚国家期间，先后提出共建"丝绸之路经济带"和"21 世纪海上丝绸之路"（以下简称"一带一路"）的重大倡议，得到国际社会高度关注。中国国务院总理李克强参加 2013 年中国-东盟博览会时强调，铺就面向东盟的海上丝绸之路，打造带动腹地发展的战略支点。加快"一带一路"建设，有利于促进沿线各国经济繁荣与区域经济合作，加强不同文明交流互鉴，促进世界和平发展，是一项造福世界各国人民的伟大事业。

"一带一路"建设是一项系统工程，要坚持共商、共建、共享原则，积极推进沿线国家发展战略的相互对接。为推进实施"一带一路"重大倡议，让古丝绸之路焕发新的生机活力，以新的形式使亚欧非各国联系更加紧密，互利合作迈向新的历史高度，中国政府特制定并发布《推动共建丝绸之路经济带和 21 世纪海上丝绸之路的愿景与行动》。

一、时代背景

当今世界正发生复杂深刻的变化，国际金融危机深层次影响继续显现，世界经济缓慢复苏、发展分化，国际投资贸易格局和多边投资贸易规则酝酿深刻调整，各国面临的发展问题依然严峻。共建“一带一路”顺应世界多极化、经济全球化、文化多样化、社会信息化的潮流，秉持开放的区域合作精神，致力于维护全球自由贸易体系和开放型世界经济。共建“一带一路”旨在促进经济要素有序自由流动、资源高效配置和市场深度融合，推动沿线各国实现经济政策协调，开展更大范围、更高水平、更深层次的区域合作，共同打造开放、包容、均衡、普惠的区域经济合作架构。共建“一带一路”符合国际社会的根本利益，彰显人类社会共同理想和美好追求，是国际合作以及全球治理新模式的积极探索，将为世界和平发展增添新的正能量。

共建“一带一路”致力于亚欧非大陆及附近海洋的互联互通，建立和加强沿线各国互联互通伙伴关系，构建全方位、多层次、复合型的互联互通网络，实现沿线各国多元、自主、平衡、可持续的发展。“一带一路”的互联互通项目将推动沿线各国发展战略的对接与耦合，发掘区域内市场的潜力，促进投资和消费，创造需求和就业，增进沿线各国人民的人文交流与文明互鉴，让各国人民相逢相知、互信互敬，共享和谐、安宁、富裕的生活。

当前，中国经济和世界经济高度关联。中国将一以贯之地坚持对外开放的基本国策，构建全方位开放新格局，深度融入世界经济体系。推进“一带一路”建设既是中国扩大和深化对外开放的需要，也是加强和亚欧非及世界各国互利合作的需要，中国愿意在力所能及的范围内承担更多责任义务，为人类和平发展做出更大的贡献。

二、共建原则

恪守联合国宪章的宗旨和原则。遵守和平共处五项原则，即尊重各国主权和领土完整、互不侵犯、互不干涉内政、和平共处、平等互利。

坚持开放合作。“一带一路”相关的国家基于但不限于古代丝绸之路的范围，各国和国际、地区组织均可参与，让共建成果惠及更广泛的区域。

坚持和谐包容。倡导文明宽容，尊重各国发展道路和模式的选择，加强不同文明之间的对话，求同存异、兼容并蓄、和平共处、共生共荣。

坚持市场运作。遵循市场规律和国际通行规则，充分发挥市场在资源配置中的决定性作用和各类企业的主体作用，同时发挥好政府的作用。

坚持互利共赢。兼顾各方利益和关切，寻求利益契合点和合作最大公约数，体现各方智慧和创意，各施所长，各尽所能，把各方优势和潜力充分发挥出来。

三、框架思路

“一带一路”是促进共同发展、实现共同繁荣的合作共赢之路，是增进理解信任、加强全方位交流的和平友谊之路。中国政府倡议，秉持和平合作、开放包容、互学互鉴、互利共赢的理念，全方位推进务实合作，打造政治互信、经济融合、文化包容的利益共同体、命运共同体和责任共同体。

“一带一路”贯穿亚欧非大陆，一头是活跃的东亚经济圈，一头是发达的欧洲经济圈，中间广大腹地国家经济发展潜力巨大。丝绸之路经济带重点畅通中国经中亚、俄罗斯至欧洲(波罗的海);中国经中亚、西亚至波斯湾、地中海;中国至东南亚、南亚、印度洋。21世纪海上丝绸之路重点方向是从中国沿海港口过南海到印度洋,延伸至欧洲;从中国沿海港口过南海到南太平洋。

根据“一带一路”走向,陆上依托国际大通道,以沿线中心城市为支撑,以重点经贸产业园区为合作平台,共同打造新亚欧大陆桥、中蒙俄、中国-中亚-西亚、中国-中南半岛等国际经济合作走廊;海上以重点港口为节点,共同建设通畅安全高效的运输大通道。中巴、孟中印缅两个经济走廊与推进“一带一路”建设关联紧密,要进一步推动合作,取得更大进展。

“一带一路”建设是沿线各国开放合作的宏大经济愿景,需各国携手努力,朝着互利互惠、共同安全的目标相向而行。努力实现区域基础设施更加完善,安全高效的陆海空通道网络基本形成,互联互通达到新水平;投资贸易便利化水平进一步提升,高标准自由贸易区网络基本形成,经济联系更加紧密,政治互信更加深入;人文交流更加广泛深入,不同文明互鉴共荣,各国人民相知相交、和平友好。

四、合作重点

沿线各国资源禀赋各异,经济互补性较强,彼此合作潜力和空间很大。以政策沟通、设施联通、贸易畅通、资金融通、民心相通为主要内容,重点在以下方面加强合作。

政策沟通。加强政策沟通是“一带一路”建设的重要保障。加强政府间合作,积极构建多层次政府间宏观政策沟通交流机制,深化利益融合,促进政治互信,达成合作新共识。沿线各国可以就经济发展战略和对策进行充分交流对接,共同制定推进区域合作的规划和措施,协商解决合作中的问题,共同为务实合作及大型项目实施提供政策支持。

设施联通。基础设施互联互通是“一带一路”建设的优先领域。在尊重相关国家主权和安全关切的基础上,沿线国家宜加强基础设施建设规划、技术标准体系的对接,共同推进国际骨干通道建设,逐步形成连接亚洲各次区域以及亚欧非之间的基础设施网络。强化基础设施绿色低碳化建设和运营管理,在建设中充分考虑气候变化影响。

抓住交通基础设施的关键通道、关键节点和重点工程,优先打通缺失路段,畅通瓶颈路段,配套完善道路安全防护设施和交通管理设施设备,提升道路通达水平。推进建立统一的全程运输协调机制,促进国际通关、换装、多式联运有机衔接,逐步形成兼容规范的运输规则,实现国际运输便利化。推动口岸基础设施建设,畅通陆水联运通道,推进港口合作建设,增加海上航线和班次,加强海上物流信息化合作。拓展建立民航全面合作的平台和机制,加快提升航空基础设施水平。

加强能源基础设施互联互通合作,共同维护输油、输气管道等运输通道安全,推进跨境电力与输电通道建设,积极开展区域电网升级改造合作。

共同推进跨境光缆等通信干线网络建设,提高国际通信互联互通水平,畅通信息丝绸之路。加快推进双边跨境光缆等建设,规划建设洲际海底光缆项目,完善空中(卫星)

信息通道,扩大信息交流与合作。

贸易畅通。投资贸易合作是“一带一路”建设的重点内容。宜着力研究解决投资贸易便利化问题,消除投资和贸易壁垒,构建区域内和各国良好的营商环境,积极同沿线国家和地区共同商建自由贸易区,激发释放合作潜力,做大做好合作“蛋糕”。

沿线国家宜加强信息互换、监管互认、执法互助的海关合作,以及检验检疫、认证认可、标准计量、统计信息等方面的双多边合作,推动世界贸易组织《贸易便利化协定》生效和实施。改善边境口岸通关设施条件,加快边境口岸“单一窗口”建设,降低通关成本,提升通关能力。加强供应链安全与便利化合作,推进跨境监管程序协调,推动检验检疫证书国际互联网核查,开展“经认证的经营者”(AEO)互认。降低非关税壁垒,共同提高技术性贸易措施透明度,提高贸易自由化便利化水平。

拓宽贸易领域,优化贸易结构,挖掘贸易新增长点,促进贸易平衡。创新贸易方式,发展跨境电子商务等新的商业业态。建立健全服务贸易促进体系,巩固和扩大传统贸易,大力发展现代服务贸易。把投资和贸易有机结合起来,以投资带动贸易发展。

加快投资便利化进程,消除投资壁垒。加强双边投资保护协定、避免双重征税协定磋商,保护投资者的合法权益。

拓展相互投资领域,开展农林牧渔业、农机及农产品生产加工等领域深度合作,积极推进海水养殖、远洋渔业、水产品加工、海水淡化、海洋生物制药、海洋工程技术、环保产业和海上旅游等领域合作。加大煤炭、油气、金属矿产等传统能源资源勘探开发合作,积极推动水电、核电、风电、太阳能等清洁、可再生能源合作,推进能源资源就地就近加工转化合作,形成能源资源合作上下游一体化产业链。加强能源资源深加工技术、装备与工程服务合作。

推动新兴产业合作,按照优势互补、互利共赢的原则,促进沿线国家加强在新一代信息技术、生物、新能源、新材料等新兴产业领域的深入合作,推动建立创业投资合作机制。

优化产业链分工布局,推动上下游产业链和关联产业协同发展,鼓励建立研发、生产和营销体系,提升区域产业配套能力和综合竞争力。扩大服务业相互开放,推动区域服务业加快发展。探索投资合作新模式,鼓励合作建设境外经贸合作区、跨境经济合作区等各类产业园区,促进产业集群发展。在投资贸易中突出生态文明理念,加强生态环境、生物多样性和应对气候变化合作,共建绿色丝绸之路。

中国欢迎各国企业来华投资。鼓励本国企业参与沿线国家基础设施建设和产业投资。促进企业按属地化原则经营管理,积极帮助当地发展经济、增加就业、改善民生,主动承担社会责任,严格保护生物多样性和生态环境。

资金融通。资金融通是“一带一路”建设的重要支撑。深化金融合作,推进亚洲货币稳定体系、投融资体系和信用体系建设。扩大沿线国家双边本币互换、结算的范围和规模。推动亚洲债券市场的开放和发展。共同推进亚洲基础设施投资银行、金砖国家开发银行筹建,有关各方就建立上海合作组织融资机构开展磋商。加快丝路基金组建运营。深化中国-东盟银行联合体、上合组织银行联合体务实合作,以银团贷款、银行授信等方式开展多边金融合作。支持沿线国家政府和信用等级较高的企业以及金融机构在中国境内发行人民币债券。符合条件的中国境内金融机构和企业可以在境外发行人民币债券和外币债券,鼓励在沿线国家使用所筹资金。

加强金融监管合作,推动签署双边监管合作谅解备忘录,逐步在区域内建立高效监管协调机制。完善风险应对和危机处置制度安排,构建区域性金融风险预警系统,形成应对跨境风险和危机处置的交流合作机制。加强征信管理部门、征信机构和评级机构之间的跨境交流与合作。充分发挥丝路基金以及各国主权基金作用,引导商业性股权投资基金和社会资金共同参与"一带一路"重点项目建设。

民心相通。民心相通是"一带一路"建设的社会根基。传承和弘扬丝绸之路友好合作精神,广泛开展文化交流、学术往来、人才交流合作、媒体合作、青年和妇女交往、志愿者服务等,为深化双多边合作奠定坚实的民意基础。

扩大相互间留学生规模,开展合作办学,中国每年向沿线国家提供 1 万个政府奖学金名额。沿线国家间互办文化年、艺术节、电影节、电视周和图书展等活动,合作开展广播影视剧精品创作及翻译,联合申请世界文化遗产,共同开展世界遗产的联合保护工作。深化沿线国家间人才交流合作。

加强旅游合作,扩大旅游规模,互办旅游推广周、宣传月等活动,联合打造具有丝绸之路特色的国际精品旅游线路和旅游产品,提高沿线各国游客签证便利化水平。推动 21 世纪海上丝绸之路邮轮旅游合作。积极开展体育交流活动,支持沿线国家申办重大国际体育赛事。

强化与周边国家在传染病疫情信息沟通、防治技术交流、专业人才培养等方面的合作,提高合作处理突发公共卫生事件的能力。为有关国家提供医疗援助和应急医疗救助,在妇幼健康、残疾人康复以及艾滋病、结核、疟疾等主要传染病领域开展务实合作,扩大在传统医药领域的合作。

加强科技合作,共建联合实验室(研究中心)、国际技术转移中心、海上合作中心,促进科技人员交流,合作开展重大科技攻关,共同提升科技创新能力。

整合现有资源,积极开拓和推进与沿线国家在青年就业、创业培训、职业技能开发、社会保障管理服务、公共行政管理等共同关心领域的务实合作。

充分发挥政党、议会交往的桥梁作用,加强沿线国家之间立法机构、主要党派和政治组织的友好往来。开展城市交流合作,欢迎沿线国家重要城市之间互结友好城市,以人文交流为重点,突出务实合作,形成更多鲜活的合作范例。欢迎沿线国家智库之间开展联合研究、合作举办论坛等。

加强沿线国家民间组织的交流合作,重点面向基层民众,广泛开展教育医疗、减贫开发、生物多样性和生态环保等各类公益慈善活动,促进沿线贫困地区生产生活条件改善。加强文化传媒的国际交流合作,积极利用网络平台,运用新媒体工具,塑造和谐友好的文化生态和舆论环境。

五、合作机制

当前，世界经济融合加速发展，区域合作方兴未艾。积极利用现有双多边合作机制，推动“一带一路”建设，促进区域合作蓬勃发展。

加强双边合作，开展多层次、多渠道沟通磋商，推动双边关系全面发展。推动签署合作备忘录或合作规划，建设一批双边合作示范。建立完善双边联合工作机制，研究推进“一带一路”建设的实施方案、行动路线图。充分发挥现有联委会、混委会、协委会、指导委员会、管理委员会等双边机制作用，协调推动合作项目实施。

强化多边合作机制作用，发挥上海合作组织（SCO）、中国-东盟“10＋1”、亚太经合组织（APEC）、亚欧会议（ASEM）、亚洲合作对话（ACD）、亚信会议（CICA）、中阿合作论坛、中国-海合会战略对话、大湄公河次区域（GMS）经济合作、中亚区域经济合作（CAREC）等现有多边合作机制作用，相关国家加强沟通，让更多国家和地区参与“一带一路”建设。

继续发挥沿线各国区域、次区域相关国际论坛、展会以及博鳌亚洲论坛、中国-东盟博览会、中国-亚欧博览会、欧亚经济论坛、中国国际投资贸易洽谈会，以及中国-南亚博览会、中国-阿拉伯博览会、中国西部国际博览会、中国-俄罗斯博览会、前海合作论坛等平台的建设性作用。支持沿线国家地方、民间挖掘“一带一路”历史文化遗产，联合举办专项投资、贸易、文化交流活动，办好丝绸之路（敦煌）国际文化博览会、丝绸之路国际电影节和图书展。倡议建立“一带一路”国际高峰论坛。

六、中国各地方开放态势

推进“一带一路”建设，中国将充分发挥国内各地区比较优势，实行更加积极主动的开放战略，加强东中西互动合作，全面提升开放型经济水平。

西北、东北地区。发挥新疆独特的区位优势和向西开放重要窗口作用，深化与中亚、南亚、西亚等国家交流合作，形成丝绸之路经济带上重要的交通枢纽、商贸物流和文化科教中心，打造丝绸之路经济带核心区。发挥陕西、甘肃综合经济文化和宁夏、青海民族人文优势，打造西安内陆型改革开放新高地，加快兰州、西宁开发开放，推进宁夏内陆开放型经济试验区建设，形成面向中亚、南亚、西亚国家的通道、商贸物流枢纽、重要产业和人文交流基地。发挥内蒙古联通俄蒙的区位优势，完善黑龙江对俄铁路通道和区域铁路网，以及黑龙江、吉林、辽宁与俄远东地区陆海联运合作，推进构建北京—莫斯科欧亚高速运输走廊，建设向北开放的重要窗口。

西南地区。发挥广西与东盟国家陆海相邻的独特优势，加快北部湾经济区和珠江—西江经济带开放发展，构建面向东盟区域的国际通道，打造西南、中南地区开放发展新的战略支点，形成21世纪海上丝绸之路与丝绸之路经济带有机衔接的重要门户。发挥云南区位优势，推进与周边国家的国际运输通道建设，打造大湄公河次区域经济合作新高地，建设成为面向南亚、东南亚的辐射中心。推进西藏与尼泊尔等国家边境贸易和旅游文化合作。

沿海和港澳台地区。利用长三角、珠三角、海峡西岸、环渤海等经济区开放程度高、经济实力强、辐射带动作用大的优势，加快推进中国（上海）自由贸易试验区建设，支持福建建设21世纪海上丝绸之路核心区。充分发挥深圳前海、广州南沙、珠海横琴、福建平潭等开放合作区作用，深化与港澳台合作，打造粤港澳大湾区。推进浙江海洋经济发展示范区、福建海峡蓝色经济试验区和舟山群岛新区建设，加大海南国际旅游岛开发开放力度。加强上海、天津、宁波-舟山、广州、深圳、湛江、汕头、青岛、烟台、大连、福州、厦门、泉州、海口、三亚等沿海城市港口建设，强化上海、广州等国际枢纽机场功能。以扩大开放倒逼深层次改革，创新开放型经济体制机制，加大科技创新力度，形成参与和引领国际合作竞争新优势，成为“一带一路”特别是21世纪海上丝绸之路建设的排头兵和主力军。发挥海外侨胞以及香港、澳门特别行政区独特优势作用，积极参与和助力“一带一路”建设。为台湾地区参与“一带一路”建设做出妥善安排。

内陆地区。利用内陆纵深广阔、人力资源丰富、产业基础较好优势，依托长江中游城市群、成渝城市群、中原城市群、呼包鄂榆城市群、哈长城市群等重点区域，推动区域互动合作和产业集聚发展，打造重庆西部开发开放重要支撑和成都、郑州、武汉、长沙、南昌、合肥等内陆开放型经济高地。加快推动长江中上游地区和俄罗斯伏尔加河沿岸联邦区的合作。建立中欧通道铁路运输、口岸通关协调机制，打造“中欧班列”品牌，建设沟通境内外、连接东中西的运输通道。支持郑州、西安等内陆城市建设航空港、国际陆港，加强内陆口岸与沿海、沿边口岸通关合作，开展跨境贸易电子商务服务试点。优化海关特殊监管区域布局，创新加工贸易模式，深化与沿线国家的产业合作。

七、中国积极行动

一年多来，中国政府积极推动“一带一路”建设，加强与沿线国家的沟通磋商，推动与沿线国家的务实合作，实施了一系列政策措施，努力收获早期成果。

高层引领推动。习近平主席、李克强总理等国家领导人先后出访20多个国家，出席加强互联互通伙伴关系对话会、中阿合作论坛第六届部长级会议，就双边关系和地区发展问题，多次与有关国家元首和政府首脑进行会晤，深入阐释“一带一路”的深刻内涵和积极意义，就共建“一带一路”达成广泛共识。

签署合作框架。与部分国家签署了共建“一带一路”合作备忘录，与一些毗邻国家签署了地区合作和边境合作的备忘录以及经贸合作中长期发展规划。研究编制与一些毗邻国家的地区合作规划纲要。

推动项目建设。加强与沿线有关国家的沟通磋商，在基础设施互联互通、产业投资、资源开发、经贸合作、金融合作、人文交流、生态保护、海上合作等领域，推进了一批条件成熟的重点合作项目。

完善政策措施。中国政府统筹国内各种资源，强化政策支持。推动亚洲基础设施投资银行筹建，发起设立丝路基金，强化中国-欧亚经济合作基金投资功能。推动银行卡清算机构开展跨境清算业务和支付机构开展跨境支付业务。积极推进投资贸易便利化，推进区域通关一体化改革。

发挥平台作用。各地成功举办了一系列以"一带一路"为主题的国际峰会、论坛、研讨会、博览会，对增进理解、凝聚共识、深化合作发挥了重要作用。

八、共创美好未来

共建"一带一路"是中国的倡议，也是中国与沿线国家的共同愿望。站在新的起点上，中国愿与沿线国家一道，以共建"一带一路"为契机，平等协商，兼顾各方利益，反映各方诉求，携手推动更大范围、更高水平、更深层次的大开放、大交流、大融合。"一带一路"建设是开放的、包容的，欢迎世界各国和国际、地区组织积极参与。

共建"一带一路"的途径是以目标协调、政策沟通为主，不刻意追求一致性，可高度灵活，富有弹性，是多元开放的合作进程。中国愿与沿线国家一道，不断充实完善"一带一路"的合作内容和方式，共同制定时间表、路线图，积极对接沿线国家发展和区域合作规划。

中国愿与沿线国家一道，在既有双多边和区域次区域合作机制框架下，通过合作研究、论坛展会、人员培训、交流访问等多种形式，促进沿线国家对共建"一带一路"内涵、目标、任务等方面的进一步理解和认同。

中国愿与沿线国家一道，稳步推进示范项目建设，共同确定一批能够照顾双多边利益的项目，对各方认可、条件成熟的项目抓紧启动实施，争取早日开花结果。

"一带一路"是一条互尊互信之路，一条合作共赢之路，一条文明互鉴之路。只要沿线各国和衷共济、相向而行，就一定能够谱写建设丝绸之路经济带和 21 世纪海上丝绸之路的新篇章，让沿线各国人民共享"一带一路"共建成果。

附录二

教育部关于印发《推进共建“一带一路”教育行动》的通知

教外〔2016〕46 号

各省、自治区、直辖市教育厅(教委),各计划单列市教育局,新疆生产建设兵团教育局,部属各高等学校,部内各司局、各直属单位:

为贯彻落实中办、国办《关于做好新时期教育对外开放工作的若干意见》和国家发展改革委、外交部、商务部经国务院授权发布的《推动共建丝绸之路经济带和21世纪海上丝绸之路的愿景与行动》,我部牵头制订了《推进共建“一带一路”教育行动》,并已经国家教育体制改革领导小组会议审议通过。现印发给你们,请结合实际认真贯彻执行。

教育部

2016 年 7 月 13 日

推进共建“一带一路”教育行动

推进共建“丝绸之路经济带”和“21 世纪海上丝绸之路”(以下简称“一带一路”),为推动区域教育大开放、大交流、大融合提供了大契机。“一带一路”沿线国家教育加强合作、共同行动,既是共建“一带一路”的重要组成部分,又为共建“一带一路”提供人才支撑。中国愿与沿线国家一道,扩大人文交流,加强人才培养,共同开创教育美好明天。

一、教育使命

教育为国家富强、民族繁荣、人民幸福之本,在共建“一带一路”中具有基础性和先导性作用。教育交流为沿线各国民心相通架设桥梁,人才培养为沿线各国政策沟通、设施联通、贸易畅通、资金融通提供支撑。沿线各国唇齿相依,教育交流源远流长,教育合作前景广阔,大家携手发展教育,合力推进共建"一带一路",是造福沿线各国人民的伟大事业。

中国将一以贯之地坚持教育对外开放,深度融入世界教育改革发展潮流。推进"一带一路"教育共同繁荣,既是加强与沿线各国教育互利合作的需要,也是推进中国教育改革发展的需要,中国愿意在力所能及的范围内承担更多责任义务,为区域教育大发展做出更大的贡献。

二、合作愿景

沿线各国携起手来,增进理解、扩大开放、加强合作、互学互鉴,谋求共同利益、直面共同命运、勇担共同责任,聚力构建"一带一路"教育共同体,形成平等、包容、互惠、活跃的教育合作态势,促进区域教育发展,全面支撑共建"一带一路",共同致力于:

推进民心相通。开展更大范围、更高水平、更深层次的人文交流,不断推进沿线各国人民相知相亲。

提供人才支撑。培养大批共建"一带一路"急需人才,支持沿线各国实现政策互通、设施联通、贸易畅通、资金融通。

实现共同发展。推动教育深度合作、互学互鉴,携手促进沿线各国教育发展,全面提升区域教育影响力。

三、合作原则

育人为本,人文先行。加强合作育人,提高区域人口素质,为共建"一带一路"提供人才支撑。坚持人文交流先行,建立区域人文交流机制,搭建民心相通桥梁。

政府引导,民间主体。沿线国家政府加强沟通协调,整合多种资源,引导教育融合发展。发挥学校、企业及其他社会力量的主体作用,活跃教育合作局面,丰富教育交流内涵。

共商共建,开放合作。坚持沿线国家共商、共建、共享,推进各国教育发展规划相互衔接,实现沿线各国教育融通发展、互动发展。

和谐包容,互利共赢。加强不同文明之间的对话,寻求教育发展最佳契合点和教育合作最大公约数,促进沿线各国在教育领域互利互惠。

四、合作重点

沿线各国教育特色鲜明、资源丰富、互补性强、合作空间巨大。中国将以基础性、支撑性、引领性三方面举措为建议框架,开展三方面重点合作,对接沿线各国意愿,互鉴先进教育经验,共享优质教育资源,全面推动各国教育提速发展。

(一)开展教育互联互通合作

加强教育政策沟通。开展"一带一路"教育法律、政策协同研究,构建沿线各国教育政策信息交流通报机制,为沿线各国政府推进教育政策互通提供决策建议,为沿线各国学校和社会力量开展教育合作交流提供政策咨询。积极签署双边、多边和次区域教育合作框架协议，制定沿线各国教育合作交流国际公约，逐步疏通教育合作交流政策性瓶颈，实现学分互认、学位互授联授，协力推进教育共同体建设。

助力教育合作渠道畅通。推进“一带一路”国家间签证便利化，扩大教育领域合作交流，形成往来频繁、合作众多、交流活跃、关系密切的携手发展局面。鼓励有合作基础、相同研究课题和发展目标的学校缔结姊妹关系，逐步深化拓展教育合作交流。举办沿线国家校长论坛，推进学校间开展多层次多领域的务实合作。支持高等学校依托学科优势专业，建立产学研用结合的国际合作联合实验室（研究中心）、国际技术转移中心，共同应对经济发展、资源利用、生态保护等沿线各国面临的重大挑战与机遇。打造“一带一路”学术交流平台，吸引各国专家学者、青年学生开展研究和学术交流。推进“一带一路”优质教育资源共享。

促进沿线国家语言互通。研究构建语言互通协调机制，共同开发语言互通开放课程，逐步将沿线国家语言课程纳入各国学校教育课程体系。拓展政府间语言学习交换项目，联合培养、相互培养高层次语言人才。发挥外国语院校人才培养优势，推进基础教育多语种师资队伍建设和外语教育教学工作。扩大语言学习国家公派留学人员规模，倡导沿线各国与中国院校合作在华开办本国语言专业。支持更多社会力量助力孔子学院和孔子课堂建设，加强汉语教师和汉语教学志愿者队伍建设，全力满足沿线国家汉语学习需求。

推进沿线国家民心相通。鼓励沿线国家学者开展或合作开展中国课题研究，增进沿线各国对中国发展模式、国家政策、教育文化等各方面的理解。建设国别和区域研究基地，与对象国合作开展经济、政治、教育、文化等领域研究。逐步将理解教育课程、丝路文化遗产保护纳入沿线各国中小学教育课程体系，加强青少年对不同国家文化的理解。加强“丝绸之路”青少年交流，注重利用社会实践和志愿服务、文化体验、体育竞赛、创新创业活动和新媒体社交等途径，增进不同国家青少年对其他国家文化的理解。

推动学历学位认证标准连通。推动落实联合国教科文组织《亚太地区承认高等教育资历公约》，支持教科文组织建立世界范围学历互认机制，实现区域内双边多边学历学位关联互认。呼吁各国完善教育质量保障体系和认证机制，加快推进本国教育资历框架开发，助力各国学习者在不同种类和不同阶段教育之间进行转换，促进终身学习社会建设。共商共建区域性职业教育资历框架，逐步实现就业市场的从业标准一体化。探索建立沿线各国教师专业发展标准，促进教师流动。

（二）开展人才培养培训合作

实施“丝绸之路”留学推进计划。设立“丝绸之路”中国政府奖学金，为沿线各国专项培养行业领军人才和优秀技能人才。全面提升来华留学人才培养质量，把中国打造成为深受沿线各国学子欢迎的留学目的地国。以国家公派留学为引领，推动更多中国学生到沿线国家留学。坚持“出国留学和来华留学并重、公费留学和自费留学并重、扩大规模和提高质量并重、依法管理和完善服务并重、人才培养和发挥作用并重”，完善全链条的留学人员管理服务体系，保障平安留学、健康留学、成功留学。

实施“丝绸之路”合作办学推进计划。有条件的中国高等学校开展境外办学要集中优势学科，选好合作契合点，做好前期论证工作，构建人才培养模式、运行管理模式、服务当地模式、公共关系模式，使学校顺利落地生根、开花结果。发挥政府引领、行业主导作用，促进高等学校、职业院校与行业企业深化产教融合。鼓励中国优质职业教育配合高铁、电信运营等行业企业走出去，探索开展多种形式的境外合作办学，合作设立职业院校、培训中心，合作开发教学资源和项目，开展多层次职业教育和培训，培养当地急需的各类“一带一路”建设者。整合资源，积极推进与沿线各国在青年就业培训等共同关心领域的务实合作。倡议沿线国家之间开展高水平合作办学。

实施“丝绸之路”师资培训推进计划。开展“丝绸之路”教师培训，加强先进教育经验交流，提升区域教育质量。加强“丝绸之路”教师交流，推动沿线各国校长交流访问、教师及管理人员交流研修，推进优质教育模式在沿线各国互学互鉴。大力推进沿线各国优质教学仪器设备、教材课件和整体教学解决方案输出，跟进教师培训工作，促进沿线各国教育资源和教学水平均衡发展。

实施“丝绸之路”人才联合培养推进计划。推进沿线国家间的研修访学活动。鼓励沿线各国高等学校在语言、交通运输、建筑、医学、能源、环境工程、水利工程、生物科学、海洋科学、生态保护、文化遗产保护等沿线国家发展急需的专业领域联合培养学生，推动联盟内或校际教育资源共享。

（三）共建丝路合作机制

加强“丝绸之路”人文交流高层磋商。开展沿线国家双边多边人文交流高层磋商，商定“一带一路”教育合作交流总体布局，协调推动沿线各国建立教育双边多边合作机制、教育质量保障协作机制和跨境教育市场监管协作机制，统筹推进“一带一路”教育共同行动。

充分发挥国际合作平台作用。发挥上海合作组织、东亚峰会、亚太经合组织、亚欧会议、亚洲相互协作与信任措施会议、中阿合作论坛、东南亚教育部长组织、中非合作论坛、中巴经济走廊、孟中印缅经济走廊、中蒙俄经济走廊等现有双边多边合作机制作用，增加教育合作的新内涵。借助联合国教科文组织等国际组织力量，推动沿线各国围绕实现世界教育发展目标形成协作机制。充分利用中国-东盟教育交流周、中日韩大学交流合作促进委员会、中阿大学校长论坛、中非高校 20＋20 合作计划、中日大学校长论坛、中韩大学校长论坛、中俄大学联盟等已有平台，开展务实教育合作交流。支持在共同区域、有合作基础、具备相同专业背景的学校组建联盟，不断延展教育务实合作平台。

实施“丝绸之路”教育援助计划。发挥教育援助在“一带一路”教育共同行动中的重要作用，逐步加大教育援助力度，重点投资于人、援助于人、惠及于人。发挥教育援助在“南南合作”中的重要作用，加大对沿线国家尤其是最不发达国家的支持力度。统筹利用国家、教育系统和民间资源，为沿线国家培养培训教师、学者和各类技能人才。积极开展优质教学仪器设备、整体教学方案、配套师资培训一体化援助。加强中国教育培训中心和教育援外基地建设。倡议各国建立政府引导、社会参与的多元化经费筹措机制，通过国家资助、社会融资、民间捐赠等渠道，拓宽教育经费来源，做大教育援助格局，实现教育共同发展。

开展“丝路金驼金帆”表彰工作。对于在“一带一路”教育合作交流和区域教育共同发展中做出杰出贡献、产生重要影响的国际人士、团队和组织给予表彰。

五、中国教育行动起来

中国倡导沿线各国建立教育共同体，聚力推进共建“一带一路”，首先需要中国教育领域和社会各界率先垂范、积极行动。

加强协调推动。加强国内各部门各地方的统筹协调工作，有序开展“一带一路”教育合作交流。推动中国教育治理体系完善、相关法律法规修订和教育综合改革，提升中国开展“一带一路”教育行动的质量和水平。教育部与国家发展改革委、外交部、商务部等部门和全国性行业组织紧密配合，围绕共建“一带一路”大局，寻找合作重点、建立运行保障机制，畅通教育国际合作交流渠道，对接沿线各国教育发展战略规划。

地方重点推进。突出地方推进共建“一带一路”的主体性、支撑性和落地性，要求各地发挥区位优势和地方特色，抓紧制订本地教育和经济携手走出去行动计划，紧密对接国家总体布局。有序与沿线国家地方政府建立“友好省州”“姊妹城市”关系，做好做实彼此间人文交流。充分利用地方调配资源优势，积极搭建海内外平台，促进校企优势互补、良性合作、共同发展。多措并举，支持指导本地教育系统与“一带一路”沿线国家广泛开展合作交流，打造教育合作交流区域高地，助力做强本地教育。

各级学校有序前行。各级各类学校秉承“己欲立而立人”的中国传统，有序与沿线各国学校扩大合作交流，整合优质资源走出去，选择优质资源引进来，兼容并包、互学互鉴，共同提升教育国际化水平和服务共建“一带一路”能力。中小学校要广泛建立校际合作交流关系，重点开展师生交流、教师培训和国际理解教育。高等学校、职业院校要立足各自发展战略和本地区参与共建“一带一路”规划，与沿线各国开展形式多样的合作交流，重点做好完善现代大学制度、创新人才培养模式、提升来华留学质量、优化境外合作办学、助推企业成长等各项工作的协同发展。

社会力量顺势而行。开展更大范围、更深层次、更高水平的“一带一路”教育民间合作交流，吸纳更多民间智慧、民间力量、民间方案、民间行动。大力培育和发展我国非营利组织，通过购买服务、市场调配等举措，大力支持社会机构和专业组织投身教育对外开放事业，活跃民间教育国际合作交流。加快推动教学仪器和中医诊疗服务走出去步伐，支持企业和个人按照市场规则依法参与中外合作办学、合作科研、涉外服务等教育对外开放活动。企业要积极与学校合作走出去，联合开展人才培养、科技创新和成果转化，积极服务“一带一路”国家经贸发展。

助力形成早期成果。实施高度灵活、富有弹性的合作机制，优先启动各方认可度高、条件成熟的项目，明确时间节点，争取短期内开花结果。2016 年，各省市制订并呈报本地“一带一路”教育行动计划，有序推进教育互联互通、人才培养培训及丝路合作机制建设。2017 年，基于三方面重点合作的沿线各国教育共同行动深入开展。未来 3 年，中国每年面向沿线国家公派留学生 2500 人；未来 5 年，建成 10 个海外科教基地，每年资助 1 万名沿线国家新生来华学习或研修。

六、共创教育美好明天

独行快，众行远。合作交流是沿线各国共建“一带一路”教育共同体的主要方式。通过教育合作交流，培养高素质人才，推进经济社会发展，提高沿线各国人民生活福祉，是我们共同的愿望。通过教育合作交流，扩大人文往来，筑牢地区和平基础，是我们共同的责任。

中国愿与沿线各国一道，秉持开放合作、互利共赢理念，共同构建多元化教育合作机制，制定时间表和路线图，推动弹性化合作进程，打造示范性合作项目，满足各方发展需要，促进共同发展。

中国教育部倡议沿线各国积极行动起来，加强战略规划对接和政策磋商，探索教育合作交流的机制与模式，增进教育合作交流的广度和深度，追求教育合作交流的质量和效益，互知互信、互帮互助、互学互鉴，携手推动教育发展，促进民心相通，构建“一带一路”教育共同体，共创人类美好生活新篇章。

后 记

本书是张德祥教授主持的中国高等教育学会高等教育科学研究“十三五”规划重大攻关课题“‘一带一路’国家高等教育政策法规研究”(16ZG003)的研究成果。

本书由张德祥教授和李枭鹰教授负责总体规划、设计和架构,确定编译的主旨与核心,组织人员搜集、选取、翻译和整理这些国家的相关教育政策法规,最后审阅书稿。其中,《俄罗斯联邦教育法》由大连外国语大学俄文专业硕士研究生李复辰、马浣懿、游邢珊、赵魏阳编译;《俄罗斯高等教育和博洛尼亚进程》由大连外国语大学英语口译专业2017级硕士研究生张晓涵编译;《俄罗斯全民教育行动框架》由大连外国语大学英语笔译专业2017级硕士研究生许宏宇编译;《蒙古教育法》由大连外国语大学英语口译专业2017级硕士研究生李婵编译。其中,《俄罗斯联邦教育法》的文本语言为俄语,其余政策法规的文本语言为英语。全书由甘孝波、李复辰终审校译。

本书的出版得到了中国高等教育学会、大连理工大学出版社的大力支持,课题组在此深表感谢!

课题组

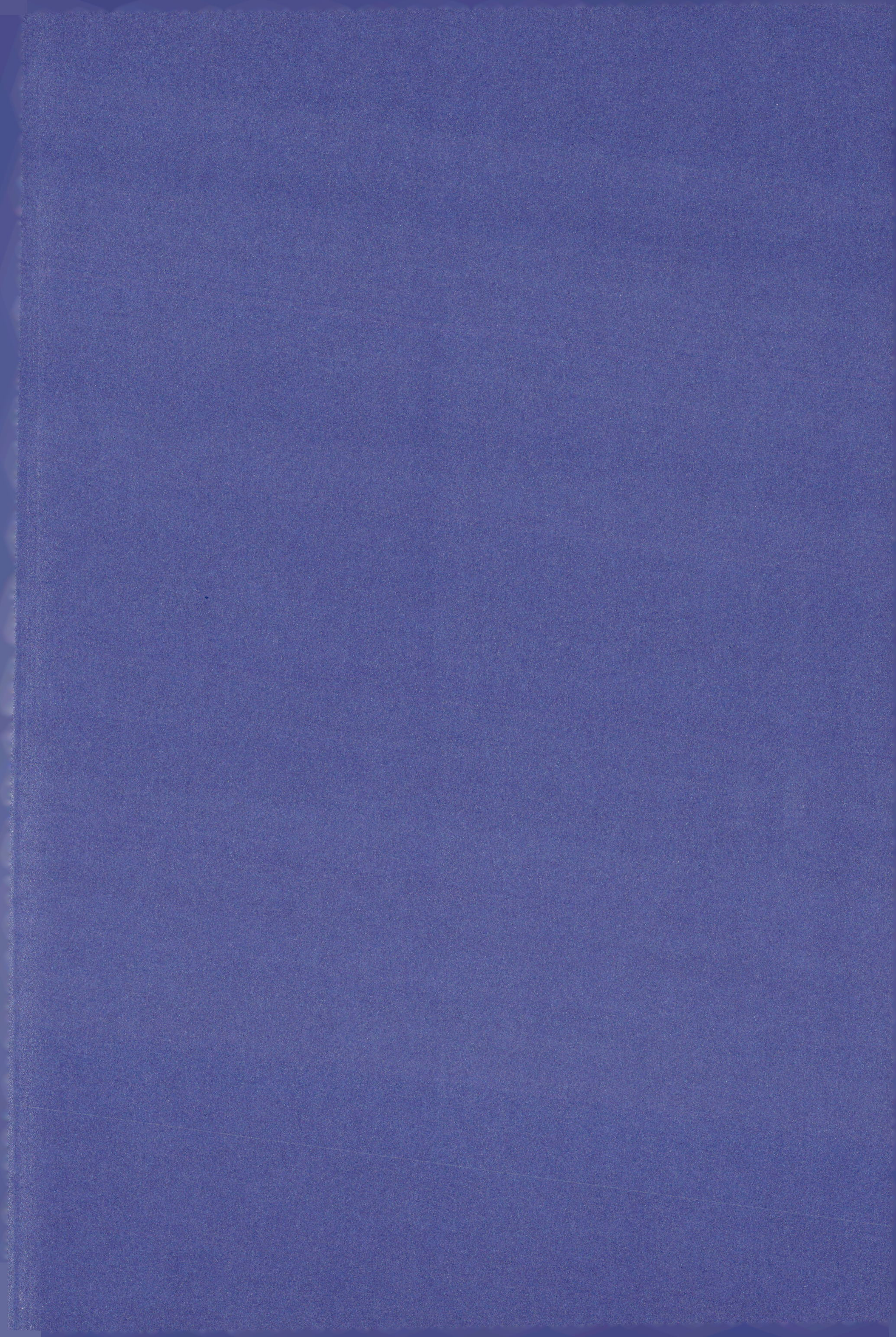